U0960689

“河北省社会科学重要学术著作”资助出版
“东北大学秦皇岛分校教材（著作）建设基金”资助出版

风险投资策略

The Strategies of Venture Capital

罗国锋⊙等著

中国财政经济出版社

图书在版编目（CIP）数据

风险投资策略/罗国锋等著．—北京：中国财政经济出版社，2013.12

ISBN 978-7-5095-4990-2

Ⅰ.①风…　Ⅱ.①罗…　Ⅲ.①风险投资　Ⅳ.①F830.59

中国版本图书馆CIP数据核字（2013）第297765号

责任编辑：卢关平　　责任印制：张　健
封面设计：逸品文化　　版式设计：逸品文化

中国财政经济出版社出版
URL：http：//www.cfeph.cn.
E-mail：cfeph@cfeph.cn
（版权所有　翻印必究）
社址：北京市海淀区阜成路甲28号　邮政编码：100142
营销中心电话：88190406　北京财经书店电话：64033436　84041336
北京财经印刷厂印刷　各地新华书店经销
710×1000毫米　16开　18.75印张　268 000字
2013年12月第1版　2013年12月北京第1次印刷
印数：1-2 000　定价：39.80元
ISBN 978-7-5095-4990-2/F·4050
（图书出现印装问题，本社负责调换）
本社质量投诉电话：010-88190744
反盗版举报热线：88190492、88190446

序

风险投资本质与风险投资策略

1986年中国有了第一家风险投资（也即创业投资，下同）公司。自那时算起，中国风险投资行业走过了近28个春秋，到现在有1100多家机构，管理资本超过3300亿元。即便把全行业都加总，还比不过一个中等规模的银行。一定要注意的是，就这样一个“小”行业，从党的十六大报告到十八届三中全会作出的决定等党的纲领性文件中几乎都有提及；《公司法》、《证券法》、《合伙企业法》等重要法律先后修订；国务院有关文件、条例以及部门规章不断出台和调整。由此可见，风险投资带来的不是一般性的资金，而是资金之外的某种力量，我个人将之称为技术创新风险的经营能力。这正是其他金融机构、金融工具和金融机制不能比拟的，是其核心价值所在。现代风险投资源发于美国，破解了金融体系日益集中垄断，日益追求流动性、安全性的滞局，与需要分散、多元和允许试错的电子信息技术融资需求之间的矛盾，从而催化了信息产业革命，深刻地变革了世界经济，至今方兴未艾，波澜迭起。为应对新技术浪潮挑战，中国不仅在相应的科学技术领域中投入资源跟踪研究，同时引入风险投资、科研经费竞争性分配、高新园区等促进机制。作为调动市场积极性的有力手段，风险投资在各方面的热切期待和支持中，虽有曲折起伏，总体从快向好，与各项要素与机制共同作用，成就了中国高新技术产业的今天。面向未来，中国风险投资尤其要着力解决好相互牵扣的两个问题。

第一，需要更加清晰地明辨风险投资概念和本质，最终使中国风险投资从“名似”、“形似”阶段进入“神似”阶段。什么是“名似”？就是起名叫“风险投资”。早期不少机构挂个“风险投资”的牌子就可以是风险投资，却大搞房地产、股票二级市场，有的已经失败了，有的直到现在还没有开展过像样的风险投资业务。那什么是“形似”呢？有了“风险投资”机构之后很长一段时间，才知道真正的风险投资的运作机制和我们的并不一样，采用有限合伙制而非我们采用的公司制，而且是投管分离的，还要有一整套机制体系支撑，如募资、管理、控制、中介和退出等。各项法律法规的修订与健全，标志着进入追求“形似”阶段。但是，必须要看到我们离真正“神似”的境界尚有距离。这期间恰逢风险投资在全球范围内不断成长、演化、分叉出私募股权基金、并购基金、产业基金、对冲基金等近远亲邻。如此热闹的场面冲淡了我们对本质的理解，很多机构故意混淆概念，有些地方政府也乐得糊涂，一大批比银行还要短视的所谓“私募股权投资”被热捧起来，很多纯属于多余的机构却随时可以打着风险投资的名义，获得从地价房租补助到直接补助的公共资源投入。

所以，必须回到本质和前提。什么是技术创新风险的经营能力，说白了就是主要做“技术高、年龄小”的投资项目。先说坏消息，这多年来这种“经典的”风险投资总体上还是很少，与快速膨胀的私募股权投资很不相称，而且一些功能被设定为做经典风险投资的机构——主要指国有风险投资机构，由于套用了一般经营性国有资产的考核指标体系，快速淡出这一领域，向一般性的持股公司退化。好的消息是，有一些真正做风险投资的机构以各种形式新生，如从孵化器、工程技术研究机构拓展出的一批风险投资，很可能在推动中国从制造中心转变为创业中心乃至创新中心的过程中成长起来，成为名副其实的“有中国特色”的风险投资，引领下一个全球风险投资的风向。这比“神似”还要高一个层次，可称为“升华”。

第二，无论在微观层面还是在宏观层面，中国风险投资必须以更好的策略，发挥对技术路径市场化决定方面的特有功能。目前流行的观念还在于风险投资对新生技术和企业育成作用，这个观念要从两个方面给予进一步深化，方法是从宏观看微观，从微观看宏观，无论是业界实操者还是政府政策制定者都将会有新发现和深发现。美国风险投资总体数据表明，有风险投资介入的企业的研究开发经费（R&D）强度必高，将 R&D 投入转变为工业专利的速度更快，更能显著减少从研发到销售收入的时间。这些汇总统计数据清晰地说明，创业风险投资以其他金融机构难以服务的高强度研发企业为目标对象，使得研发产生的知识尽快产权化和资本化，为新产品打开销路，这是风险投资降低自身风险的核心经营策略，其他增值服务应以此为落脚点。同时，从风险投资在美国电子信息产业发展过程中所发挥的作用看，其主要的工作是在不断地撮合技术项目以及提供新的技术解决方案。前一个功能主要是尽可能把互补性强的技术项目组合在一起，发挥“1+1>2”的整体功效；后一个主要是针对某一个技术环节，尽可能拿出新的、不同以往的技术方案，在各种技术之间创造市场化的竞争机制。如果“俯瞰”风险投资的这些重要活动，就发现对于全部经济活动来说，风险投资是功能强大的“筛选器”和“放大器”，在它的媒介作用下，不断试错和竞争，产生出了对社会而言的较优技术“路径”。原本封闭在一个产业、一个企业的技术创新被改造为开放的技术创新模式，创新的效率大大增加。因此，从国家层面要增加技术创新体系的开放性，提高效率和效益，找到市场化决定技术项目和经费的方法，培育合格优质的风险投资是一种上佳“策略”。宏微观相互换位使得对问题的分析更加清晰。

我提出的第一个问题是说，中国的很多风险投资机构定位偏差，所以自身的策略过于注重财务层面的对赌协议、包装上市，自身能力也只能做一般性财务投资人，即“搭便车”式的分享者，能裨益于跨界撮合技术，营造技术路线竞争的不多。经济学理论告诉我们，凡是“搭便车”者多的领域，资源配置总是效率低下的。我们说，第一问题和第二个问题是相互交织在一起的。越是以“技术高、年龄小”的项目入手，越是能锻炼出技术风险经营能力，也就越是发挥了信号“放大器”、“筛选器”的功能，对社会技术路线的优化功能也就越强，反之亦然。

东北大学秦皇岛分校创新创业与风险投资研究所的罗国锋博士及他所带领的团队，多年来孜孜不倦地研究风险投资，《风险投资策略》一书是众多成果中的一例，希望读者能从该书的观点、事实和论述中得到相应启发。由于我个人水平、眼界有限，仅是泛泛而谈，但对这个话题却十分关注，是为序。

中国科学技术发展战略研究院 研究员
科技投资研究所所长
中国科技金融促进会秘书长
郭戎

2013 年 11 月 25 日

前言

近年来受趋紧的货币政策的影响，中小企业融资难问题比以往更加凸显，与此同时，风险投资在融资方面的重要性也得到了更广泛的认同。

风险投资，又称为创业投资，与传统金融服务不同，风险投资追求的是高风险背后的高收益。由于风险投资主要选择高技术产业进行投资，风险投资在支持技术创新、产业结构升级、提高国家综合国力方面都具有重要而深远的意义。

从 1984 年“建立创业投资机制的建议”提出开始，中国的风险投资业经历了低谷和高潮，如今已进入一个蓬勃发展的新阶段。阿里巴巴、土豆网、分众传媒、携程网……一个个成功的案例为风险投资机构和创业企业树立了典范。风险投资有别于传统投资，人称“另类金融”。所谓另类，是因为它的投资标的、获利渠道、经营原则等都与传统投资完全不同。风险投资的这些特点和性质决定了风险投资机构必须采取与之相适应的投资方式，才能降低失败率，提高成功率，确保高收益；否则，投资效果不理想，损兵折将，严重者甚至全军覆没。

面对如此的高风险，风险投资策略的制定显得尤为重要，关系着机构投资成败的关键。风险投资策略是投资机构战略的有机组成部分，它如同风险投资机构的大脑，代表着投资机构的思想、定位以及行为准则。对于风险投资机构来说，从高风险到高回报，实现这种转化的是风险投资机构的灵魂——风险投资家。风险投资家负责筛选投资项目，还要在投资后为其提供各种增值服务，因此风险投资家的行为直接关系着最终的投资成败。风险投资家的投资偏好、投资行为是风险投资策略的具体表现。

那么，风险投资策略包括哪些内容？自风险投资在中国兴起以来，中国风险投资机构的投资策略发生了哪些变化？这些投资策略对于投资绩效究竟产生了怎样的影响？业内领军机构表现出怎样的投资行为和投资表现？

本书以CVSource股权投资数据库为主要数据来源，采用定量和定性的分析方法对风险投资家的价值认知策略、投资组合策略以及注资策略做了细致的研究，用最为直观的数据为读者呈现一幅关于中国风险投资策略的全景画卷。

本书的具体内容包括：风险投资策略概论；风险投资的价值认知策略；人力资本与价值认知策略；价值认知策略与投资绩效；行业偏好与行业专注策略；阶段偏好与早期阶段投资策略；地理亲近策略；联合投资策略；风险投资策略影响因素案例研究；人力资本、投资策略与投资绩效。

本书还系统地研究了人力资本和社会资本两大要素对于风险投资家认知策略和投资策略的形成所产生的影响，并验证了价值发现和价值增加两大功能对于提升风险投资机构绩效起到的关键作用。此外，本书还利用中国风险投资机构的独特样本，研究了风险投资机构人力资本、社会资本与投资策略和投资绩效之间的联系。

从应用角度讲，本书提出的结构化认知模型有利于风险投资家审慎考虑新技术企业的价值，从而做出更加科学的投资决策；同时，对人力资本、社会资本与投资策略之间关系的研究结论有利于风险投资机构调整其组织结构、构建合适的团队并制定与其人员配备相匹配的投资策略，取得更好的投资绩效。

成熟风险投资市场几十年来的经验已经证明了风险投资是最为典型的先进生产力，更是一个国家未来经济竞争力的推动力。希望本书的研究无论对于实际从业者，还是研究机构都能够起到一定的参考作用；也希望通过中国学者的共同努力和不断探索，早日构建中国特有的风险投资理论和实践体系，从而正确引导中国风险投资业的健康发展。

本书的完成是东北大学秦皇岛分校创新创业与风险投资研究所研究人员共同努力的结果，其中，部分章节主要由如下老师完成：

张文亭：东北大学秦皇岛分校经贸学院教师，创新创业与风险投资研究所核心成员，南开大学博士。她完成了本书的第一章、第二章、第三章和第四章。

焦燕莉：东北大学秦皇岛分校经贸学院教师，创新创业与风险投资研究所成员，天津大学博士。她完成了本书的第五章、第七章和第九章。

王雪佳：东北大学秦皇岛分校经贸学院教师，创新创业与风险投资研究所成员，燕山大学在职硕士研究生。她完成了本书的第六章和第八章。

李严：东北大学秦皇岛分校创新创业与风险投资研究所成员，东北大学博士。她完成了本书的第十章。

全书由东北大学秦皇岛分校创新创业与风险投资研究所所长罗国锋博士统稿，中国科技金融促进会秘书长、中国科学技术发展战略研究院科技投资研究所所长郭戎研究员和中国科技产业投资公司投资总监毛瑞杰先生为本书提出不少宝贵意见，毕业于东北大学秦皇岛分校创新创业与风险投资研究所的硕士研究生李启刚、安然、郑建飞、李加鹏、周超均对本书做出了重要贡献，在此一并表示感谢。

本书受“河北省社会科学重要学术著作”立项资助出版，同时受“东北大学秦皇岛分校教材（著作）建设基金”立项资助，特此感谢！

我们还要感谢中国财政经济出版社相关领导的大力支持和卢关平老师的无私帮助，正是他们的帮助使得本书能够顺利出版。

最后，感谢所有团队成员和默默支持我们的各位老师和朋友！

罗国锋

2013 年 9 月 1 日

目　录

第一章

风险投资策略概论

风险投资作为一种高风险、高收益的投资方式，对于支持技术创新、促进产业结构升级具有极其重要的作用。对于风险投资，有许多不同的定义。《牛津字典》给出了一个相对比较简单的说法，即投资于新公司帮助其发展的资本，并具有很大的风险。《美国商业大词典》（Business Dictionary）定义 venture capital 为 risk capital，更突出了其风险的特质。美国风险投资协会（National Venture Capital Association）认为风险资本是由风险投资家向那些具有发展潜力、成长率较高的新兴企业提供的金融资本。风险投资家通过提供风险资本来交换企业的一部分股份，以此和企业所有者共担风险。《中国风险投资年鉴 2010》（以下简称《年鉴》）中给出的风险投资定义为：风险投资是专门针对迅速发展的，有巨大竞争潜力的，新兴的私营企业提供的资本，通常是权益性资本，并进行独立运作。《年鉴》还指出风险投资在很多方面有非常重要的作用，例如，可以帮助创业者创业、推动高新技术产业化、促进科学技术成果向生产力的转化等等。另外一些学者，如勒纳（Lerner，1994）认为：风险投资是指专门向初创企业提供财务资本，这些企业往往具有很高的发展潜能以及快速的成长率，同时也具有较高风险。风险投资基金通过持有受资企业的股份来获取利润，而且这些企业往往都是高科技行业，拥有独特的技术或商业模式[1]。开普兰和斯特龙伯格（Kaplan and Stromberg，2004）将风险投资称为“积极的投资者”，主要是为高科技行业的初创企业进行融资和管理支持。综上，风险投资就是个人或机构通过一定方式募集风险资本，投资人以股权的方式将其投入具有高成长潜力的创业企业，并通过提供一系列增值服务参与企业经营，最终以上市、股权转让等形式退出企业，获取高额回报[2]。

从这个定义中不难看出，风险投资最典型的特点是高风险、高收益。风险投资家往往把投资方向瞄准具有广阔市场前景、附加值高，甚至改变传统生产、生活和思维方式的创新型项目与产品，这些项目或产品的技术、经济、管理及市场等方面的风险都是相当大的。从发达国家的实践来看，种子阶段的成果能够为初创阶段所采用的比例大约只有 10% 左右，初创阶段成功过渡到发展阶段的几率也仅有 20%，再进入产业化阶段比例为 30%，可见，投资成功率是非常低的。当然，由于成功的技术或构想往往使最终产品和服务达到前所未有的完美，因而，风险投资一旦成功，便可获得巨额利润。

对于风险投资机构来说，从高风险到高回报，实现这种转化的是风险投资机构的灵魂——风险投资家。风险投资家负责筛选投资项目，还要在投资关系形成后为其提供管理及资本运作等服务。因此，风险投资家的行为直接关系着最终的投资成败。风险投资家的投资偏好、投资行为表现为风险投资策略。风险资本运作的过程其实就是风险投资策略实施的过程。海格（Hege，2003）在对影响风险投资绩效的要素进行研究时发现，风险投资策略对于提升投资绩效具有重要影响[3]。风险投资策略是投资机构战略目标的有机组成部分，它如同风险投资机构的大脑，代表着投资机构的思想、定位以及行为准则。风险投资机构如同一座桥梁，连接着投资人和创业企业。对于基金投资人而言，他们可以根据机构的投资策略来衡量和筛选值得托付的执行者；对于创业企业而言，他们则通过机构的投资策略来寻求适合自身发展需求的合作机构。

风险投资策略究竟有哪些？在中国的风险投资市场上，这些策略是如何被运用的？这些策略产生了怎样的效果？本书将对这些问题一一解答。

第一节　风险投资策略的概念界定

投资策略的核心是根据市场特征，制定具备盈利特征的集合策略，主要依赖投资者预期与市场历史表现之间的关系，达到一定收益预期的操作策略。

“策略”一词原出自军事用语，应用到经济行为中，投资策略就是企业的最高决策机构制定的企业投资活动的目标和为实现这个目标所作的重大措施安排。风险投资机构投资于何种类型的项目、如何投资等问题无不涉及投资策略问题，它是企业战略的一个重要组成部分，是保证实现投资收益等目的的重要谋略思想，是在投资活动中为实现投资战略目标而采取的具体对策与方法手段。

风险投资机构最重要的两大资源是人和资本。究其根源，资本也是由人募集而来，因此，风险投资机构的核心资源就是人，即风险投资家。每位风险投资家所掌握的专业知识、能力、信息、资源及关系都是独特的、有限的。而由风险投资家组成的管理团队，就形成了机构的信息库和资源关系网络。如果我们视风险投资为积极投资者，积极地监督和支持被投资公司，同时提供金融资本和人力资本、关系资源、知识和专业技能等，那么他们采取更有针对性（专业化）的投资策略最有可能增加其投资公司的价值，在给定的风险水平得到更高回报。简单来说，风险投资的过程由于不确定性程度高、信息不对称等问题充斥着各色风险，投资策略的形成就是以一己之长来抵御风险并最终达成目标。

实验心理学表明：（1）人们在进行不确定性决策时由于存在损失厌恶等心理因素而出现决策偏好，因而无法做到理性预期。（2）由于认知过程的启发法、框定依赖、过度自信等心理特征而导致判断的认知偏差，因而无法对市场做出无偏估计。

行为金融学认为：投资者是非理性人，他们由于心理的因素而存在系统性的认知偏差、情绪偏差以及决策偏差，从而导致资产定价的偏差，即资产价格偏离其真实的价值，投资策略的存在变得具有实际意义。

综上所述，风险投资策略是风险投资机构为实现其投资战略目标而由高层管理团队制定的一系列的投资对策与准则，并且这些对策与准则既是固定的又是灵活的，须根据形势的发展和变化进行调整，其内在表现为一个风险投资机构发展的轨道，外在表现则为一定的投资倾向或偏好。

第二节　风险投资策略的分类

风险投资策略是与风险投资的运作相伴而生的。因此，我们首先要对风险资本的运作过程有所了解。图 1.1 描述了风险资本的运作过程。

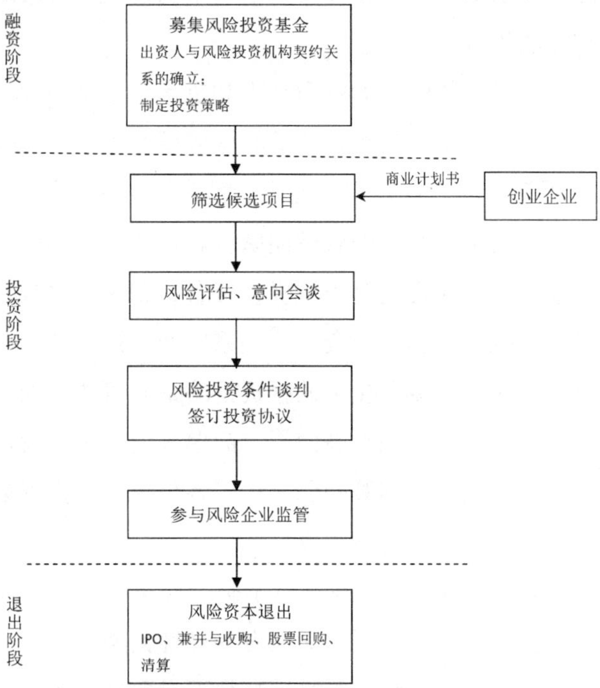

图 1.1　风险资本运作流程图

从图 1.1 的运作流程图中可以看到，风险资本的投资全过程可划分为三大阶段：融资阶段、投资阶段和退出阶段。在融资阶段，机构需要初步拟定基金的投资策略及投资方向，包括基金拟投资的行业分布、被投资企业的发展阶段、被投资企业所在的区域范围、投资风险防范策略等等；在投资阶段，机构会根据其投资策略和企业提交的商业计划书筛选投资项目形成投资组合，之后注入资金并参与创业企业的管理。根据这一过程，我们将投资策略分为风险投资认知策略、风险投资组合策略与注资策略三大类，其中投资组合策略包括投资行业、投资阶段，注资策略则包括多轮次投资、地理亲近投资和联合投资。

一、风险投资认知策略

在风险投资过程中，风险投资家需要对候选项目进行评估，评估的结果直接影响着最终投资项目的确定。项目评估的基础在于风险投资家对于项目的认知能力和认知方法，即遵循着一定的风险投资认知策略。

价值认知因素可划分为输入因素和影响因素，其中输入因素包括资源和绩效两大类：资源的指标体系依据资源基础理论建立，它是前瞻性指标，新技术企业的核心资源还为企业带来持续竞争优势，决定着企业盈利潜力，是企业价值的决定因素；绩效的指标体系依据平衡记分卡建立，它是滞后指标，反映了企业过往经营能力，并可以使得风险投资家对新技术企业的未来表现有一个合理的预测基础。

决策行为受到内因和外因双重因素的影响。风险投资家决策行为既受到企业经营信息的影响，也要受到经营活动以外的因素，诸如经济环境、政治、社会因素、法律等外部环境的影响。风险投资家的决策行为除了受到上述理性因素影响外，情感因素的作用也不可忽视：创业者或者管理团队所表现出来的激情、执著会影响风险投资家的决策。经过优化的模型如图 1.2 所示。

由于在价值认知模型中，输入因素的一级指标只有两个，因此，我们可以据此将认知策略分为三类，包括资源偏好型策略、绩效偏好型策略、折中型策略，具体见表 1.1。

二、风险投资组合策略

与证券基金类似，每只募集到的风险投资基金往往会投资于若干个项

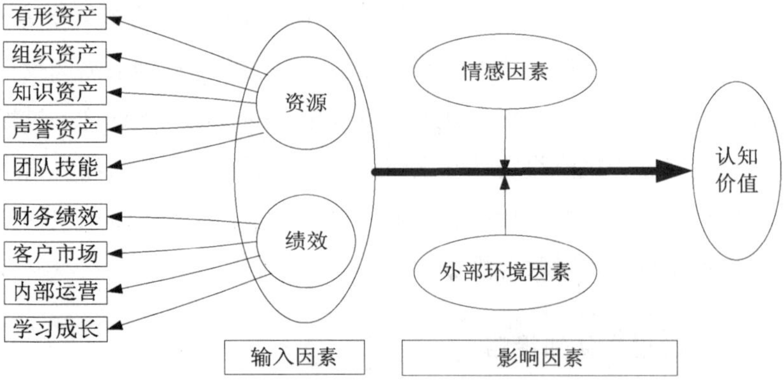

图 1.2 优化的新技术企业价值认知模型

表 1.1 认知策略分类

价值认知策略大类	价值认知策略细类	细类定义
资源偏好型策略	完全资源偏好型策略	风险投资家只偏好企业资源而对企业绩效无偏好
	部分资源偏好型策略	风险投资家对企业的资源和绩效都有偏好，但偏好资源的程度大于偏好绩效的程度
折中型策略	折中型策略	风险投资家对企业资源和绩效的偏好程度相同
绩效偏好型策略	完全绩效偏好型策略	风险投资家只偏好企业资源，而对企业绩效无偏好
	部分绩效偏好型策略	风险投资家对企业的资源和绩效都有偏好，但偏好绩效的程度大于偏好资源的程度

目，形成风险投资组合。风险投资家通过对大量备选项目进行筛选，最终选定一定数量的项目进入组合，筛选的过程包括了对于项目所处行业和阶段的选择，表现为风险投资组合策略。

马科维茨（Markowitz）等人的现代投资组合理论说明，若干投资的总收益等于这些个别投资收益的加权平均，若干投资的总风险不等于个别投资风险的加权平均，而且比它要小。相反，投资组合的风险，将随着组合的投资种类的增加而降低[4]。因为，组合能够用分散的方法消除掉非系统风险。随着组合数增加，风险减少的程度越来越小，总体风险越来越趋于某一数值。这一数值就是组合的系统风险，系统风险是不能用组合的方法消除掉的，即随着资产组合数目的增加，各资产自身风险的大小对组合风险的影响逐渐减少，最终可降到忽略不计，但非系统风险并不随组合数的增加而消失，它始终存在（见图 1.3）。

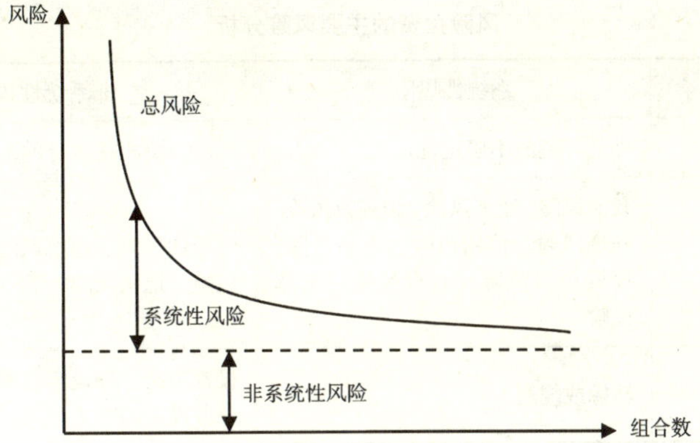

图 1.3　风险随组合数相关变化

风险是一个十分常见却又十分模糊的概念。关于风险的定义主要有“主观说”和“客观说”两种，前者认为风险是指发生损失的不确定性，后者则认为风险是可以用客观尺度加以度量的客观存在的事物。

风险投资的风险是指风险资本在对企业进行投资的过程中，因外部环境或内部条件等影响变量发生了不确定的变化，而导致风险投资行为遭受损失的可能性。

根据金融学相关理论，从风险构成的因素划分，风险投资的风险可以分为两大类：一类是外部环境的不确定性因素，即为系统性风险或外部风险，其中又可分为宏观风险和微观风险；另一类是风险投资本身的不确定性因素，称为非系统性风险或内部风险。

风险投资基金作为现代金融投资工具的一种，具有一般性质的金融风险，即系统性风险。系统性风险是由外在变量的不确定变化所引起的，这种变化带有随机性、偶发性和不可预测性等特征，如国家政治局势、宏观经济走势、国内外市场资金供求状况、投资项目的技术和资源、投资者的心理因素和社会因素的不稳定导致的变化等。

由于内在不确定因素变化所引起的具有明显个性特征的风险，就是风险投资的非系统性风险。这种内在不确定性源自风险投资体系内部，主要是由风险投资行为人主观决策以及获取信息的不充分性等原因造成的，见表 1.2。

表 1.2　　风险投资的主要风险分析

风险分类	系统性风险	非系统性风险
风险构成	外部环境的不确定性	风险投资机构本身的不确定性
主要风险	政治风险、经济风险、购买力风险、利率风险、信用风险、市场风险、投资项目风险、心理风险、汇率风险	流动性风险、道德风险、信息不对称风险、退出风险
解决方法	转嫁或规避	投资策略，即设定合理的投资规则或分散投资的方式

基于投资组合理论，降低风险的方法之一就是降低各被投企业之间的相关性，或者在选择风险企业时，尽量选正相关性小的企业或选择一些负相关性的企业。研究认为，组合数达到 10 个以上时，组合的风险可以降低到能接受的程度；组合数达 25 个以上时，组合的风险将不会随着组合数的增加而明显减少。过多地向其他风险领域投资，虽然可以减少风险，但同时也降低了获取超额回报的可能性。在美国，风险投资家已经注意到，风险资本分散投到 30 个以上的项目时，就会形成一个平均收益率，这一收益接近于美国全部运营风险资本的平均收益率。实践说明，分散投资的项目应在 30 个以下较好 [5]。

国外风险投资家投资的企业数一般在 10 个以上。如硅谷的风险投资家弗兰克·钱伯斯（Frank Chambers）就投资创立了 50 多家公司，投资家亚瑟·罗克（Arthur Rock）也参与创立了 50 多家公司，其中包括英特尔的苹果公司。杰克·梅尔乔（Jack Melchor）在硅谷资助创立了 70 家公司 [6]，他们投资的公司数都超过 30 家以上，当然这不是同时进行的投资，而是滚动投资的总的公司个数。

（一）**投资行业**

成思危先生把风险投资定义为："风险投资是指把资金投向蕴藏着失

败危险的高技术及其产品的研究开发领域，旨在促使新技术成果尽快商品化，以取得高资本收益的一种投资行为。”[7] 可以看出，风险投资是投资于企业或者拥有技术但尚未成立的潜在企业，那么被投企业所在行业即为风险投资的投向行业。国家统计局将国民经济行业分为 20 大类，见表 1.3。

表 1.3　国民经济行业

代码	行业	代码	行业	代码	行业
A	农、林、牧、渔业	B	采矿业	C	制造业
D	电力、热力、燃气及水生产和供应业	E	建筑业	F	批发和零售业
G	交通运输、仓储和邮政业	H	住宿和餐饮业	I	信息传输、软件和信息技术服务业
J	金融业	K	房地产业	L	租赁和商务服务业
M	科学研究和技术服务业	N	水利、环境和公共设施管理业	O	居民服务、修理和其他服务业
P	教育	Q	卫生和社会工作	R	文化、体育和娱乐业
S	公共管理、社会保障和社会组织			T	国际组织

注：资料来源于国家统计局。

然而，并不是所有的行业都适合于风险投资。广义的风险投资泛指一切具有高风险、高潜在收益的投资。但狭义来讲，风险投资是指以高新技术为基础，生产与经营技术密集型产品的投资。根据美国全美风险投资协会（NVCA）的定义，风险投资是由职业金融家投入到新兴的、迅速发展的、具有巨大竞争潜力的企业中的一种权益资本。

因此，国民经济行业分类与风险投资行业的分类并不匹配，如农林牧渔业等基本不在风险投资所考虑的范围内，而互联网科技、媒体和通信（TMT）则是许多投资机构所追寻的投资行业。对此，中国风险投资（China Venture）专门对投资行业进行了调研。本研究结合风险投资的特点，通过 CV Source 数据库，整理了其对风险投资行业的分类。同时，根据国家颁发的《高新技术企业认定管理工作指引》以及《国家重点支持的高新技术领域》的相关规定，把互联网、电信及增值、IT、能源及矿业、医疗健康五个行业初步定为高新技术行业，其具体内容见表 1.4。

表 1.4　　　　风险投资行业分类

行业类别	细分行业
互联网	网络广告
	网络游戏
	电子商务
	行业网站
	网络社区
	网络视频
	电子支付
	互联网其他
电信及增值	通信设备
	移动互联网
	手机游戏
	无线广告
	移动互联网其他
	电信运营及信息传输服务
电信及增值	电信运营
	电信运营及信息传输服务其他
	电信及增值其他
IT	软件产业
	软件外包

行业类别	细分行业
能源及矿业	能源开采与加工
	能源开采
	黑色金属冶炼与加工
	有色金属冶炼与加工
	新材料
	能源开采与加工其他
	清洁能源
	太阳能
	风能
	生物能源
	清洁能源其他
	环保节能
	污染监测与治理
	节能设备与服务
能源及矿业	资源回收与利用
	废物及危险品治理
	环保节能其他
	电池与储能技术
	能源及矿业其他

行业类别	细分行业
制造业	机械设备
	纺织行业
	造纸行业
	服装鞋帽
	制造业其他
文化传媒	传媒出版
	户外媒体
	广告制作与代理
	影视音乐
	动漫
	文化传媒其他
农林牧渔	种植及加工
	畜牧及加工
	农林牧渔其他
汽车行业	汽车整车
	汽车零部件
	汽车行业其他
连锁经营	餐饮业
	百货

行业类别	细分行业
化学工业	石油化工
	化工原料
	化学纤维
	农药与化肥
	化学工业其他
建筑建材	建筑材料
	水泥
	玻璃
	建筑材料其他
	建筑施工
	家居建材
	建筑建材其他
交通运输	交通设施建设
	物流
交通运输	客运
	交通运输其他
	金融服务
金融	银行
	证券

续表 1.4

行业类别	细分行业	行业类别	细分行业	行业类别	细分行业	行业类别	细分行业
	应用软件	医疗健康	生物技术		零售		保险
	软件产业其他		医药行业		酒店		金融其他
	硬件产业		医疗设备		连锁经营其他	公用事业	供电与供热
	半导体芯片		医疗服务	食品饮料	食品		供水
	IT 服务		研发外包		饮料		供气
	导航电子地图		医疗健康其他		食品饮料其他		公用事业其他
	数字电视	教育及人力资源	教育培训	旅游业	旅游景点	房地产	房地产开发
	光电科技		人力资源服务		旅游业其他		房地产其他
	IT 其他		教育及人力资源其他			综合	综合

注：根据 CV Source 数据库整理。

（二）投资阶段

按照风险投资的观点，创业企业的发展可以分为种子期、初创期、发展期、扩张期、获利期五个阶段，在此把前两个阶段进行的投资定义为早期阶段投资（见表 1.5）。

表 1.5　投资阶段分类

企业发展阶段		阶段的定义及特征
早期	种子期	企业主要处于产品、服务研发的起步阶段。企业刚刚组建或正在组建，未组建管理团队，处于无市场收入状态
	初创期	企业拥有尚未投入生产和应用的初级产品和服务，实施粗略的经营计划，其管理团队尚不完整，处于几乎没有用户和市场收入的状态
发展期		企业已经将其较完善的产品和服务推向市场，销售呈现快速的增长态势，还未产生盈利收入，融资数额较早期大，主要用于产品的进一步完善、建立产品和服务的市场渠道和加强创业团队的建设
扩张期		企业已将其基本定型的产品完全推向市场，产品和服务得到广泛认可，市场快速增长，抢占市场份额是扩张期企业的首要目标，未必产生盈利收入，企业融资数额较大，主要用于市场开拓和营销能力的加强
获利期		该阶段的企业特征是，产品和服务已经完全被消费者接受，市场增长趋缓，市场份额已基本圈定，有较稳定的盈利收入，该阶段企业融资主要用于维持企业的市场份额、巩固竞争优势

早期阶段风险最高，但是如果投资机构认准项目的前景并积极配合企业的管理，其所获得收益也将是最高；发展期阶段，企业处于发展上升的状态，其资金需求一般较大，风险稍微降低，投资收益居于中间水平；扩张期和获利期阶段，企业发展基本稳定，其面临的风险最低，相对应的收益也较低。

三、注资策略

在风险资本运作过程中，对于募集来的基金，风险投资机构还需要考虑的一个关键问题是资金的注入方式，包括分为几个阶段注入、资金注入的空间分布以及是否需要联合其他资金共同注入，即注资策略

（一）多轮次投资

所谓多轮次投资，就是指风险投资家在对创业企业进行投资时，一般不会一次性地投入企业所要求的或完成其商业计划所需的全部资金，而会根据企业实际发展的情况采取一种渐进式、多轮次的投资过程。

一般的风险投资项目周期为 3 ～ 7 年，通常而言，在投资的初期阶段，风险投资家会提供企业所需全部资金的一部分，其余部分则要视企业的发展情况而定。风险投资家会定期地评估企业的市场前景、管理层业绩、阶段目标的实现情况等因素，再决定是否继续投资以及投资的额度、交易价格、投资协议等。而每次投入的资金一般刚好够企业发展至下一阶段。风险投资家通过这种形式，保留了放弃前景不好的投资项目的权利，同时对创业企业家的行为进行激励和约束，即创业企业的进一步融资是以企业家对企业进行有效管理和运营为前提的，如不能达到预期目标，将失去风险资金的支持，可见这是有效避免因信息不对称造成的道德风险以及逆向选择的一种有效投资方式。

（二）地理亲近投资

地理亲近性是指风险投资机构的空间集中影响到了风险资本的空间分布,具体来讲就是风险投资机构倾向于投资本机构所在地周边的风险企业。这正好能解释风险资本机构的分布和风险投资事件分布的相似性，即风险投资机构集中在某一地点，在地理亲近性的作用之下，使得风险投资事件

也发生在同一地点,从而使得风险投资事件与风险投资机构有相同的分布。

一般来讲，投资于本机构的总部所在地以及办公室所在地所能覆盖的范围内即为本地投资，反之则为较广泛的投资地域范围。地理区域往往与政策环境、自然环境等相挂钩，在投资过程中，面对不同的地域，其政策风险和自然风险往往不同。

所谓政策风险，就是国家或地区在社会、经济、政治、法律等方面的政策变化给被投资企业带来的风险。首先，投资企业的产品必须符合现有的法律法规，但新产品和新技术的出现可能从根本上影响社会的道德标准、生活状态、自然生态和国家安全，因此国家或地区政府可能制定法律法规予以限制或禁止。当然，这种限制和禁止可能是暂时性的，但对投资企业来说则可能是致命的打击。自然风险即地震、台风、洪水、火灾等自然不可抗力对投资企业所带来的灾害。

其次，风险投资机构不仅为企业提供资金支持，还要投入相关的人力、知识、管理，不断地指导企业的管理工作，并提供战略指导和经营建议，这样他们就需要经常性地了解企业的经营状况，从时间和费用角度考虑，投资机构希望选择离自己公司近的项目。

然而，面对目前竞争越来越激烈的风险投资行业，如何保持自身的项目组合成为投资机构不得不考虑的基本问题。从投资收益角度看，较广范围的投资对投资组合来说是有效的补充。况且，随着通信技术和交通工具的发展，地理区域的扩展也越来越方便。

（三）联合投资

联合投资，是指投资家联合起来投资的一种投资策略。联合投资并不只存在于风险投资领域。它还存在于其他类型的投资比如保险基金、福利基金以及银行的投资基金。

针对风险企业的多阶段发展情况，联合投资有三种主要模式。第一种模式是由一家风险投资家在风险企业初期成长阶段或后续投资阶段注入风险资金，其他联合者在同时或者稍后投资。第二种模式是由一牵头型风险投资家在风险企业种子阶段或起步阶段开始投资，其他风险投资家在后续投资阶段跟进投资。这种情况下，牵头型风险投资家的经验会影响企业将来的投资状况。因为，如果牵头型风险投资家自己判断企业在种子阶段或起步阶段的产出不足，将导致风险投资的终止。第三种模式是风险投资家在风险企业种子阶段或创建阶段就开始联合投资。

要选择合适的伙伴进行联合投资，风险投资家必须拥有储存其他风险投资家信息的数据库，方便联络。对风险极高和投资量极大的项目来说，选择有丰富经验的其他风险投资家是很重要的。经验丰富的风险投资家的网络数据库中储存着各种信息，如有其他风险投资家、银行家、创业家、注册会计师、律师、经理以及基金经理等信息，同时还储存有关其他风险企业以及相关技术的信息。通过信息网络，将貌似分散的风险投资家联合成一个有机的整体，为风险投资家提供及时和完备的信息。信息网络在风险投资家的信息共享和风险分担方面起着重要的中介作用。

参考文献

[1] Joshua Lerner. The Syndication of Venture Capital Investments,

[J] Financial Management Association International,1994,23（3）:16-27.

[2] Kaplan, S. N., Stromberg. Characteristics[J].The Journal of Finance, 2004,59（5）: 2177–2210.

[3] Hege, U., Palomino, F., Schwienbacher, A. Determinants of venture capital performance: Europe and the United States [R]. London: Risk Capital and the Financing of European Innovative Firms, 2003.

[4] Markowitz,H.Portfolio selection[J]. The Journal of Finance,1952,7（1）:77–91.

[5] 劳夫·格奈施，孙健，姜毅力，陈淡宁，张亢．信息技术产业中的风险资本投资 [J]. 金融科学，1992（2）: 27-39.

[6]（美）罗杰斯拉森，朱家一．硅谷热 [M]. 北京：中国友谊出版社，1986: 100-103.

[7] 成思危．风险投资论丛 [M]. 北京：民主与建设出版社，2003.

第二章

价值认知策略

从1998年民建中央“一号提案”开始，中国风险投资进入了发展快车道。经过十几年的快速发展，中国风险投资规模迅速扩大，自2008年起一直稳居世界第二，成为世界风险资本市场的一个重要组成部分[1]，为中国创新经济做出巨大贡献。

2008年开始的金融危机，给中国乃至全球的经济都带来巨大冲击。为此，国家先后出台了多项拉动内需政策刺激经济发展，各省市也都正在设立风险投资引导基金以支持中早期新技术企业创业。对于政府而言，选择有较强认知能力的风险投资家作为引导基金的合作者是引导基金政策成功的关键所在。

谢泼德（Shepherd，1999）基于认知心理学提出了一个风险投资价值认知模型，指出风险投资家选择项目时，首先看新技术企业拥有什么资源，在其细分领域占据何种竞争地位，然后根据企业过去的绩效来推测企业在其细分领域能够做到何种程度，最后，风险投资家基于对新技术企业所处的行业和环境的知识经验，对价值判断做出调整[2]。该研究给出了风险投资家对新技术企业的价值认知指标和过程。

综上所述，研究风险投资家对新技术企业的价值认知问题已经成为时势所需，备受学界和实践界的关注。

本章从国内创业和风险投资主流媒体中提取了含有风险投资家价值认知信息的424条访谈记录，时间界定为2007年1月1日至2012年3月20日；

然后采用文本分析法、语意分析法对访谈记录中的价值认知策略进行测量。关于价值认知策略的总体研究框架如图 2.1 所示，其中问题二和问题三将分别在第三章以及第四章进行详细阐述。

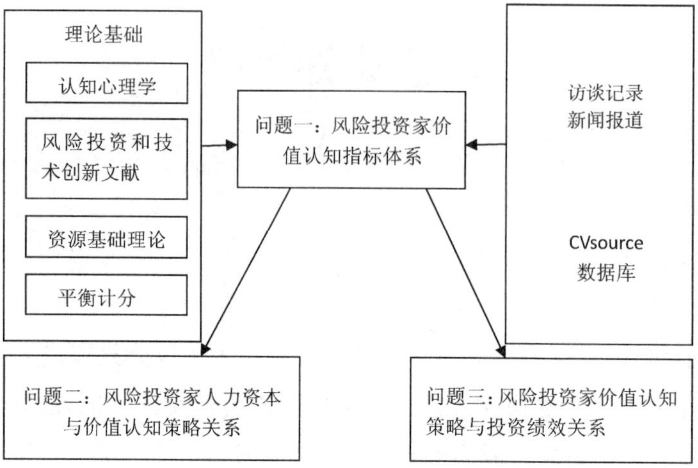

图 2.1　研究框架

第一节　价值认知策略指标的文本分析

一、价值认知指标体系

笔者将价值认知因素划分为输入因素和影响因素，其中输入因素包括资源和绩效两大类：资源的指标体系依据资源基础理论建立，它是前瞻性指标，新技术企业的核心资源还为企业带来持续竞争优势，决定着企业盈利潜力，是企业价值的决定因素；绩效的指标体系依据平衡记分卡建立，它是滞后指标，反映了企业以往的经营能力，并可以使得风险投资家对新技术企业的未来有一个合理的预测基础。价值认知的影响因素是价值认知的调节变量，对价值认知有着重要的影响。该模型如图 2.2 所示。

（一）资源

新技术企业的资源包括有形资产、组织资产、知识资产、声誉资产和团队技能。由于创立时间一般不长，新技术企业的资源有限，因此投资成

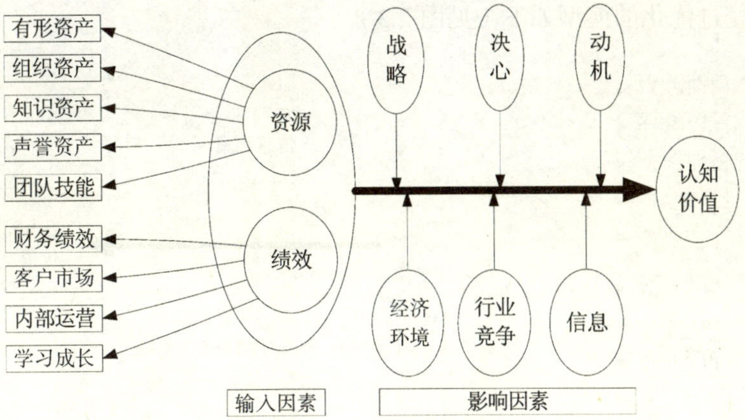

图 2.2 新技术企业价值认知模型

本较低。相应的是，若实现成功退出则能获得相对更高的收益。然而，评估新技术企业的资源也存在很大的风险。首先是较高的市场风险，由于无法对当前企业的资源转化情况做出精确的判断，企业对新兴市场的需求情况了解较少，市场风险尤为明显。其次是技术风险，技术是新技术企业资源因素中最具竞争力的一条，也是企业之间的主要竞争门槛所在，但是对于技术转化为生产力的情况无法准确预测。最后是代理风险，新技术企业信息不对称程度高，且企业管理者和风险投资家在企业发展战略决策上可能会产生意见分歧。

（二）绩效

新技术企业的绩效包括财务绩效、学习与成长、内部运营、客户和市场四部分。与资源相比，新技术企业的绩效多为一些量化指标，从中可以较为直观的得出企业的成长状况，但也同样存在较高的市场风险和代理风险。首先，由于新技术企业经营时间不长，可能还处于非盈利状态，后期财务绩效能否有爆发式增长也是未知，企业财务绩效的参考价值不大。市场上可能存在潜在竞争者，未来的竞争状况不明确，市场风险较高。为了融得资金，企业家有可能虚报企业的绩效，尽管有各类尽职调查，也未必能够真实再现，代理风险较高。

图 2.2 中的战略实际上属于企业的组织资源，而诸如经济环境、行业竞争等因素可以归结为外部环境因素，决心和动机则可以被视为是情感因

素，经过优化的模型如下（见图 2.3）。

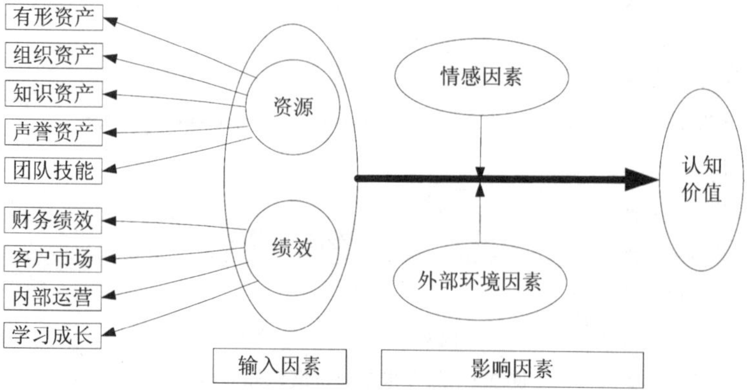

图 2.3 优化的新技术企业价值认知模型

二、指标操作化

（一）数据来源

本节选取国内主流投资媒体对投资家的采访报道作为研究对象，研究的数据是风险投资家在专访及新闻报道中对新技术企业价值认知策略的表述。这些数据包含着风险投资家关于价值认知标准的丰富信息，并且访谈内容均为投资家亲自表述。

主要从国内介绍创业和风险投资活动的专业网站获取访谈数据，包括：投资界、投资中国、创业邦、创富志等，时间范围界定在 2007 年 1 月 1 日至 2012 年 3 月 20 日。经过仔细筛选，获得新闻文本数据 424 条，涉及中外投资机构 186 家，风险投资家 291 位，能够较全面地反应中国风险投资现状。按照新技术企业价值认知模型，我们剔除了不含资源、绩效、外部环境和情感因素中任一条的数据，剩余数据 403 条，该数据记为样本一。每条数据中价值指标按类别统计，重复的二级指标以单次计。

（二）文本分析编码方法

采用文本分析法筛选访谈记录的关键词，并将其按照图 2.3 的价值认知模型整理归类，统计各类指标分布情况，并默认指标频率越大受重视程度越高，以此测度风险投资家对新技术企业的价值认知策略。文本分析的第一步是确定文本编码。为了保障文本编码的质量，我们研究开发了《风险投资家价值认知策略编码表》（以下简称《编码表》），并对《编码表》的内容效度（通过导师评判）及编码信度进行了检验。通过检验后，研究中所有文本的编码都由作者依据编码规则单独完成（见表 2.1）。

表 2.1　　风险投资家价值认知指标编码表

概念		操作性定义	文本中的标志性词语
资源	有形资产	企业拥有的物质性的资产，包括场地、设备等实物资产和货币或证券形态的金融资产	企业规模、资产、生产规模、研发技术平台、产品线、原材料
	组织资产	主要涉及企业的组织结构、计划、社会关系、企业文化等	融资计划、企业的战略、公司的理念、经营理念、商家及媒体资源、合作资源、战略规划、合作关系、战略布局
	知识资产	代表企业的创新能力，包括企业拥有的知识产权和技术	核心技术、可复制性、技术领先程度、核心竞争力、自主知识产权、技术优势、门槛、技术力量、产品设计、企业的创新性、产品结构和产品技术性能、专利、技术、壁垒、科技含量、创新、差异化、工艺、竞争力
	声誉资产	主要指企业及其产品在社会和消费者的影响，包括品牌、知名度、美誉度和社会形象等	品牌、知名度、美誉度、社会形象、影响力、历史、行业声誉、客户评价
	团队技能	涉及影响团队能力的因素	团队、创业家、领导人、企业 CEO、团队能力、团队背景、对技术趋势的把握、人、团队的经验和能力、从业者的资质、专业背景、资源整合能力、管理层、团队的核心竞争力、企业核心管理团队的素质与敬业程度、执著、野心、经验、创业历史
绩效	财务绩效	企业的财务衡量指标，包括：收入的增长、收入的结构、资源利用、生产率等反映企业财务状况的指标	企业的基本面、盈利性、生产成本、销售毛利率、财务状况、业绩、单位投入回报、业务增长、成绩、回报率、现金流、利润率、市盈率、销售额、毛利润、财务健康状况
	客户市场	企业在客户和市场中的表现	竞争状况、产业链的结构、行业发展程度、行业发展趋势，行业地位、行业、业务前景运营、企业的定位、地区、企业的抗风险能力、市场潜力、社会趋势、市场定位、客户价值主张，商业前景、客户关系、产业方向、产品和服务。客户需求、市场规模、市场空间、市场排名、市场增长率、市场前景、细分市场、应用价值、渠道、市场延伸性、潜在价值、项目、行业机会、趋势、政策、环境、附加值

续表 2.1

概念		操作性定义	文本中的标志性词语
	内部运营	企业在内部运营的组织与协调	管理运营、效率、交易结构、营销体系、商业模式、渠道、供应链、技术模式、执行力、管理执行能力、分销网络、研发能力、成本优势、正规化程度、法律、风险控制能力
	学习成长	主要表现为企业的成长性和发展潜力	成长性、企业发展潜力、企业可改进性强、企业发展速度、持续成长能力、高速成长、增长率、增长速度、学习能力、发展预期、上市可能
外部因素	政策	权力部门制定的影响企业运营的措施	政策、强制性规定、产业促进法案、规定
	经济环境	国民经济总体及其经济活动和运行状态，区域经济因素	总体经济情况、经济形势、经济环境、外围经济状况，地理位置、区位、地域
	社会法律	权力机关制定、用于维护社会秩序的规范性文件	法律情况、行业法律、法制环境
	技术环境	对企业运营产生影响的各种外部技术	技术升级、技术创新、工艺水平
	行业前景	行业的发展预期及空间	行业前景、行业发展预期
情感因素	决心	坚定不移的意志	信心、执著
	动机	想要创建事业而在心理上形成的思维途径	激情

第二节　价值认知策略测量结果

一、数据基本描述

对于收集的样本数据进行初步的描述性统计分析，如表 2.2 所示。

表 2.2　　样本一数据描述统计表

	最大值	最小值	平均数	中位数
每条数据中二级指标个数	6	1	2.5	2
同一个风险投资家的访谈次数	8	1	1.49	1
各二级指标频次	152	1	62.7	38

注：样本数 403，关键词出现次数 1024，各二级指标频次由代表该指标的关键词出现次数加总而得。

对所有访谈记录提及的价值认知指标数量进行统计，结果如图 2.4 所示。

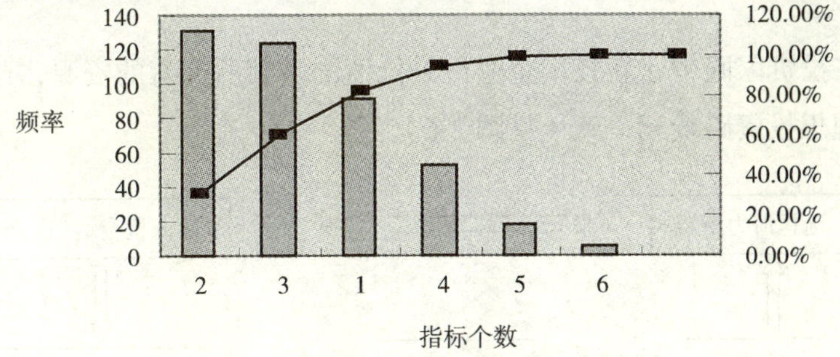

图 2.4　价值认知指标数量分布

访谈过程中，80% 以上的采访记录包含一到三个价值认知指标，很少有提及四个及以上的指标（不足 20%）；并且指标数量越多，出现的概率也就越低。

二、最常出现的指标

（一）价值认知策略一级指标

对 1024 个价值认知关键词进行归类和统计分析，以各指标出现频率评价风险投资家对其的重视程度，即出现频率越高越重视。价值认知策略一级指标分布如图 2.5 所示。

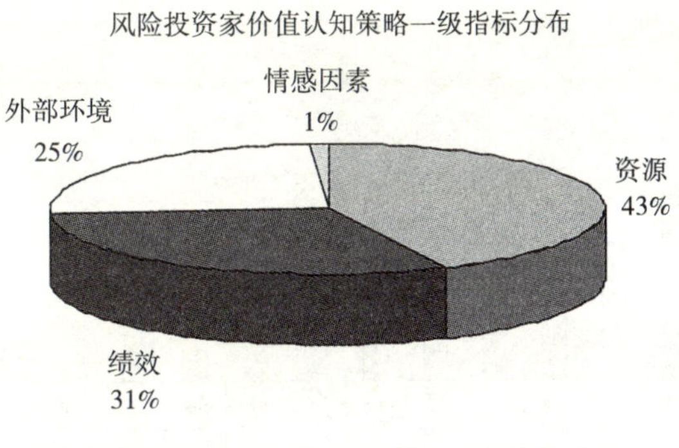

图 2.5　风险投资家价值认知策略一级指标分布

统计显示，VCs 在接受访谈时提及最多的价值认知指标是企业所拥有的资源，占 43%；其次是企业的绩效，占 31%；企业所处的外部环境次之，占 25%。

在投资家眼中，新技术企业最具价值的是其所拥有的资源，这与投资家的理想投资路线相一致（见图 2.6）。

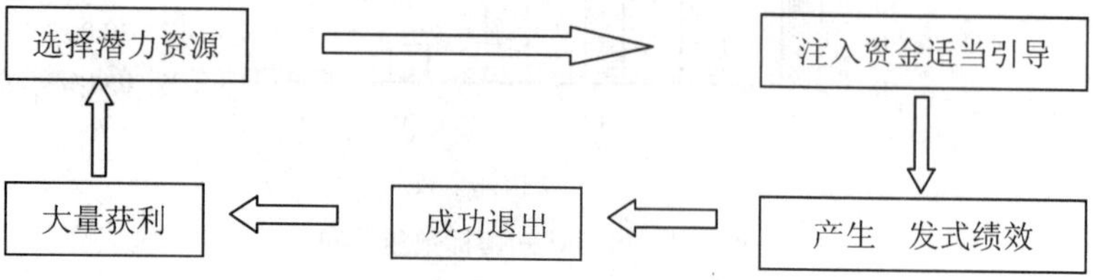

图 2.6　风险投资家理想投资路线

从统计结果可以看出，绩效并非投资家最为关注的因素。实际上，风险投资家非常关注绩效，但并非当前绩效，而是注资、引导后公司产生的预期绩效，与企业的获利情况相比，投资家更关心自身的获利情况。

（二）价值认知策略二级指标

本节共统计二级指标 15 项，占比 20% 以上的指标仅团队技能一项，占比 10% ～ 20% 的指标包括内部运营、知识资产、行业前景和市场环境四项，占比 10% 以下的指标包括客户和市场、学习与成长等十项。具体如图 2.7 所示。

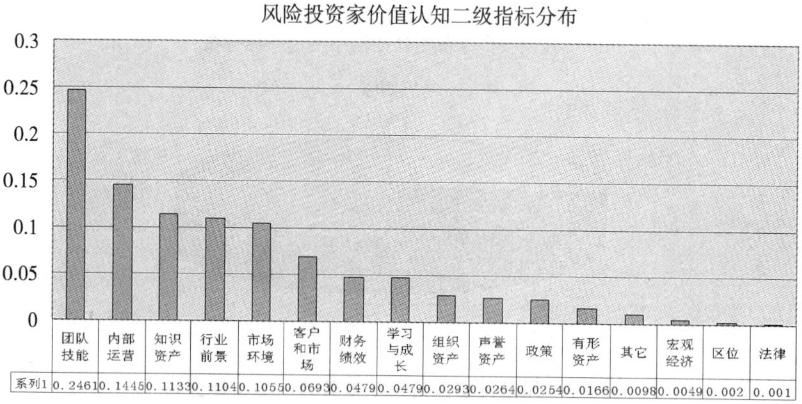

图 2.7　风险投资家价值认知策略二级指标分布

1. 资源二级指标分布，如图 2.8 所示。

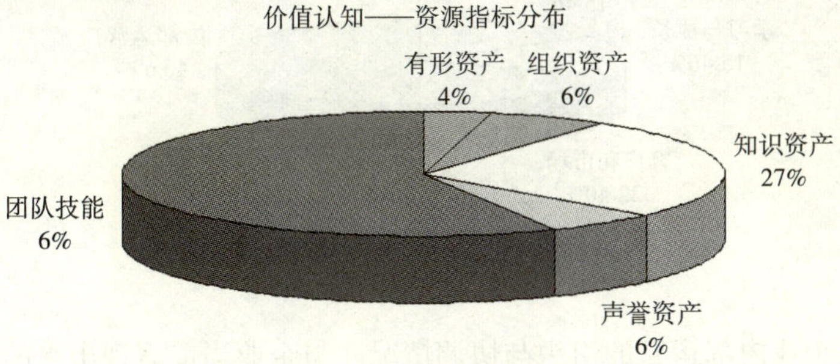

图 2.8　资源指标分布

在资源的五个二级指标中，团队技能占比达 57%，超过其余四项之和，风险投资家对团队技能的重视程度可见一斑——人已成为至关重要的资源，在某种程度上，选择资源就等于选人。其次是知识资产，占比达 26%，远超其余三项之和。团队技能和知识资产二者占比 83%，这两个二级指标已成为投资家选择项目资源是的决定性因素，这恰好从风险投资家选项目的角度印证了笔者在 2008 年提出的高新技术企业的特征：第一，新创性，企业新创立不久，并且是基于创始人（团队）的技术创建。第二，创新性，新技术企业可以持续推出新产品或者服务。

相比之下，有形资产、组织资产和声誉资产占比不足 20%，一方面由于新技术企业成立时间不久，本身资源有限，资产储备不足；另一方面，这些资产的获得门槛较低，可复制性强，并非企业核心竞争力所在，对企业未来业绩不会构成特别大的影响，此外这些资产不易评估，这也符合投资家快速选项目的一贯风格。

总的来说，投资家认为，人在企业就在，团队技能可以补充企业的其他不足之处，但是这在无形中增加了管理团队的压力。

2. 绩效二级指标分布，如图 2.9 所示。

在绩效的四个二级指标中，内部运营占比最大，达 47%；其次是客户和市场，占比 22%，这两个不易直接反馈的过程绩效合计占比近 70%，远超过学习与成长、财务绩效这两个可见的结果绩效指标的占比之和。

从该分布中我们可以看出，风险投资家评价一个新技术企业绩效的主

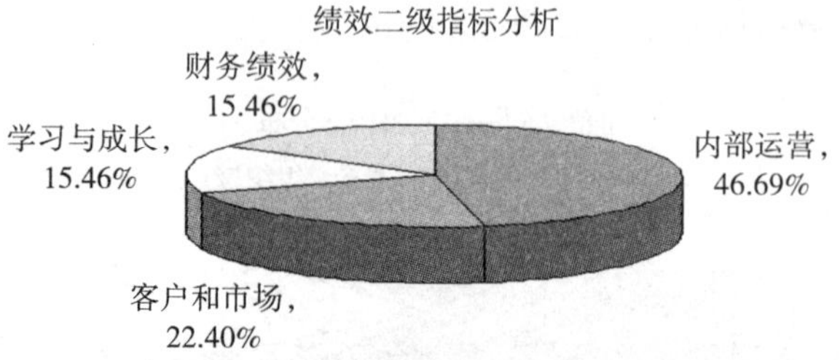

图 2.9　绩效指标分布

要依据是企业内部运营的组织与协调情况。与企业当前表现出来的结果绩效相比，投资家更为重视企业的潜在绩效，即由当前的过程绩效而可能产生的未来收益，这也表明了投资家更为重视企业的未来潜在绩效并笃信优秀的运营将产生优异绩效。

学习与成长、财务绩效占比较低，这似乎与投资家希望企业快速成长、自己快速退出并大量获利的心理不相符合。

一方面，投资家希望看到规范合理的内部运营，另一方面对企业的财务绩效、学习成长能力重视不足，一种合理的解释就是投资家过于自信甚至自负，坚信通过机构的注资和提携就能够使企业快速成长、大量获利，而企业的财务绩效、学习成长在投资家眼中只是一个参考因素。

3. 所涉及的外部环境价值认知指标分布，如图 2.10 所示。

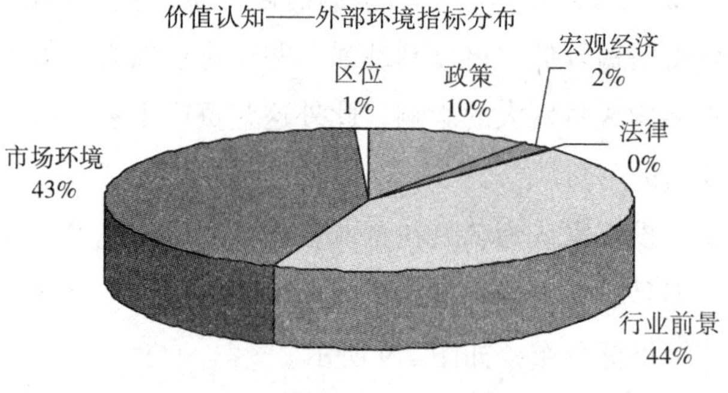

图 2.10　外部环境指标分布

在外部环境的六个二级指标中，投资家最为关注市场环境（43%）和行业前景（44%），另外对政策的关注度也较高（10%）。

风险投资家在选择项目时最多关注的是项目所在行业、领域的环境，对于行业之外的环境几乎不关注。导致的直接结果之一是投资家扎堆于热门行业，竞争较为严重，而对于冷门行业的关注程度明显不足。另外投资家较喜欢走政策路线，认知企业价值时或多或少的加入一些政治因素，这与美国、中国台湾等地的投资家价值认知明显不同。

4. 情感因素指标分布，如图 2.11 所示。

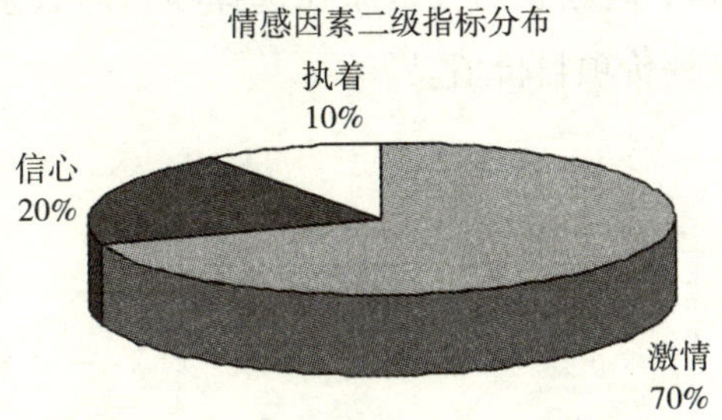

图 2.11　情感因素指标分布

统计显示，文本中较少提到情感因素，仅有的三个关键词共出现十次。按照关键词的统计结果显示，风险投资家最看重创业者的情感因素是激情，这种激情表现在创业和持续经营活动中。

三、指标组合分布

对 403 条数据按照一级指标（不包括情感因素）组合情况进行统计，见表 2.3 所示。

表 2.3　投资指标组合统计

分类	单项投资指标			组合投资指标			
指标	资源			资源	资源		资源
		绩效		绩效		绩效	绩效
			外部环境		外部环境	外部环境	外部环境
频数	52	22	41	93	69	21	105
频率	12.90%	5.46%	10.17%	23.08%	17.12%	5.21%	26.05%
	28.54%			71.46%			

在单项投资指标中，投资家的偏好顺序依次是资源（12.9%）、外部环境（10.17%）、绩效（5.46%），三者合计占比28.5%。

在组合投资指标中，投资家最为偏好的是资源+绩效+外部环境（26%），其次依次是资源+绩效（23%）、资源+外部环境（17%），对绩效+外部环境（5%）这一组合的偏好程度最低。

偏好于组合投资指标的投资家合计占71.5%，远高于偏好单项投资指标的投资家（28.5%）；这也表明投资家在选择项目时大多会综合考虑多种因素，从多个角度评价项目价值。

第三节　研究结论

由以上统计分析发现，风险投资家最看重企业的资源而非绩效，而最为重视的五个二级指标依次是团队技能、内部运营、知识资产、行业前景和市场环境，其重视程度按总占比计（72%）是其余十个二级指标总和（28%）的近三倍，属于较为典型的二八分布。风险投资家非常重视团队因素，其目的是为了将来的收益。风险投资家一方面寄望于团队能够改善他们所发现的企业管理短板，另一方面希望企业在团队领导下能够高效、规范运营，以保证其获利，因此企业内部运营情况成为风险投资家第二重视的因素。

在美国，投资家最重视的五个指标依次是市场吸引力、产品差异性、管理能力、环境和投资回收潜力，在中国则是团队技能、内部运营、知识资产、行业前景和市场环境。中国的风险投资家最重视团队技能这一人的因素，将行业和市场指标排在了第四位和第五位；美国投资家最重视的则是市场吸引力，将团队的管理能力排在了第三位，见表2.4所示。

表2.4　　中美投资家价值认知指标排序情况

指标排序	1	2	3	4	5
中国	团队技能	内部运营	知识资产	行业前景	市场环境
美国	市场吸引力	产品差异性	管理能力	环 境	投资回收潜力

历史表明，在特定社会的特定阶段，管理团队的个人崇拜现象普遍存在。这个阶段企业典型的特征就是制度不健全，组织存在可以形同虚设，可以引进人才但他必须被同化，企业可以生存但市场不能变化太大，人际关系、感情是企业管理的真正基石。这样的组织换了领导是行不通的，管理团队的个人崇拜情结是企业管理最大的阻力。中国的许多上市公司，恰好有着这样的特征。产生个人崇拜的原因是十分复杂的。小农经济和小生产习惯势力，是产生个人崇拜的主要社会经济根源。社会主义社会在某些具体制度和某些环节上的缺陷，也是产生个人崇拜的条件。风险投资家也受到了这一不可否认的社会现实的影响，直接表现就是选择投资项目时过分重视人的因素，认为合适的人可以获取资源，可以开拓市场。

风险投资家非常重视团队因素，其目的是为了将来的收益。风险投资家一方面寄望于团队能够改善他们所发现的企业管理短板，另一方面希望企业在团队领导下能够高效、规范运营，以保证其获利，因此企业内部运营情况成为风险投资家第二重视的因素。

从企业运作过程来看，有团队、能运营的前提是有运作对象，新技术企业最关键的运作对象是新技术，即企业的知识资产。另外，企业有了运作项目并能规范运营之后，还需要将产品、服务提供给市场，并且需要稳定、持续的经营，因此行业前景和市场环境也是选择项目的必要条件。

通过对比不难发现，在中国投资仍是“以人为本”，市场因素对投资家的吸引力明显不够大；在美国则是“市场优先”，一切以市场为中心，市场调节的作用高于其他因素。这种差异出现的根本原因还在于双方市场化的成熟程度。相比之下，美国的市场化程度相当高，项目的吸引力主要来自市场；中国的市场化还在完善中，非市场因素的作用不可小觑。在多年的投资及退出实践中，投资家发现了这一规律并在业内传递相关信息，最终形成了当前的价值认知偏好，这与偏好的传递性恰好相符。

一个完善的组织，其运营不能依靠一个或几个领导者的力量，而应依靠规范的制度和高效的执行。随着中国市场经济的不断完善，风险投资家的价值认知偏好也需要随之调整。当市场经济完善到一定程度时，管理团队的因素将会淡出风险投资家视线，市场将会取而代之。另外“投资回收潜力”这个大家都最为关注却都不愿意说出的因素也会走上前台。

届时风险投资家选择的将是对社会有益的事业，而非可能创造事业的人，并且这种事业不会因为管理者的倒下而倒下，相反会因为市场的雄起而雄起；不仅投资机构，就是二级市场的一般风险投资家都有真正的决策权力。

参考文献

[1] 罗国锋 . 从理论到现实：第二波竞赛中 VC 机构的战略调适 [J]. 中国风险投资，2008（1）: 23-28.

[2] Shepherd, D. A. Venture Capitalists' Assessment of New Venture Survival[J]. Management Science, 1999, 45: 621-632.

第三章

人力资本与价值认知策略

风险投资是一个新兴行业，投资知识的获得主要靠以往的学习和经验，因此教育背景和行业经验这两个人力资本特征被认为是风险投资家对新技术企业价值认知策略的重要影响因素，本章将研究风险投资家的教育背景和行业经验如何影响风险投资家对新技术企业的价值认知策略。

第一节　人力资本概述

风险认知是价值认知的前提和必要条件。个体的风险认知要受到内在人格因素与外在情景因素的双重影响。国外研究者的研究表明，个体的动机、情绪、专业背景以及外在情景类别、信息构成，乃至文化氛围都将对个体的风险认知造成影响[1]。另外，风险情景是学者研究个体对风险反应的载体，因此，对风险性质的探讨往往会涉及对风险情景的描述和讨论。早在20世纪70年代，卡尼曼（Kahneman，2000）[2]就在预测理论中指出情景的变化将会极大地影响个体的风险偏好。

一、人力资本

现代人力资本理论的先驱、诺贝尔经济学奖得主西奥多·舒尔茨（Theodore W. Schultz）在1960年首次系统阐述了人力资本理论，认为人力资本是人的知识、技能和体力等的总称，其显著标志是它属于人的一部分。其后贝克尔、明赛尔、丹尼森等从不同的角度对人力资本进行了论述。现代人力资本理论普遍认为，人力资本（Human capital）是指劳动者受到教育、培训、实践经验、迁移、保健等方面的投资而获得的知识和技能的积累，亦称“非物力资本”。由于这种知识与技能可以为其所有者带来工资等收益，因而形成了一种特定的资本——人力资本。

由于高层管理人员在整个社会经济中的作用日益重要，高管人员成为当前人力资本研究的焦点。从传统理论的角度，高管人力资本也可以被解读为高管知识、技能和体力的总和（周小虎，2002）[3]。更具体而言，高管人力资本是由高管的描述性知识、程序性知识、能力和社会资本四要素组成的动态系统（魏江，2003）[4]。由汉布里克和梅森（Hambrick and Mason,1984）、芬克尔斯坦和汉布里克（Finkelstein and Hambrick,1996）等学者的研究可知，高层管理团队的人力资本特征包括年龄、教育水平、专业背景和社会经济地位等[5][6]。这些因素是高层管理者特殊的经验、价值观和性格等特征的“反射镜”，并会影响整个团队的创造力和创新性，对于高层管理团队的运作、企业战略的选择和绩效的提升具有重要的影响[7]。

作为一种特殊资本，人力资本与价值创造之间的关系引起了诸多学者的兴趣。在过往研究中，学者普遍认为人力资本会对价值创造产生显著影响。知识是企业最重要的竞争性资源，组织知识大多存在于其人力资本之中。勒巴克（Lepak，1990）认为，企业是通过对人力资本的选择、开发和使用来创造价值的[8]。朱杏珍认为，人力资本是企业盈利能力的决定性因素[9]。但也有学者研究发现，人力资本的某些特征在价值创造方面并没有显著差异。贺远琼、杨文（2010）研究发现，高管学历高低并没有使企业净资产收益率产生显著差异，高学历并不等同于高绩效等[10]。

二、风险投资中的人力资本问题

风险投资三大要素包括技术资本、货币资本、人力资本。

关于风险资本问题，国内已有的研究文献主要集中在风险资本的特征、运作机制、制度安排和风险资本作用等方面，个别学者开始关注风险资本背后一些较深层次的问题。例如，刘曼红（1998）从风险投资者的个性与气质、知识与经验等方面强调了风险投资者投资的主动性[11]；郑安国（2000）从风险投资家形成来源的角度，指出风险资本投资是基于经验、知识、信息和判断的冒险，进而阐释了风险投资与人性冒险偏好的关系[12]。这些研究大都基于风险资本的外在特征讨论风险资本问题，很少触及风险资本的内在性质。虽然个别学者，如刘曼红、郑安国、张丰等，已经注意到风险资本背后风险投资者的作用，但往往感性大于理性、归纳多于演绎，可以说，真正深入的讨论和分析还十分有限。

由于风险资本市场的高度不完善，投资者的决策能力至关重要[13]。与其他行业相比，风险投资企业主要依靠人力资本来运营，人力资本特征必将对其经营绩效产生重大影响。选择一个成功可能性大、市场预期广阔的高新技术项目作为投资对象，对于风险投资企业而言是不可或缺的。要做到这一点，必然要求风险投资家具有职业敏锐感、投资成功的经验以及出众的预见力。

三、人力资本与风险感知

根据高层梯队理论，作为决策主体的人的异质性对于投资策略的制定更为重要。汉布里克和梅森（Hambrick and Mason,1984）提出的高层梯队理论认为[14]：高层管理团队诸如教育背景和工作经历等人口统计特征能够反映其价值观和认知水平，并且不同的人口统计特征及其作用过程能够影响公司层面的战略决策。由此可知，产生策略差异的关键在于风险投资家教育背景和经历中所包含知识的异质性。斯彭德（Spender）认为，知识是具有异质性的一种资源，也是引发战略乃至绩效差异的一个关键要素[15]。知识分为显性和隐性知识，通过接受教育所获得的知识多为显性知识，而通过从业经历则能够掌握更多的隐性知识。隐性知识在显性化后才具有竞争力，而显性知识是获取和转化隐性知识的基础，因此风险投资家的显隐性知识共同决定了其认知水平，进而形成不同的投资策略。

综合上述分析，风险投资家的认知水平决定其如何感知企业的任务环境并利用这种认知调节客观环境对战略决策的影响[16]。风险投资家的认知水平一般采用教育背景和经历两个经典的人力资本要素[17]，因为教育背景和经历会影响风险投资家对信息的获取和过滤以及对过滤所得信息的理解和把握。

风险投资机构面临的风险来自多个方面，而受到学者广泛关注的主要有市场风险、技术风险和代理风险，因此本章主要关注风险投资家对市场、技术和代理三方面风险的认知。其中，市场风险指市场上不可预知的竞争态势；技术风险是指受资企业现有技术无法满足产品开发需求或有更好的替代技术出现；代理风险指企业家为实现自身利益而损害风险投资者利益的行为。

第二节　人力资本与价值认知策略实证研究

一、研究假设

下面将分别从风险投资家的教育背景和从业经验两个维度进行分析并提出假设。

（一）教育背景与价值认知策略

具有经管文法教育背景的风险投资家不具有技术方面的细节性知识，一般无法有效感知技术风险，而是对市场和代理风险有更多考虑。在资源与绩效选择上，第一，经管文法教育侧重于使用统计分析方法评估某个产品或项目的市场吸引力和发展前景，市场风险被认为是可以控制和计算的[18]，另外该类教育背景的投资家对于财务绩效有更深刻的认识。因此，具有此类背景的人往往偏爱行为和决策结果在可控范围之内的经济环境，而对于高风险和损失率高的情况存在抵触情绪[19]。第二，企业管理和经济法的相关知识使风险投资家知道如何更好地制定契约和薪酬机制、注重潜在的代理风险。随着全球化进程的发展，经管类教育对国际经济一体化、国际商务等方面的知识有所侧重，使得风险投资家能够更好的判断国外市场情况并预测市场动向和新产品的市场认可度，对市场风险的认知度较低。

接受经管教育的风险投资家较注重对企业文化的了解，企业文化能够反映企业家的价值观和态度，这些信息能够帮助风险投资家更好的预测企业家行为，并制定更符合双方利益的契约，在一定程度上减少信息不对称程度，降低对代理风险的认知。

理工农医类教育更多的是涉及技术方面的知识，因此，有此类背景的风险投资家主要凭借其对受资企业技术发展前景和风险的认知做出评估。很多新技术企业具有可能会打破现有技术范式乃至改变整个行业结构的新技术，理工农医类教育致力于创新，因此有此类背景的风险投资家在制定投资策略时更多的是注重技术本身的突破性和前景而非投资绩效。此外，凭借专业知识，风险投资家可能会参与产品研发并对研发过程所需的时间、成本和人力等资源做出估计。这些能够提高他们对于使用何种资源和策略能够以推动技术投放市场的判断力和对技术风险的承受力。理工农医类教育能够使风险投资家更好的理解和评估与自己专业领域相关的新技术，并判断其经济潜力。

基于此，提出以下假设（H）①：

H1：各类教育背景的风险投资家对资源型价值认知策略的偏好程度为：经管文法类＜复合背景类＜理工农医类。

（二）创业经验与价值认知策略

具有创业经验的风险投资家会对潜在的竞争以及市场的前景、市场的准入有所了解，并对来自新兴市场的风险具有更强的控制能力和承受力[20]。此外，他们会更好地判断企业家的机会主义行为和即将做出的决策[21]，通过制定更为合理的契约等措施予以应对。同时，根据社会认同理论，具有创业经验的风险投资家保留着对企业家身份的认同，对初创企业的发展前景过度乐观[22]，对市场和代理风险的承受力相应提高。基于此，提出以下假设：

H2：与没有创业经验的风险投资家相比，具有创业经验的风险投资家更偏好资源型价值认知策略。

① 以下文中假设两字简化为 H。

（三）海外经验与价值认知策略

海外的工作经验有助于引入成熟市场经验以及掌握技术、市场的资源优势，因此海外经验对于风险的感知主要体现在资源方面。

通过海外的工作或学习，风险投资家能够更多的吸收成熟市场的经验，能够更深入地甄别新技术企业的资源优势，从而更加清晰地看到企业的未来绩效。除此之外，国外的生活使风险投资家们有机会与当地的个人或机构建立联系，从而掌握一定的海外人力资本，这也能进一步的降低风险投资家对于国外市场和代理风险的认知。基于此，提出以下假设：

H3：与没有海外经验的风险投资家相比，具有海外经验的风险投资家更偏好资源型价值认知策略。

（四）特定从业经验与投资策略

风险投资领域涉及资本运作以及企业运营管理等实际问题，因此在具体运作过程中，金融咨询、企业管理的相关背景成为风险投资家极具价值的资源。金融咨询和企业管理的重要原则是实现收益最大化，具有此类背景的风险投资家由于具有较为丰富的资本运作、投资、管理经验而更为追求高收益投资，因此在长期的历练中对风险的承受能力也相应较强，对技术风险认知较低；咨询行业相关经验则使投资者具备了发现受资企业存在问题并制定解决方案以及与企业高管沟通建议的能力，也有利于契约的制定，从而降低代理风险。基于此，提出以下假设：

H4：与没有金融咨询经验的风险投资家相比，具有金融咨询经验的风险投资家更偏好资源型价值认知策略。

H5：与没有企业管理经验的风险投资家相比，具有企业管理经验的风险投资家更偏好资源型价值认知策略。

二、研究方法和依据

本部分着重研究风险投资家的价值认知策略与人力资本之间的关系，因此隔离外部环境和情感因素这些指标的影响。在本书的第二章，我们通过文本分析方法得到风险投资家对新技术企业的价值认知数据，即样本一。但是风险投资家在实际的表述中，对于不同价值认知策略的心理权重是不同的，在此通过语意分析法对样本一进行进一步的筛选和优化。

语意分析法是运用语意区分量表来研究事物的意义的一种方法。它是由美国心理学家奥斯古德和其同事所创立的。该方法以纸笔形式进行，要求被试在若干个七点等级的语义量表上对某一事物或概念（如汽车、邻居）进行评价，以了解该事物或概念在各被评维度上的意义和强度。等级序列的两个端点通常是意义相反的形容词，如诚实与不诚实、强与弱、重要与不重要。

我们按照风险投资家表述价值认知策略时的语意，诸如“最看重、其次、再者”等来确定各指标的排序，并分别赋予不同权重，以此更为真实的反映风险投资家的价值认知策略。在样本一的基础上，进一步的甄别主要考虑风险投资家的个人信息。从 CVsource 股权投资数据库来检查风险投资家是否真的名副其实，当风险投资家与其声称的机构、投资事件不相符合时，将这些数据从样本中剔除，为保证研究质量，进一步的剔除条件是：

（1）主要针对新技术行业，故删除房地产、酒店等传统行业访谈数据；

（2）若访谈中不涉及资源和绩效的二级指标，访谈数据予以删除；

（3）重复出现的风险投资家以实际访谈次数计；

（4）CVsource 数据库和网络资源中找不到投资人教育背景或个人经历，数据删除。

最后，共得到有效访谈记录 318 条，涉及中外风险投资家 230 位。以下分析中，数据个数以投资家人数计，若某位投资家有多条访谈记录，则其价值认知偏好最终得分为各次得分的均值。因此，将 230 位投资家的价值认知数据记为样本二。

三、变量

依据前文分析，风险投资家的价值认知策略可分为资源型价值认知策略和绩效型价值认知策略，这两种策略为互斥事件。本书选取资源型价值认知策略作为因变量，选取风险投资家的教育背景和从业经验作为人力资本自变量来进行测量。

（一）因变量

在访谈记录中，通过语意来分析风险投资家有无偏好，再根据偏好情况进行赋值。具体赋值方法如表 3.1 所示。

表 3.1　　因变量赋值表

分类	价值认知指标关键词排序情况			赋值	赋值标准化
	第一	第二	第三		
不针对事件	资源	资源	资源	R_1=6	$R=R_1/6$
	资源	资源	绩效	R_1=5	
	资源	绩效	无	R_1=4	
	资源绩效同等重要			R_1=3	
	绩效	资源	无	R_1=2	
	绩效	绩效	资源	R_1=1	
	绩效	绩效	绩效	R_1=0	
针对事件	通过资源类关键词出现频率来赋值			R_2= 资源 /(资源 + 绩效)	$R=R_2$

注：若某投资家涉及多次访谈，则其最终赋值结果按均值计，即 $R=\sum R_i/n$。

（二）自变量

表 3.2 给出了本研究中的自变量定义。对于教育变量的定义允许拥有

表 3.2　　自变量（人力资本）定义表

维度	变量	符号	定义	计算方法
教育	经管文法类	JG	具有经济、管理、文学、法律的学士及以上学位	有过某项经历则该指标记为 1，否则记 0
	理工农医类	LG	具有理学、工学、农学、医学的学士及以上学位	
	综合类	ZH	具有经管文法和理工农医双重学术背景	
经验	金融咨询	JR	在金融、咨询类公司从事过理财、投资、管理、咨询、顾问工作	
	企业运营	QY	在企业内担任过中层以上管理、技术骨干职务	
	创业	CY	至少参与创办过一家公司	
	海外工作	HW	在中国大陆以外地区有工作经历	

注：人力资本各项指标均以“0”、“1”，即 RJG =0 或 1。

双重教育背景的个人存在，两种教育背景可能会同时对该管理者的风险偏好产生一定影响。需要强调的是部分二级指标可能存在交集。

四、分析结果

（一）变量的描述性统计

对人力资本六项二级指标以及资源型价值认知偏好的描述性统计结果如表 3.3 所示。

表 3.3　　自变量描述统计

	JG	LG	JR	QY	CY	HW	R
平均	0.85	0.53	0.62	0.62	0.18	0.54	0.62
标准误差	0.02	0.03	0.03	0.03	0.03	0.03	0.02
中位数	1.00	1.00	1.00	1.00	0.00	1.00	0.64
众数	1.00	1.00	1.00	1.00	0.00	1.00	1.00
标准差	0.36	0.50	0.49	0.49	0.38	0.50	0.32
方差	0.13	0.25	0.24	0.24	0.15	0.25	0.10
峰度	2.01	-2.00	-1.78	-1.76	0.87	-1.99	-0.75
偏度	-2.00	-0.14	-0.49	-0.51	1.69	-0.16	-0.38
区域	1.00	1.00	1.00	1.00	1.00	1.00	1.00
最小值	0.00	0.00	0.00	0.00	0.00	0.00	0.00
最大值	1.00	1.00	1.00	1.00	1.00	1.00	1.00
求和	196.00	123.00	142.00	143.00	41.00	124.00	143.01
观测数	230.00	230.00	230.00	230.00	230.00	230.00	230.00
最大 (1)	1.00	1.00	1.00	1.00	1.00	1.00	1.00
最小 (1)	0.00	0.00	0.00	0.00	0.00	0.00	0.00
置信度 (95.0%)	0.05	0.06	0.06	0.06	0.05	0.06	0.04

注：除投资家工作年限外，人力资本的所有二级指标均以 0、1 计。

（二）相关性分析

相关性分析主要从两方面进行，包括样本二，即主样本相关性分析，以及子样本的相关性分析，样本二的相关性分析如表 3.4 所示，子样本的相关性分析如表 3.5 以及表 3.6 所示。

表 3.4　　样本二相关性分析

		JG	LG	JR	QY	CY	HW	RE
JG	Pearson 相关性	1						
	显著性（双侧）							
LG	Pearson 相关性	-.388**	1					
	显著性（双侧）	.000						
JR	Pearson 相关性	.252**	-.214**	1				
	显著性（双侧）	.000	.001					
QY	Pearson 相关性	-.199**	.297**	-.485**	1			
	显著性（双侧）	.002	.000	.000				
CY	Pearson 相关性	-.126	.116	-.288**	.316**	1		
	显著性（双侧）	.056	.080	.000	.000			
HW	Pearson 相关性	-.066	.204**	.152*	.124	.043	1	
	显著性（双侧）	.322	.002	.022	.060	.514		
RE	Pearson 相关性	.025	-.043	-.030	.029	.094	-.001	1
	显著性（双侧）	.707	.515	.655	.660	.154	.986	

注：*N*=230；**. 在 .01 水平（双侧）上显著相关；*. 在 0.05 水平（双侧）上显著相关；*N*=230。

样本二相关性分析结果显示，资源型价值认知策略与人力资本所有特征变量之间的相关性都不显著，在统计学上没有意义，五个假设均未得到支持。

进一步将样本按照资源型价值认知偏好由大到小排序，从中抽取了前 25% 和后 25% 两个子样本，分别定义子样本 1 和子样本 2，研究最偏好资源的风险投资家和最不偏好资源的两类风险投资家的价值认知受到人力资本特征的影响的差异程度（见表 3.5、表 3.6）。

子样本 1 相关性分析表明风险投资家价值认知策略与人力资本特征相关性不显著。

子样本 2 的相关性分析结果显示，风险投资家价值认知策略与人力资本特征的相关性亦不显著，该结果不支持所有假设。

将最偏好资源的风险投资家和最不偏好资源的风险投资家两个子样本相关性分析结果进行对比，发现两个样本的显著性差异不大，且均不具有

表 3.5　　　　　　　　　　子样本 1 相关性分析

		JG	LG	JR	QY	CY	HW	RE
JG	Pearson 相关性	1						
	显著性（双侧）							
LG	Pearson 相关性	-.402**	1					
	显著性（双侧）	.001						
JR	Pearson 相关性	.141	-.183	1				
	显著性（双侧）	.284	.163					
QY	Pearson 相关性	-.180	.162	-.481**	1			
	显著性（双侧）	.169	.216	.000				
CY	Pearson 相关性	-.150	.097	-.336**	.376**	1		
	显著性（双侧）	.253	.462	.009	.003			
HW	Pearson 相关性	.040	.131	.077	.145	.212	1	
	显著性（双侧）	.763	.319	.561	.268	.104		
RE	Pearson 相关性	-.047	-.144	.165	-.103	-.225	-.135	1
	显著性（双侧）	.720	.273	.207	.435	.083	.305	

注：**. 在 .01 水平（双侧）上显著相关；*N*=60。

表 3.6　　　　　　　　　　子样本 2 相关性分析

		JG	LG	JR	QY	CY	HW	RE
JG	Pearson 相关性	1						
	显著性（双侧）							
LG	Pearson 相关性	-.340**	1					
	显著性（双侧）	.008						
JR	Pearson 相关性	.478**	-.226	1				
	显著性（双侧）	.000	.082					
QY	Pearson 相关性	-.202	.361**	-.503**	1			
	显著性（双侧）	.122	.005	.000				
CY	Pearson 相关性	-.515**	.236	-.370**	.202	1		
	显著性（双侧）	.000	.070	.004	.122			
HW	Pearson 相关性	-.052	.334**	.138	.101	.052	1	
	显著性（双侧）	.694	.009	.292	.441	.694		
RE	Pearson 相关性	.008	-.058	-.143	.036	-.057	-.015	1
	显著性（双侧）	.951	.660	.276	.787	.668	.908	

注：**. 在 .01 水平（双侧）上显著相关；*N*=60。

统计学意义。该结果表明，人力资本特征对于风险投资家的价值认知偏好没有显著影响（见表 3.7）。

表 3.7　　子样本相关性分析结果对比

		子样本	JG	LG	JR	QY	CY	HW	RESULT
RESULT	Pearson 相关性	前 25%	-.047	-.144	.165	-.103	-.225	-.135	1
		后 25%	.008	-.058	-.143	.036	-.057	-.015	1
	显著性（双侧）	前 25%	.720	.273	.207	.435	.083	.305	
		后 25%	.951	.660	.276	.787	.668	.908	

（三）单因素方差分析

采用单因素方差分析的方法来验证资源相对于绩效的重要性，首先对不同教育背景、不同从业经验的样本都做了方差齐次检验（见表 3.8、表 3.9）。

表 3.8　　教育背景方差齐性检验

Levene 统计量	df1	df2	显著性
1.077	2	227	.342

表 3.8 显示 Sig 值大于 0.05，说明方差为齐次，所以在事后比较检验对各种教育背景的数据两两比较时采用 LSD 法，如表 3.9 所示。

表 3.9　　事后多重比较

（I）教育	N	（J）教育	均值差（I-J）	标准误	显著性	95% 置信区间	
						下限	上限
经管	107	复合	.02490	.04547	.585	-.0647	.1145
		理工	.03340	.06240	.593	-.0896	.1564
复合	89	经管	-.02490	.04547	.585	-.1145	.0647
		理工	.00850	.06390	.894	-.1174	.1344
理工	34	经管	-.03340	.06240	.593	-.1564	.0896
		复合	-.00850	.06390	.894	-.1344	.1174

从表 3.9 可以看出，资源相对于绩效的重要性在不同教育背景的风险

投资家之间差异均不明显（$P>0.1$），可以认为教育背景对风险投资家的资源型价值认知偏好没有影响，假设 1 不成立时。

为了验证其余四个假设，本书将数据按照有无某项从业经验分开，使用独立样本 T 检验法验证有无某项从业经验的风险投资家资源型价值认知偏好的均值是否显著不同（见表 3.10）。

表 3.10 独立样本检验

		方差方程的 Levene 检验		均值方程的 t 检验				
		F	Sig.	t	df	Sig.（双侧）	均值差值	标准误差值
金融咨询	假设方差相等	.477	.491	.454	228	.650	.01949	.04293
	假设方差不相等			.459	191.810	.646	.01949	.04241
企业运营	假设方差相等	.344	.558	-.442	228	.659	-.01903	.04303
	假设方差不相等			-.437	174.379	.663	-.01903	.04358
创业经验	假设方差相等	.121	.728	-1.433	228	.153	-.07779	.05430
	假设方差不相等			-1.458	59.761	.150	-.07779	.05335
海外经验	假设方差相等	1.308	.254	.012	228	.990	.00052	.04188
	假设方差不相等			.012	217.575	.990	.00052	.04208

上述结果表明，四项从业经验中，风险投资家的价值认知偏好均值差异均不显著，因此假设 2、假设 3、假设 4 和假设 5 均未得到支持。

第三节　研究结论

按照认知心理学知识和风险投资行业的工作流程，风险投资家的价值认知策略的输入因素包括资源和绩效两大类，影响因素包括外部环境和情感因素。其中资源又可以分为有形资产、组织资产、声誉资产、知识资产和团队技能五个二级指标；绩效可以分为财务绩效、客户和市场、学习与成长、内部运营四个二级指标；外部环境可分为政策、宏观经济、法律、行业前景、市场环境和区位因素五个二级指标；情感因素则包括决心和动机两个二级指标。

对风险投资家影响较大的人力资本特征包括教育背景和行业经验，其中教育背景可分为经管文法和理工农医两大类，行业经验则可分为金融咨询、企业运营、创业、教育行政和海外工作五类，另外风险投资行业的从业年限也是一个重要的二级指标。

本章利用文本分析法，在国内风险投资主流网站等媒体获得了 424 条风险投资家价值认知策略的表达数据，经过初步筛选，403 条数据有效（按照访谈事件）。按照“0”“1”的赋值方式（有为 1，无为 0），对这些数据进行初步赋值并统计发现，在 1024 个价值认知策略关键词中，43% 属于资源型策略，31% 属于绩效型策略，25% 属于外部环境因素，涉及情感因素的仅 1%。另外还发现风险投资家最为重视的五个二级指标依次是团队技能、内部运营、知识资产、行业前景和市场环境，这些指标占比之和达到 72%。

依据高层梯队等理论，提出了风险投资家人力资本与价值认知策略之间关系的五个假设。为验证这些假设，对 403 条有效数据进行进一步筛选，获得包含风险投资家人力资本和价值认知详细信息的有效数据共计 318 条，涉及 230 位投资人；在该数据基础上，采用各二级指标取值来衡量人力资本特征并作为自变量，利用语意分析法测量风险投资家的价值认知策略并以资源型价值认知策略作为因变量，进行相关性分析。相关性分析结果显示，风险投资家人力资本特征与资源型价值认知策略之间的关系不显著。将样本按资源型价值认知策略得分排序，选取前 25% 和后 25%，即最偏重和最不偏重资源型价值认知策略的两个子样本，相关性分析结果同样显示风险投资家人力资本特征与资源型价值认知策略之间的关系不显著，5 个假设均未得到支持。

对教育背景与资源型价值认知偏好的单因素方差分析表明，不同教育背景的风险投资家的资源型价值认知偏好差异不明显（$P>0.1$），即教育背景对风险投资家的资源型价值认知偏好没有影响，假设 1 未得到支持。

对从业经验与资源型价值认知偏好的独立样本 T 检验显示，不论风险投资家有无某项从业经验，其资源型价值认知偏好的均值差异都不显著，即从业经验不影响其资源型价值认知偏好，假设 2、假设 3、假设 4、假设 5 亦未得到支持。

综上，本章采用文本分析和语意分析法，在从访谈记录获取价值认知信息的基础上，对风险投资家人力资本特征及价值认知策略进行了分类和测量，描述统计显示资源型价值认知策略占比稍高于绩效型价值认知策略，相关性分析、单因素方差分析和独立样本 T 检验显示，风险投资家的人力资本特征对其价值认知策略没有影响。

需要注意的是由于采访环境、采访者提问方式、受访者情绪等因素的影响，风险投资家在表达各自价值认知策略时，不可能完全、详尽地进行表述，给研究结果带了一些误差。

参考文献

[1] 谢晓非，郑蕊 . 认知与决策领域的中国研究现况分析 [J]. 心理科学进展 ,2003,11（3）: 281-288.

[2] Kahneman D, Tversky A. Choices, Values, Frames. UK: Cambridge University Press, 2000: 17-43.

[3] 周小虎 . 企业家社会资本及其对企业绩效的作用 [J]. 安徽师范大学学报(社科版),2002,30（1）:1-6.

[4] 魏江，申军 . 传统产业集群创新系统的结构和运行模式 [J]. 科学学与科学技术管理 ,2003,1:14-17.

[5] Hambrick D C, Mason P A. Upper Echelons: The Organization as A Reflection of Top Managers [J]. Academy of Management Review, 1984,（9）:193-206.

[6] Finkelstein S, Hambrick D C. Strategic Leadership[M]. Minneapolis/St. Paul: West Publishing Company, 1996.105-117.

[7] 彭正银，江岭 . 高层管理团队（TMT）人力资本特征效应的实证研究——基于中国上市公司的分析 [Z]. 中国管理学年会论文 , 2007.

[8] SA Snell, JW Dean Jr, DP Lepak. Human resource management, manufacturing strategy, and firm performance[J]. Academy of Management Review, 1990,（39）: 836-866.

[9] 朱杏珍 . 人力资本与企业绩效 [J]. 广西社会科学 , 2003,（1）: 75-77.

[10] 贺远琼，杨文 . 高管团队特征与企业多元化战略关系的 Meta 分析 [J]. 管理学报 ,2010,1:91-97.

[11] 刘曼红 . 风险投资 : 创新与金融 [M]. 中国人民大学出版社 ,1998.

[12] 郑安国 . 我国政府直接参与创业投资模式研究 [J]. 当代财经 , 2000 年 , 第 3 期 .

[13] 赵德武，马永强．决策能力、风险偏好与风险资本 [J]. 会计研究，2004,（4）: 52-58.

[14] Hambrick D C, Mason P A. Upper echelons: the organization as a reflection of its top managers[J]. Academy of Management Review, 1984, 9（2）: 193-206.

[15] Spender, J C. Making knowledge the basis of a dynamic theory of the firm[J]. Strategic Management Journal, 1996, 17（Winter Special Issue）, 45-62.

[16] Finkelstein S, Hambrick D C. Strategic Leadership[M]. Minneapolis/St. Paul: West Publishing Company, 1996.105-117.

[17] Feldman D C. The food's no good and they don't give us enough: reflections on Mintzberg's critique of MBA education[J]. Academy of Management Learning & Education, 2006, 4（2）: 229-234.

[18] Feldman D C. The food's no good and they don't give us enough: reflections on Mintzberg's critique of MBA education[J]. Academy of Management Learning & Education, 2006, 4（2）: 229-234.

[19] Hambrick D C, Mason P A. Upper echelons: the organization as a reflection of its top managers[J]. Academy of Management Review, 1984, 9（2）: 193-206.

[20] Hayward M L A, Shepherd D A, Griffin D. A hubris theory of entrepreneurship[J]. Management Science, 2006, 52（2）: 160-172.

[21] McMullen J S, Shepherd D A. Entrepreneurial action and the role of uncertainty in the theory of the entrepreneur[J].Academy of Management Review, 2006, 31（1）, 132-152.

[22] Baron R A. Cognition and affect invaluable tools for answering "why," how," and "what" questions about entrepreneurs and the entrepreneurial process[M].London: Praeger Perspectives, 2007. 159-177.

第四章

价值认知策略与投资绩效

本章所谓风险投资家的价值认知策略是指风险投资家认知企业价值的方法，我们采用风险投资家对企业资源和绩效的偏好程度作为度量标准。通过对国内外相关研究进行综合分析，本章借鉴了罗国锋（2008）[1] 设计的风险投资家价值认知模型，在该价值模型的基础上，进行风险投资家价值认知策略与投资绩效的实证研究。

本书的第二章已经将风险投资家的价值认知策略分为三个大类：资源偏好策略、绩效偏好策略和折中策略，五个细类：完全资源偏好策略、部分资源偏好策略、完全绩效偏好策略、部分绩效偏好策略和折中策略。

而本章的研究则集中在以下三方面问题：第一，价值认知策略指标与投资绩效的关系，包括价值认知策略一级指标和价值认知策略二级指标与投资绩效的关系；第二，价值认知策略与投资绩效的关系，包括价值认知策略大类与投资绩效的关系、价值认知策略细类与投资绩效的关系以及价值认知策略与投资绩效的回归分析；第三，价值认知策略在风险投资家人力资本与投资绩效之间的调节作用。研究模型如图 4.1 所示。

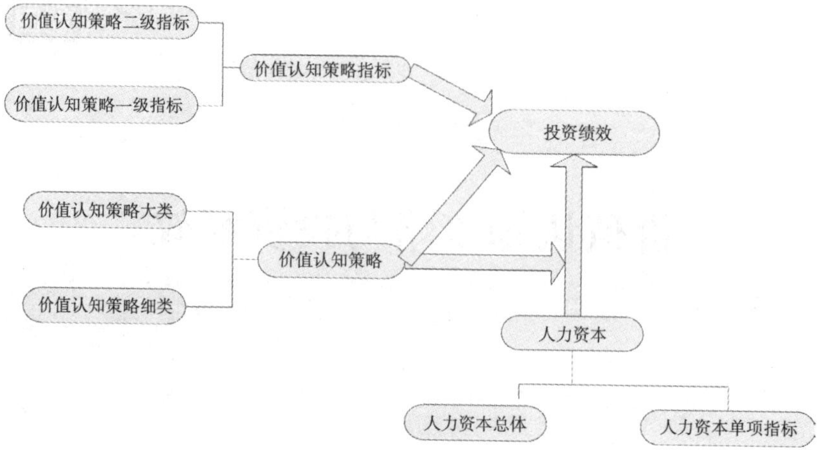

图 4.1　研究模型

第一节　企业绩效及风险投资家认知概述

一、企业绩效研究

麦克米兰（MacMillan，1987）等通过聚类分析发现三类不成功的企业和四类成功企业，并提出了预测企业成功的两个主要标准，一个是企业最初从竞争中隔绝出来的的程度，一个是市场接受企业提供的产品的程度。而三类不成功的企业表现为：第一类是企业团队缺乏经验，产品没有原型，且产品没有清晰的市场需求；第二类是企业团队有不错的专业背景，但是企业面临着早期的竞争，企业团队没有忍耐力；第三类是企业的产品没有保护性。四类成功企业表现为：第一类是具有高素质企业团队的高技术企业，第二类是产品具有非常高的保护水平的企业，第三类是“市场创造者”，第四类是具有很强的分销技能的企业[2]。影响企业绩效的因素包括以下几个方面：

1. 资源基础理论认为企业拥有的资源是企业竞争优势的源泉。巴伯伦（Barberon，2011）从资源基础理论的角度考察高成长企业选择成长方式与管理能力之间存在的关系，发现不是所有的管理能力都是重要的，战略型的企业具有更高的成长性[3]。

2. 对智力资产和无形资产的有效管理是企业成功的关键。企业竞争的成功已经很少依靠对有形的资源和财务资源的战略配置了，而是更加依靠对人力资本的战略管理。智力资本的构成可以分为四部分：人力资本、组织资本、创新资本和人际关系资本[4]。

3. 企业创始人团队的教育背景和工作经验对于企业的成长是重要的。科伦坡和格里利（Colombo and Grilli，2005）发现创始人的理工工作经验和商务工作经验决定了企业的成长，而创始人团队中有人具有创业经验时，也会促进企业的成长，因而将影响企业成长的创始人背景归为两类：一类是经济管理和科学技术教育背景，一类是理工和商务方面的特定经验[5]。

4. 企业的声誉也是企业获得成功的一个重要因素。巴尼（Barney，1991）认为企业在消费者和供应商处的正面的声誉也是竞争优势的来源，因为通常这种声誉是稀少的，并且依赖于特定的、难以复制的历史背景。企业可以通过这种声誉来向顾客和供应商提供保障，如签订长期合约[6]。

5. 外部环境对企业绩效的影响也是不容忽视的。桑德伯格和霍费尔（Sandberg and Hofer，1987）发现新企业的绩效不仅受到企业家的特征影响，也受产业结构和企业战略的影响。产业结构、企业战略和企业家对新企业绩效的共同影响要远远大于这些变量单独的影响，且产业结构对新企业绩效的影响要强于战略和企业家特征[7]。

6. 风险投资家为企业价值的增加不仅仅表现在资金的注入，其本身的参与对企业也是一种增值。萨皮恩扎（Sapienza，1992）发现风险投资家的参与与企业的绩效具有很强的正相关关系，并且风险投资家参与为企业提供的价值的大小与企业的特征还有很大的关系[8]。

二、风险投资家认知研究

扎哈拉基斯和谢泼德（Zacharakis and Shepherd，2001）发现风险投资家确实具有过度自信的特征，并且这种过度自信对风险投资家决策的准确性具有负面的影响。而过度自信的程度取决于信息量、信息的类型以及风险投资家是否对企业的成功或失败有强烈的信念。进一步还发现风险投资家决策制定中的“获得性偏误”，即风险投资家依赖于目前的决策与过去成功或失败投资的匹配度。当风险投资家预测企业有很高的成功率时，他们会对企业成功过度自信，反之则会对企业失败的预测过度自信。尽管过度自信本身并不一定导致错误决策，但这种偏见会阻碍学习和改善决策过程。过度自信的风险投资家可能不会考虑全部相关的信息，或者搜寻其他信息来提高他们的决策。然而，人们回顾过去成功而不是失败的自然倾向意味着风险投资家会再次做出同样错误的决策[9]。

万希（2006）从认知心理学出发，以战略管理文献和平衡记分卡为理论基础，发展了价值认知模型和多阶段评价模型，并做了实证检验。发现，第一，资源和绩效都正向影响新技术企业的认知价值。相同绩效条件下，更好的资源带来更高认知价值；相同资源条件下，更优的绩效带来更高认知价值。第二，经济环境、战略匹配度、创业家的决心和动机都正向调节风险投资家的价值认知。竞争地位正向调节价值认知，竞争强度不影响认知价值，但竞争强度低的行业更容易得到风险投资家的青睐。第三，认知主体在新技术企业价值认知时，资源相对于绩效的重要性随着企业发展阶段的上升而递减，这是由信息可获得性的提高造成的。由于信息不对称，风险投资家和技术创业家存在认知差异，这种差异在中后期的新技术企业非常显著，但在早期阶段新技术企业则并不显著[10]。

第二节　研究假设，变量与数据

一、假设

（一）资源型价值认知策略二级指标与投资绩效

资源是企业固有的属性，资源中的各项指标是影响企业成功的重要因素。因此，风险投资家在认知企业时，对资源各项指标的认知是不容忽视的。风险投资家对资源进行认知能够获得企业成功相关的更多信息，从而做出正确决策并获得好的投资绩效的可能性就越大。基于此，提出以下假设：

H11：对企业有形资产进行认知的风险投资家，其投资绩效显著高于未对企业有形资产进行认知的风险投资家。

H12：对企业组织资产进行认知的风险投资家，其投资绩效显著高于未对企业组织资产进行认知的风险投资家。

H13：对企业知识资产进行认知的风险投资家，其投资绩效显著高于未对企业知识资产进行认知的风险投资家。

H14：对企业声誉资产进行认知的风险投资家，其投资绩效显著高于未对企业声誉资产进行认知的风险投资家。

H15：对企业团队技能进行认知的风险投资家，其投资绩效显著高于未对企业团队技能进行认知的风险投资家。

（二）绩效型价值认知策略二级指标与投资绩效

绩效是企业外在表现的特征，企业的绩效在一定程度上表现了企业现在的经营状况，并预示了企业未来发展的趋势，因此，风险投资家对企业绩效指标的认识是不容忽视的。风险投资家对企业绩效指标进行认知能够获得企业成功相关的更多信息，从而做出正确决策并获得好的投资绩效的可能性就越大。基于此，提出以下假设：

H21：对企业财务绩效进行认知的风险投资家，其投资绩效显著高于未对企业财务绩效进行认知的风险投资家。

H22：对企业客户与市场进行认知的风险投资家，其投资绩效显著高于未对企业客户与市场进行认知的风险投资家。

H23：对企业内部运营进行认知的风险投资家，其投资绩效显著高于未对企业运营进行认知的风险投资家。

H24：对企业学习与成长进行认知的风险投资家，其投资绩效显著高于未对企业学习与成长进行认知的风险投资家。

（三）价值认知策略一级指标与投资绩效

资源和绩效是企业的内在属性和外在特征，对于判断企业的成功是至关重要的。因此，风险投资家对企业的资源或绩效是否认知，影响到其投资决策的准确性，从而影响其投资绩效。并且相对于对企业资源或绩效不进行认知风险投资家，对企业资源或绩效进行认知的风险投资家能够获得企业相关的更多信息，从而增加其投资决策的可靠性。基于此，提出以下假设：

H31：对资源指标进行认知的风险投资家，其投资绩效显著高于未对资源指标进行认知的风险投资家。

H32：对绩效指标进行认知的风险投资家，其投资绩效显著高于未对绩效指标进行认知的风险投资家。

H33：认知两个价值认知策略一级指标的风险投资家，其投资绩效显著高于只认知一个价值认知策略一级指标的风险投资家。

（四）价值认知策略、人力资本与投资绩效

资源对于一个企业的成功是非常重要的，但这并不意味着风险投资家可以仅仅依靠对企业资源的认识，识别出成功的企业，并做出正确的投资决策。因为，麦克米兰（MacMillan，1987）[2] 在分析不成功的企业时，发现企业产品没有清晰市场需求的企业也是不成功的，这说明一个在市场上表现不佳的企业，其所拥有的资源也无法为其带来成功。企业的资源需要其内部的有效整合，才能发挥其应有的作用，因此，绩效对于一个企业的成功也是重要的，风险投资家对资源或绩效的个人偏好会影响其对企业的正确认知，并获得有缺陷的信息，从而做出可靠性不高的决策。基于此，提出以下假设：

H41：当风险投资家偏好资源大于偏好绩效时，随着风险投资家对资源偏好的增加，其投资绩效逐渐降低。

H42：当风险投资家偏好绩效大于偏好资源时，随着风险投资家对绩效偏好的增加，其投资绩效逐渐降低。

H43：采用折中认知策略的风险投资家，其投资绩效显著高于采用其他认知策略的风险投资家。

H44：采用完全资源偏好认知策略或完全绩效偏好认知策略的风险投资家，其投资绩效显著低于采用其他认知策略的风险投资家。

价值认知策略是风险投资家认知企业价值的方法，人力资本是风险投资家所具有的能力，能力的发挥需要靠方法的指导，风险投资家在认知企业的过程中，其人力资本是认知企业的基础，价值认知策略通过调节人力资本在认知企业中的作用，使得风险投资家获得不同的绩效。基于此，提出以下假设：

H51：风险投资家采用的价值认知策略对其人力资本总体具有调节作用。

H52：风险投资家采用的价值认知策略对每个人力资本单项指标具有调节作用。

二、变量

本章中被解释变量是风险投资家的投资绩效，而解释变量则包括：风险投资家的价值认知策略、价值认知策略二级指标、人力资本指标，各变量的说明在表 4.1 中进行了说明。

表 4.1　变量说明

	变量	说明
被解释变量	投资绩效	本书的风险投资家的投资绩效以风险投资家成功以 IPO 方式退出的事件数来度量
解释变量	价值认知策略	本文中风险投资家的认知偏好是指风险投资家对资源偏好的程度
	资源偏好策略	偏好资源的程度大于偏好绩效的程度，$0.5<VCS\leqslant 1$
	绩效偏好策略	偏好绩效的程度大于偏好资源的程度，$0\leqslant VCS<0.5$
	折中策略	对企业资源和绩效的偏好程度相同，$VCS=0.5$
	完全资源偏好策略	只偏好企业资源而对企业绩效无偏好 $VCS=1$
	部分资源偏好策略	对企业的资源和绩效都有偏好，但偏好资源的程度大于偏好绩效的程度，$0.5<VCS<1$
	部分绩效偏好策略	对企业的资源和绩效都有偏好，但偏好绩效的程度大于偏好资源的程度，$0<VCS<0.5$
	完全绩效偏好策略	只偏好企业的资源，而对企业绩效无偏好，$VCS=0$
	有形资产	是以 0，1 标记的类别变量，文本信息中存在则以 1 表示，不存在则以 0 表示

三、数据

本章包含三类数据，分别是：风险投资家价值认知策略数据、人力资本数据和风险投资家投资绩效数据。其中风险投资家价值认知策略的原始数据通过文本分析获得，主要来源为四个与投资相关的网站，这四个网站分别是：投资界、ChinaVenture、创业邦和创业家。文本数据所属的时间区间为：2007 年 1 月 1 日至 2012 年 4 月 1 日。风险投资家投资绩效和人力资本的原始数据来自 CVsource 数据库，投资绩效数据为风险投资家 IPO 退出事件数。

（一）**价值认知策略相关数据处理**

关于文本信息的初始处理，将风险投资家的价值认知分为资源型认知和绩效型认知两个大类。资源型认知有五个二级指标，包括有形资产、组织资产、知识资产、声誉资产和团队技能；绩效型认知有四个二级指标，包括财务绩效、客户和市场、内部运营和学习与成长。相关指标的说明如表 4.2 所示。对搜集到的文本信息进行分析时，以价值认知策略操作表进行标准化处理。

表 4.2　　价值认知策略操作表

价值认知策略指标	操作性定义	文本中的标志性词语
资源	企业拥有并能够为企业使用且为投资人所看重的事物	
有形资产	企业拥有的物质性的资产，包括场地、设备等实物资产和货币或证券形态的金融资产	企业规模、资产、生产规模、研发技术平台、产品线、原材料等
组织资产	主要涉及企业的组织结构、计划、社会关系、企业文化等	融资计划、企业的战略、公司的理念、经营理念、合作资源、战略规划、合作关系、战略布局等
知识资产	代表企业创新能力，主要包括企业拥有的知识产权和技术秘密	核心技术、可复制性、技术领先程度、自主知识产权、技术力量、产品设计、企业的创新性、产品结构和产品技术性能、专利、技术、科技含量、创新、工艺等
声誉资产	主要指企业及其产品在社会和消费者中的影响，包括：品牌、知名度、美誉度和社会形象等	品牌、知名度、美誉度、社会形象、影响力、历史、行业声誉等

续表 4.2

价值认知策略指标	操作性定义	文本中的标志性词语
团队技能	涉及影响团队能力的因素	团队、创业家、领导人、企业 CEO、团队能力、团队背景、人、团队的经验和能力、从业者的资质、专业背景、资源整合能力、管理层、团队的核心竞争力、企业核心管理团队的素质与敬业程度、远见等
绩效	企业内部表现和外部表现且为投资人看重的事物	
财务绩效	企业的财务衡量指标，包括：收入的增长、收入的结构、生产率等反映企业财务状况的指标	企业的基本面、盈利性、生产成本、销售毛利率、财务状况、业绩、单位投入回报、业务增长、成绩、回报率、现金流、利润率、市盈率、销售额、毛利润、财务健康状况
客户和市场	企业在客户和市场中的表现	行业地位、业务前景运营、市场定位、客户价值主张、商业前景、客户关系、产品和服务、应用价值、潜在价值、附加值等
内部运营	企业在内部运营的组织与协调	管理运营、效率、交易结构、营销体系、商业模式、技术模式、渠道、供应链、执行力、分销网络、研发能力、正规化程度等
学习与成长	表现为企业的创新潜力、成长潜力以及未来的发展潜力	成长性、企业的发展潜力、企业的可改进性强、增长潜力、企业发展速度、持续成长能力、高速成长、增长率、增长速度、学习能力、发展预期、上市的可能性

对于文本数据的筛选，本章设计了两大标准，第一大标准是根据文本信息的有效性进行筛选，第二大标准是根据风险投资家数据的可获得性进行筛选，具体筛选标准已在表 4.3 中进行了详细的描述。本章共获得 424 条原始的文本信息，依据文本信息有效性筛选标准，共剔除了 96 条文本信息，保留了 328 条有效的文本信息，328 条有效文本信息中共包含了 252 个投资人。依据风险投资家信息可获得性筛选标准，本章从 252 个风险投资家中剔除了 75 个，保留下了 177 个具有投资事件数据的风险投资家，这 177 个风险投资家共包含了 272 条有效文本信息（见表 4.3）。

为了使文本信息转化为能够进行统计分析的数据，本章采用语义分析的方法对有效文本信息进行进一步的标准化处理，并通过制定表 4.4 的语义分析标准使其转化为可进行统计分析的数据，为了减少数据处理的主观

表 4.3 数据筛选标准

标准大类	标准描述	剔除数
标准 1：文本信息有效性筛选标准	标准 1a：没有谈到资源和绩效指标的文本信息	48(文本数)
	标准 1b：所谈的行业或企业为非新技术行业的投资，如房地产行业、餐饮酒店等	46(文本数)
标准 2：风险投资家信息可获得性筛选标准	标准 2a：CVsource 数据库中无法找到的风险投资家	35(人数)
	标准 2b：CVsource 数据库中无投资事件的风险投资家	40(人数)
	标准 2c：CVsource 数据库中无人力资本信息的风险投资家	0(人数)

性，在语义分析时，先由 2 人按照语义分析标准对文本分别处理，然后将两人处理得到的数据进行比较，针对有差异的数据进行探讨，最后统一数据处理意见。在语义分析过程中，这种差异性为：2.029%。文本信息将被分为两类进行处理，具体处理方式如表 4.4 所示。

表 4.4 语义分析标准

	第一类文本	第二类文本
标准描述	同时满足以下两个条件的文本： 1. 风险投资家概括性的描述投资标准 2. 风险投资家有明确偏好	满足以下任一条件的文本： 1. 风险投资家针对某个具体事件阐述投资标准 2. 风险投资家概括性描述投资标准，但无明确偏好
文本信息数字化的处理方式	将该类数据分七类进行处理 1. 只有资源，赋值 6 2. 第一是资源类，第二是资源类，第三之后为绩效类的，赋值 5 3. 第一是资源类，第二是绩效类，赋值 4 4. 绩效和资源同等重要的，赋值 4 5. 第一是绩效，第二是资源，赋值 2 6. 第一是绩效，第二是绩效，第三是资源，赋值 1 7. 只有绩效，赋值 0	计算文本中提到资源型指标 (Resource Indicators) 的总数 $\sum RI$ 和绩效型指标 (Performance Indicators) 的总数 $\sum PI$
每条文本所对应的价值认知策略得分	$VCS1$= 文本信息得到的赋值 /6	$VCS2=\sum RI/(\sum RI+\sum PI)$
风险投资家的价值认知策略	由于一个风险投资家在多个场合中表现出的认知偏好可能存在差异，因而，本文在进行风险投资家的认知偏好的衡量时，以其对应的文本信息中表现出来的认知偏好的均值来表示，具体计算公式为：$VCS=(VCS1+VCS2)$ / 风险投资家所对应的文本数。VCS 的范围为 0 到 1，当 $VCS=0.5$ 时为折中策略	

通过表 4.4 将文本信息处理后，本章在表 4.5 中将价值认知策略用数字的形式做了进一步的表述。

表 4.5　　值认知策略的数字定义

价值认知策略大类	价值认知策略细类	数字定义	
		细类	大类
资源偏好策略	完全资源偏好策略	*VCS*=1	*VCS*>0.5
	部分资源偏好策略	0.5<*VCS*<1	
折中策略	折中策略	*VCS*=0.5	*VCS*=0.5
绩效偏好策略	完全绩效偏好策略	*VCS*=0	*VCS*<0.5
	部分绩效偏好策略	0<*VCS*<0.5	

（二）人力资本相关数据处理

本章将风险投资家的人力资本数据分为七类：经管文法、理工背景、金融咨询、企业运营、创业背景、教育行政、海外经历。

表 4.6　　风险投资家人力资本

人力资本指标	说明	处理方式
经管文法	经济管理法律等方面教育工作经历	具有该项人力资本指标则以“1”标记，无则以“0”标记
理工背景	理工方面教育和工作经历	具有该项人力资本指标则以“1”标记，无则以“0”标记
金融咨询	金融及咨询相关教育与工作经历	具有该项人力资本指标则以“1”标记，无则以“0”标记
企业运营	企业经营管理工作经历	具有该项人力资本指标则以“1”标记，无则以“0”标记
创业背景	创业相关的经历	具有该项人力资本指标则以“1”标记，无则以“0”标记
教育行政	从事教育和行政类工作的经历	具有该项人力资本指标则以“1”标记，无则以“0”标记
海外经历	海外教育和工作经历	具有该项人力资本指标则以“1”标记，无则以“0”标记

第三节　统计分析结果

一、价值认知策略二级指标与投资绩效关系

（一）描述统计

表 4.7 给出了价值认知策略的二级指标数量的描述性统计。

表 4.7　　价值认知策略二级指标数量统计

资源型指标	频数	百分比	绩效型指标	频数	百分比
有形资产	12	6.215%	财务绩效	31	17.514%
组织资产	23	12.994%	客户和市场	48	27.119%
知识资产	73	41.243%	内部运营	89	50.282%
声誉资产	22	12.429%	学习与成长	27	15.254%
团队技能	135	76.271%	投资人总计：177		

注：百分比为选择某项价值认知策略二级指标的风险投资家人数与风险投资家总人数之比。

表 4.7 表明，在 177 个投资人中，有 164 个涉及了资源型价值认知指标，占比 92.655%；有 130 个投资人涉及了绩效型价值认知指标，占比 73.446%。风险投资家的文本信息中对资源的认知频率明显高于对绩效的认知频率。在资源型价值认知指标中，被风险投资家提到次数最多是团队技能指标；在绩效型价值认知指标中，被风险投资家提到次数是最多是内部运营。

表 4.8 是价值认知策略二级指标与投资绩效的 Pearson 相关分析结果。

表 4.9 是对单项价值认知策略二级指标对应的投资绩效进行的描述性统计，结果表明，对客户与市场指标进行认知的风险投资家，其投资绩效均值低于对客户与市场指标不进行认知的风险投资家，知识资产也是如此。其他指标则与此相反。

（二）独立样本 T 检验

为检验描述统计中显示的投资绩效均值差异的显著性，本节对其进行

表 4.8 价值认知策略二级指标与投资绩效之间的相关分析

	1	2	3	4	5	6	7	8	9
1. 有形资产	1								
2. 组织资产	-0.030 (0.693)	1							
3. 知识资产	0.070 (0.358)	0.018 (0.817)	1						
4. 声誉资产	0.116 (0.125)	0.109 (0.148)	0.032 (0.670)	1					
5. 团队技能	-0.131* (0.081)	0.097 (0.199)	-0.126* (0.094)	-0.031 (0.678)	1				
6. 财务绩效	0.128* (0.09)	0.131* (0.081)	0.067 (0.376)	0.142* (0.060)	-0.057 (0.448)	1			
7. 客户与市场	0.001 (0.991)	0.067 (0.378)	0.083 (0.274)	0.078 (0.300)	0.071 (0.345)	0.053 (0.481)	1		
8. 内部运营	0.022 (0.772)	0.082 (0.279)	0.099 (0.192)	-0.002 (0.978)	0.030 (0.695)	0.012 (0.871)	0.047 (0.531)	1	
9. 学习与成长	0.086 (0.255)	-0.070 (0.351)	0.028 (0.715)	-0.017 (0.823)	-0.170** (0.024)	0.011 (0.882)	-0.011 (0.880)	-0.050 (0.513)	1
10. IPONUM	0.031 (0.682)	0.079 (0.294)	-0.010 (0.897)	-0.002 (0.974)	0.108 (0.152)	0.074 (0.329)	-0.041 (0.592)	0.085 (0.258)	0.043 (0.568)

注：* $p<0.1$, ** $p<0.05$, *** $p<0.01$，括号中的值为显著性水平。

表 4.9 均值统计

统计量	取值	N	均值	标准差	均值的标准误
有形资产	0	166	1.542	2.190	0.170
	1	11	1.818	1.537	0.464
组织资产	0	154	1.494	2.056	0.166
	1	23	2.000	2.730	0.569
知识资产	0	104	1.577	2.219	0.218
	1	73	1.534	2.069	0.242
声誉资产	0	155	1.561	2.198	0.177
	1	22	1.546	1.845	0.393

续表 4.9

统计量	取值	N	均值	标准差	均值的标准误
团队技能	0	42	1.143	1.336	0.206
	1	135	1.689	2.339	0.201
财务绩效	0	146	1.486	2.166	0.179
	1	31	1.903	2.087	0.374
客户与市场	0	129	1.612	2.279	0.201
	1	48	1.417	1.784	0.258
内部运营	0	88	1.375	1.877	0.200
	1	89	1.742	2.391	0.253
学习与成长	0	150	1.520	2.132	0.174
	1	27	1.778	2.293	0.441

注:“取值”列中“0”表示风险投资家没有对该项统计量进行认知,“1”表示风险投资家对该项统计量进行了认知,“*N*”列表示对应的样本容量,“均值”列表示该项统计量对应投资绩效(即IPO数量)的均值。

了独立样本T检验。检验结果表明，九项指标中，只有团队技能指标对应的风险投资家投资绩效均值是显著差异的，其他指标对应的风险投资家投资绩效均值差异并不明显。这表明风险投资家对团队技能指标是否认知与其投资绩效的好坏是有显著关联的（见表4.10）。

表 4.10 独立样本 T 检验

		方差方程的 Levene 检验		均值方程的 t 检验				
		F	Sig.	t	df	Sig.（双侧）	均值	标准误差
有形资产	方差相等	0.466	0.496	-0.411	175	0.682	-0.276	0.672
	方差不相等			-0.559	12.855	0.586	-0.276	0.494
组织资产	方差相等	3.286	0.072	-1.053	175	0.294	-0.506	0.481
	方差不相等			-0.854	25.856	0.401	-0.506	0.593
知识资产	方差相等	0.132	0.717	0.129	175	0.897	0.043	0.330
	方差不相等			0.131	161.599	0.896	0.043	0.326

续表 4.10

		方差方程的 Levene 检验		均值方程的 t 检验				
		F	Sig.	t	df	Sig.（双侧）	均值	标准误差
声誉资产	方差相等	1.122	0.291	0.032	175	0.974	0.016	0.492
	方差不相等			0.037	30.152	0.971	0.016	0.431
团队技能	方差相等	6.655	0.011	-1.440	175	0.152	-0.546	0.379
	方差不相等			-1.895	122.436	0.060	-0.546*	0.288
财务绩效	方差相等	0.346	0.557	-0.979	175	0.329	-0.417	0.426
	方差不相等			-1.003	44.806	0.321	-0.417	0.416
客户与市场	方差相等	1.226	0.270	0.537	175	0.592	0.196	0.365
	方差不相等			0.600	106.886	0.550	0.196	0.326
内部运营	方差相等	1.141	0.287	-1.134	175	0.258	-0.367	0.323
	方差不相等			-1.135	166.484	0.258	-0.367	0.323
学习与成长	方差相等	2.164	0.143	-0.572	175	0.568	-0.258	0.451
	方差不相等			-0.543	34.580	0.590	-0.258	0.474

注：* $p<0.1$, ** $p<0.05$, *** $p<0.01$。

二、价值认知策略一级指标与投资绩效关系

（一）描述统计

表 4.11 显示，在 177 个投资人中，有 164 个涉及了资源型价值认知指标，占比 92.655%；有 130 个投资人涉及了绩效型价值认知指标，占比 73.446%，有 117 位风险投资家对资源和绩效都有认知，占比 66.102%。这表明，风险投资家对资源的认知频率明显高于对绩效的认知频率。

表 4.11　　价值认知策略一级指标数量统计

价值认知策略一级指标	频数	百分比
资源	164	92.655%
绩效	130	73.446%
资源 + 绩效	117	66.102%

表 4.12 表明，对两个价值认知策略一级指标都有认知的风险投资家，其投资绩效均值高于只认知一个价值认知策略一级指标的风险投资家。

表 4.12　　　　均值统计

统计量	取值	N	均值	标准差
资源	0	13	1.231	1.092
	1	164	1.585	2.215
绩效	0	47	1.192	1.624
	1	130	1.692	2.306
资源 + 绩效	1	60	1.200	1.516
	2	117	1.744	2.400

注:“取值”列中“0”表示对统计量没有认知,“1”表示对统计量有认知,“资源 + 绩效”的“取值”列中“2”表示对资源和绩效都有认知，“1”表示只对资源或绩效单个有认知。

（二）独立样本 T 检验

为检验均值统计中显示的投资绩效均值差异的显著性，本文进行了独立样本 T 检验。检验结果已经在表 4.13 中给出。结果显示，风险投资家对单个价值认知策略一级指标是否认知所产生的投资绩效差异在统计数据上表现并不显著，而风险投资家认知两个一级指标还是认知一个一级指标所产生的投资绩效差异在统计数据上表现较为显著。

表 4.13　　　　独立样本检验

		方差方程的 Levene 检验		均值方程的 t 检验				
		F	Sig.	t	df	Sig.（双侧）	均值差值	标准误差
资源	方差相等	3.243	0.073	-0.571	175	0.569	-0.355	0.621
	方差不相等			-1.017	20.942	0.321	-0.355	0.349
绩效	方差相等	4.296	0.040	-1.37	175	0.172	-0.501	0.365
	方差不相等			-1.608	115	0.111	-0.501	0.311
资源 + 绩效	方差相等	8.852	0.003	-1.597	175	0.112	-0.544	0.340
	方差不相等			-1.837	167	0.068	-0.544*	0.296

三、小结

从价值认知策略二级指标与投资绩效的描述统计来看，风险投资家提到次数最多的二级指标是团队技能，其次是内部运营。风险投资家对单个价值认知策略二级指标是否认知对投资绩效在描述统计上是有影响的，但是只有对团队技能指标是否认知产生的投资绩效均值是统计上差异较为显著的，而对其他指标是否认知产生的投资绩效均值差异在统计上是不显著的。因此，研究结果支持 H15，但不支持 H11、H12、H13、H14、H21、H22、H23 和 H24。

从价值认知策略一级指标与投资绩效的描述统计来看，风险投资家对资源的认知频率明显高于对绩效的认知频率，且有超过三分之一的风险投资家只对单个一级指标进行了认知。从均值来看，对两个价值认知策略一级指标都有认知的风险投资家产生的投资绩效高于只对单个一级指标进行认知的风险投资家，并且这种差异在统计上是较为显著的。因此，研究结果支持 H33，但不支持 H31 和 H32。

第四节　价值认知策略与投资绩效关系

一、价值认知策略的描述性分析

表 4.14 给出了价值认知策略的分布。它表明，在 177 个风险投资家中，有 101 个风险投资家采用资源偏好策略，占比 57.062%，其中采用完全资源偏好策略的风险投资家与采用部分资源偏好策略的风险投资家几乎是各占一半；有 42 个风险投资家采用绩效偏好策略，占比 23.729%。采用资源偏好策略的风险投资家要明显多于采用绩效偏好策略的风险投资家。采用完全偏好（完全资源偏好或完全绩效偏好）策略的风险投资家有 66 人，占比为 37.289%，超过了投资人总数的三分之一。而采用折中策略（即对资源和绩效同等看重）的风险投资家仅为 34 人，占比为 19.209%。

表 4.14　　价值认知策略的构成

策略类型	频数	百分比	策略类型	频数	百分比	策略类型	频数	百分比
资源偏好	101	57.062%	绩效偏好	42	23.729%	折中策略	34	19.209%
其中：完全资源偏好	51	28.814%	其中：完全绩效偏好	15	8.475%	投资人总数：177		
部分资源偏好	50	28.249%	部分绩效偏好	27	15.254%			

二、价值认知策略大类与投资绩效差异的关系

表 4.15 给出了价值认知策略与投资绩效均值的描述性统计。不同价值认知策略的大类的投资绩效均值由高到低依次为：采用绩效偏好策略的风险投资家 > 采用资源偏好策略的风险投资家 > 采用折中策略的风险投资家。

表 4.15　　价值认知策略大类与投资绩效均值关系

	N	均值	标准差	标准误	极小值	极大值
绩效偏好策略	42	1.762	2.293	0.354	0	10
折中策略	34	1.324	1.609	0.276	0	5
资源偏好策略	101	1.555	2.260	0.225	0	12
总数	177	1.550	2.153	0.162	0	12

本节通过单因素方差分析的方法来验证三种价值认知策略投资绩效均值之间的差异。为此，本节首先对样本总体做了方差齐次检验，结果见表 4.16。

表 4.16　　方差齐性检验

Levene 统计量	df1	df2	Sig.
1.256	2	174	0.287

表 4.16 显示在方差齐次性检验时，Sig 值大于 0.05，说明方差是齐次的。所以在事后比较检验对三种价值认知策略的数据进行两两比较时，本章采用 LSD 度量方法。其结果如表 4.17 所示。

表 4.17 显示，从价值认知策略大类来看，风险投资家采用不同的价

表 4.17　　事后比较检验

（I）价值认知策略	（J）价值认知策略	均值差（I-J）	标准误	Sig.
绩效偏好策略	折中策略	0.438	0.498	0.380
	资源偏好策略	0.207	0.397	0.602
折中策略	绩效偏好策略	-0.438	0.498	0.380
	资源偏好策略	-0.231	0.428	0.590
资源偏好策略	绩效偏好策略	-0.207	0.397	0.602
	折中策略	0.231	0.428	0.590

注：* $p<0.1$，** $p<0.05$，*** $p<0.01$。

值认知策略，其投资绩效的差异不显著。

三、价值认知策略细类与投资绩效差异的关系

从表 4.18 价值认知策略的细类与投资绩效的描述统计来看，采用完全偏好策略（包括完全资源偏好策略和完全绩效偏好策略）的风险投资家，其投资绩效是最差的，而采用部分偏好策略（包括部分资源偏好和部分绩效偏好）的风险投资家，其投资绩效是最好的，且相对总体投资绩效的平均水平也较高。

表 4.18　　价值认知策略细类与投资绩效的关系

价值认知策略细类	N	均值	标准差	标准误	极小值	极大值
完全绩效偏好策略	15	1.133	1.187	0.307	0	4
部分绩效偏好策略	27	2.111	2.679	0.516	0	10
折中策略	34	1.324	1.609	0.276	0	5
部分资源偏好策略	50	2.040	2.523	0.357	0	12
完全资源偏好策略	51	1.078	1.874	0.262	0	9
总体	177	1.559	2.153	0.162	0	12

本节通过单因素方差分析的方法来验证三种价值认知策略投资绩效均值之间的差异。为此,本节首先对样本总体做了方差齐次检验,结果见表 4.19。

表 4.19 显示在方差齐次性检验时，Sig 值小于 0.05，说明方差是不齐次的。所以在事后对三种价值认知策略的数据进行两两比较时，本节采用

Tamhane's T2 度量方法。其结果如表 4.20 所示。

表 4.19　　　　方差齐性检验

Levene 统计量	df1	df2	Sig.
3.315	4	172	0.012

表 4.20　　　　事后比较检验

(I) 价值认知策略	(J) VCS	均值差 (I-J)	标准误	显著性
完全绩效偏好策略	部分绩效偏好策略	-0.978	0.600	0.693
	折中策略	-0.190	0.412	1.000
	部分资源偏好策略	-0.907	0.470	0.459
	完全资源偏好策略	0.055	0.404	1.000
部分绩效偏好策略	完全绩效偏好策略	0.978	0.600	0.693
	折中策略	0.78758	0.585	0.872
	部分资源偏好策略	0.07111	0.627	1.000
	完全资源偏好策略	1.03268	0.579	0.575
折中策略	完全绩效偏好策略	0.190	0.412	1.000
	部分绩效偏好策略	-0.788	0.585	0.872
	部分资源偏好策略	-0.716	0.451	0.709
	完全资源偏好策略	0.245	0.381	0.999
部分资源偏好策略	完全绩效偏好策略	0.907	0.470	0.459
	部分绩效偏好策略	-0.071	0.627	1.000
	折中策略	0.716	0.451	0.709
	完全资源偏好策略	0.962	0.443	0.282
完全资源偏好策略	完全绩效偏好策略	-0.055	0.404	1.000
	部分绩效偏好策略	-1.033	0.579	0.575
	折中策略	-0.245	0.383	0.999
	部分资源偏好策略	-0.962	0.443	0.282

注：* $p<0.1$，** $p<0.05$，*** $p<0.01$。

表 4.20 显示，从价值认知策略细类来看，风险投资家采用不同的价值认知策略，其投资绩效的差异不显著。

四、价值认知策略与投资绩效的回归分析

（一）回归模型

构建如下模型对风险投资家认知偏好与其投资绩效的关系进行分析。

$IPONUM=a+b\times VCS$ （1）

$IPONUM=a+b\times VCS+c\times VCS2$ （2）

$IPONUM=a+b\times VCS$，（$VCS>0.5$） （3）

$IPONUM=a+b\times VCS+c\times VCS2$,（$VCS>0.5$） （4）

$IPONUM=a+b\times VCS$，（$VCS<0.5$） （5）

$IPONUM=a+b\times VCS+c\times VCS2$,（$VCS<0.5$） （6）

模型中，a 为常数项，b、c 分别为一次项和二次项的系数。模型是成对设计的,模型（1）和模型（2）是对应的一组模型,模型（3）和模型（4）是对应的一组模型，模型（5）和模型（6）是对应的一组模型。模型（1）和模型（2）的设计是为了研究风险投资家的投资绩效与其价值认知偏好总体的关系，设计两个模型是为了比较两种模型对风险投资家的价值认知策略与其投资绩效关系解释能力的大小，从而得到更具说服力的解释。模型（3）和模型（4）的设计是为了研究风险投资家偏好资源的价值认知策略与其投资绩效的关系。模型（5）和模型（6）的设计是为了研究风险投资家偏好绩效的价值认知策略与其投资绩效的关系。

（二）结果分析

表 4.21 给出了 172 家风险投资机构投资绩效的描述性统计。从表 4.21 中 *IPONUM* 的均值与极大值、极小值以及标准差来看，不同的风险投资家，其投资绩效存在巨大差异。*VCS* 的均值为 0.632，这表明多数风险投资家采用资源偏好的价值认知策略。

表 4.21　　投资绩效与价值认知策略的描述统计

变量	均值	中值	众数	标准差	方差	偏度	峰度	极小值	极大值
IPONUM	1.559	1	0	2.153	4.634	2.050	4.983	0	12
VCS	0.632	0.667	1	0.311	0.097	-0.424	-0.719	0	1

表 4.22 的回归结果表明，所有回归模型对数据的拟合度都不超过 10%，这说明本文设计的回归模型不适合解释样本数据。

表 4.22　　回归分析最终结果

模型	模型汇总			参数估计值		
	R^2	F	Sig.	*a*	*b*	*c*
模型 (1)	0.004	0.690	0.407	1.833(0.000)	-0.434(0.347)	
模型 (2)	0.023	2.078	0.128	1.177(0.016)	2.939(0.140)	-2.975(0.072)
模型 (3)	0.058	6.140	0.015	4.532(0.000)	-3.477(0.015)	
模型 (4)	0.062	3.240	0.044	10.286(0.279)	-17.971(0.449)	8.787(0.540)
模型 (5)	0.039	1.610	0.212	1.195(0.042)	2.848(0.212)	
模型 (6)	0.041	0.830	0.442	1.240(0.043)	-0.170(0.986)	8.787(0.540)

注：表中，参数估计列中，括号里的值为该项系数 t 检验的显著性水平。

从以上分析可以看出，风险投资家倾向于采用资源偏好策略，且有超过三分之一的风险投资家采用了极端的偏好策略（即完全资源偏好或完全绩效偏好）。价值认知策略大类中，风险投资家的投资绩效均值有如下关系：绩效偏好策略 > 资源偏好策略 > 折中策略，但这种差异在统计上是不显著的。价值认知策略细类中，风险投资家的投资绩效均值有如下关系：部分绩效偏好策略 > 部分资源偏好策略 > 折中策略 > 完全绩效偏好策略 > 完全资源偏好策略，但这种差异在统计上是不显著的，因此，研究结果不支持 H43 和 H44。

从价值认知策略与投资绩效的回归分析来看，研究结果不支持 H41 和 H42。

第五节　价值认知策略与人力资本的调节作用

一、描述性统计与相关分析

表 4.23 给出风险投资家的创业背景与投资绩效的相关性分析。

表 4.23 描述性统计与相关分析

	1	2	3	4	5	6	7	8	9
1. 经管文法	1								
2. 理工背景	-0.282*** (0.000)	1							
3. 金融咨询	0.264*** (0.000)	-0.204 (0.006)	1						
4. 企业运营	-0.105 (0.165)	0.309*** (0.000)	-0.337*** (0.000)	1					
5. 创业背景	-0.109 (0.147)	0.178** (0.018)	-0.264*** (0.000)	0.313*** (0.000)	1				
6. 教育行政	-0.168** (0.025)	-0.029 (0.699)	-0.169** (0.025)	-0.090 (0.232)	-0.108 (0.151)	1			
7. 海外经历	-0.011 (0.882)	0.235*** (0.002)	0.171** (0.023)	0.187** (0.013)	0.070 (0.357)	-0.21*** (0.004)	1		
8. *VCS*	0.024 (0.749)	-0.100 (0.184)	-0.007 (0.926)	-0.043 (0.569)	0.158** (0.036)	-0.124 (0.101)	0.033 (0.664)	1	
9. *IPONUM*	0.037 (0.622)	-0.034 (0.655)	0.035 (0.647)	-0.062 (0.413)	-0.158** (0.036)	0.016 (0.832)	-0.115 (0.129)	-0.063 (0.407)	1

注：* $p<0.1$，** $p<0.05$，*** $p<0.01$，括号中的值为显著性水平。

表 4.23 显示，风险投资家的投资绩效与其创业背景具有显著的负相关关系。

二、分层回归分析

根据调节作用分析的要求，人力资本变量是类别变量，需将其转化为伪变量，因为本章中人力资本的各项指标已是伪变量，故对价值认知策略调节作用的检验遵循以下步骤：第一步，将人力资本指标、价值认知策略和投资绩效三个变量进行中心化处理；第二步，生成交互作用项“价值认知策略 × 人力资本指标”；第三步，进行分层回归分析，首先引入主效应项，其次引入交互作用项，然后通过新增解释量（$\triangle R^2$）或者交互作用项的回归系数来判断联合投资的调节效应。本章采用新增解释量（$\triangle R^2$）来判定调节变量的调节作用的大小。

本节先从人力资本总体来分析风险投资家采用的价值认知策略对其人力资本的调节作用，然后，从人力资本的各二级单项指标分析风险投资家采用的价值认知策略的调节作用。

（一）价值认知策略对人力资本总体的调节作用

表 4.24 表明，交互项的加入对整体拟合度的提高是有影响的，其对整体拟合度的贡献率达到 55.172%。说明价值认知策略对人力资本具有较强的调节作用。

表 4.24　　价值认知策略对人力资本总体调节作用的检验结果

因变量	步骤	预测变量	ΔR^2
投资绩效	主效应	经管文法 (z 值)	0.039
		理工背景 (z 值)	
		金融咨询 (z 值)	
		企业运营 (z 值)	
		创业经历 (z 值)	
		教育行政 (z 值)	
		海外背景 (z 值)	
		价值认知策略 (z 值)	
	调节效应	价值认知策略 × 经管文法	0.048
		价值认知策略 × 理工背景	
		价值认知策略 × 金融咨询	
		价值认知策略 × 企业运营	
		价值认知策略 × 创业经历	
		价值认知策略 × 教育行政	
		价值认知策略 × 海外经历	

（二）价值认知策略对人力资本单项指标的调节作用

表 4.25 ～表 4.31 给出了认知策略作为调节变量时所起到的调节效应的检验结果。

1. 价值认知策略对人力资本中经管文法的调节作用。表 4.25 表明，交互项“价值认知策略 × 经管文法”的加入对整体拟合度没有任何影响，说明价值认知策略对人力资本中经管文法不具有调节作用。

表 4.25　　价值认知策略对经管文法调节作用的检验结果

因变量	步骤	预测变量	$\triangle R^2$
投资绩效	主效应	经管文法 (z 值)	0.005
		价值认知策略 (z 值)	
	调节效应	价值认知策略 × 经管文法	0.000

2. 价值认知策略对人力资本中理工背景的调节作用。表 4.26 表明，交互项“价值认知策略 × 理工背景”的加入对整体拟合度的提高是有影响的，其对整体拟合度的贡献率为 14.286%。说明价值认知策略对人力资本中理工背景具有微弱的调节作用。

表 4.26　　价值认知策略对理工背景调节作用的检验结果

因变量	步骤	预测变量	$\triangle R^2$
投资绩效	主效应	理工背景 (z 值)	0.006
		价值认知策略 (z 值)	
	调节效应	价值认知策略 × 理工背景	0.010

3. 价值认知策略对人力资本中金融咨询的调节作用。表 4.27 表明，交互项“价值认知策略 × 金融咨询”对整体的拟合度的贡献率达到 80%，说明价值认知策略对金融咨询具有调节作用，且这种调节作用很大。

表 4.27　　价值认知策略对金融咨询调节作用的检验结果

因变量	步骤	预测变量	$\triangle R^2$
投资绩效	主效应	金融咨询 (z 值)	0.005
		价值认知策略 (z 值)	
	调节效应	价值认知策略 × 金融咨询	0.020

4. 价值认知策略对人力资本中企业运营的调节作用。表 4.28 表明，交互项“价值认知策略 × 企业运营”的加入使得整体的拟合度显著提高，其对整体拟合度的贡献达到 78.378%，说明价值认知策略对人力资本中企业运营具有调节作用，且这种调节作用很大。

表 4.28　　价值认知策略对企业运营调节作用的检验结果

因变量	步骤	预测变量	ΔR^2
投资绩效	主效应	企业运营 (z 值)	0.008
		价值认知策略 (z 值)	
	调节效应	价值认知策略 × 企业运营	0.029

5. 价值认知策略对人力资本中创业背景的调节作用。表 4.29 表明，交互项“价值认知策略 × 创业背景”的加入对整体拟合度没有任何影响，说明价值认知策略对人力资本中创业背景不具有调节作用。

表 4.29　　价值认知策略对创业背景调节作用的检验结果

因变量	步骤	预测变量	ΔR^2
投资绩效	主效应	创业背景 (z 值)	0.026
		价值认知策略 (z 值)	
	调节效应	价值认知策略 × 创业背景	0

6. 价值认知策略对人力资本中教育行政的调节作用。表 4.30 表明，交互项“价值认知策略 × 教育行政”的加入对整体拟合度的提高是有作用的，并且交互项的贡献率达到 50.000%，这说明价值认知策略对人力资本中教育行政具有调节作用，且这种调节作用比较显著。

表 4.30　　价值认知策略对教育行政调节作用的检验结果

因变量	步骤	预测变量	ΔR^2
投资绩效	主效应	教育行政 (z 值)	0.004
		价值认知策略 (z 值)	
	调节效应	价值认知策略 × 教育行政	0.004

7. 价值认知策略对人力资本中海外经历的调节作用。表 4.31 表明，交互项“价值认知策略 × 海外经历”的加入对整体拟合度没有任何影响，说明价值认知策略对人力资本中海外经历不具有调节作用。

通过分析风险投资家采用的价值认知策略在其人力资本与投资绩效之间的调节作用，可以发现，风险投资家采用的价值认知策略在二者之间是

表 4.31　价值认知策略对海外背景调节作用的检验结果

因变量	步骤	预测变量	$\triangle R^2$
投资绩效	主效应	海外经历 (z 值)	0.017
		价值认知策略 (z 值)	
	调节效应	价值认知策略 × 海外经历	0

具有调节作用的。从人力资本总体来看，风险投资家采用的价值认知策略对人力资本的调节作用达到 55.172%；从人力资本单项指标来看，风险投资家采用的价值认知策略对其人力资本中理工背景、金融咨询、企业运营、教育行政具有调节作用，且调节作用：金融咨询 > 企业运营 > 教育行政 > 理工背景，而对人力资本中经管文法、创业背景、海外经历不具有调节作用。因此，研究结果支持 H51，但部分支持 H52。

第六节　研究结论

通过以上研究，本章有以下几点发现：

1. 风险投资家在选项目时，对资源型指标的偏好明显高于对绩效型价值认知指标的偏好，并且在资源型价值认知指标中，被风险投资家提到次数最多是团队技能指标，在绩效型认知指标中，被风险投资家提到次数最多的是内部运营。

2. 从价值认知策略二级指标与投资绩效的描述统计来看，风险投资家对指标是否认知对其投资绩效均值的影响是有差异的，但从统计上来看，只有对团队技能指标是否认知产生的投资绩效差异是统计上较为显著的。风险投资家可以得到的启示是：在认知企业时，对企业中的人进行认知是不容忽视的。

3. 从价值认知策略一级指标与投资绩效的描述统计来看，风险投资家对资源和绩效两个一级指标是否认知会产生投资绩效差异，但从统计上来看，风险投资家对单个一级指标是否认知产生的投资差异是不显著的，而是否对两个一级指标都认知产生的投资绩效差异是较为显著的。

4. 风险投资家在采用价值认知策略时比较倾向于采用资源偏好策略，且有超过三分之一的风险投资家采用了极端的偏好策略，即完全资源偏好或完全绩效偏好。

5. 对价值认知策略大类的研究发现，描述统计时，价值认知策略大类中，风险投资家的投资绩效均值有如下关系：绩效偏好策略 > 资源偏好策略 > 折中策略，但这种差异在统计上是不显著的。

6. 对价值认知策略细类的研究发现，描述统计时，风险投资家的投资绩效均值有如下关系：部分绩效偏好策略 > 部分资源偏好策略 > 折中策略 > 完全绩效偏好策略 > 完全资源偏好策略，但这种均值差异在统计上是不显著的。

7. 从价值认知策略与投资绩效的回归分析来看，风险投资家采用的价值认知策略与其投资绩效不是简单的线性关系。

8. 风险投资家价值认知策略在其人力资本与投资绩效之间具有调节作用，从人力资本总体来看，风险投资家采用的价值认知策略对人力资本的调节作用达到 55.682%；从人力资本单项指标来看，风险投资家采用的价值认知策略对其人力资本中理工背景、金融咨询、企业运营、教育行政具有调节作用，且对金融咨询的调节作用 > 对企业运营的调节作用 > 对教育行政的调节作用 > 对理工背景的调节作用，而对人力资本中经管文法、创业背景、海外经历不具有调节作用。

参考文献

[1] 罗国锋 . 新技术企业价值认知与评价研究 [D]. 武汉 : 华中科技大学 , 2008.

[2] I. C MacMillan,L Zemann,P. N Subba Narasimha. Criteria distinguishing successful from unsuccessful ventures in the venture screening process[J]. Journal of Business Venturing, 1987, 2（2）:123-137.

[3] José L. Barbero, José C. Casillas, Howard D. Feldman. Managerial capabilities and paths to growth as determinants of high-growth small and medium-sized enterprises[J]. International Small Business Journal, 2011, 29（6）: 671-694.

[4] Tseng 和 Goo（2005）

[5] Massimo G. Colombo, Luca Grilli. Founders’ human capital and the growth of new

technology-based firms: A competence-based view[J]. Research Policy, 2005,34（6）:795–816.

[6] Jay Barney. Firm Resources and Sustained Competitive Advantage[J]. Journal of Management, 1991,17（1）:99-120.

[7] William R. Sandberg, Charles W. Hofer. Improving newventure performance: The role of strategy, industry structure, and the entrepreneur[J]. Journal of Business Venturing, 1987,2（1）: 5-28.

[8] Harry J. Sapienza. When do venture capitalists add value?[J]. Journal of Business Venturing, 1992,7（1）:9-27.

[9] Andrew L Zacharakis, Dean A Shepherd. The nature of information and overconfidence on venture capitalists' decision making[J]. Journal of Business Venturing, 2001, 16（4）: 311-332.

[10] 万希 . 智力资本对我国运营最佳公司贡献的实证分析 [J]. 南开管理评论 , 2006,（3）: 55-60.

第五章

行业偏好与行业专注策略

风险投资机构在进行投资之前对机构的整体投资方向有一个基本的界定，其中就包含了机构在投资行业上的偏好。风险投资的投向行业多达20余个大类。在这些行业类别中，风险投资机构必定会综合考虑其自身的人员结构、市场和行业情况等因素而对投资行业有所侧重和选择。在这一过程中，各个风险投资机构就逐渐形成了各自的行业偏好。20世纪末，风险投资借着互联网的热潮，与高科技踩着同一条帆板挺进了中国的产业和资本市场。追根溯源，风险投资本来就是伴随科技创新的发展而产生的，因此风险投资似乎和高科技建立了一个联盟。的确，风险投资在技术行业的投资占有相当的比重。尽管如此，这并不代表风险投资只投资于技术行业。随着几年前互联网泡沫的破灭，曾经被互联网光环所掩盖的风险投资格局也逐渐清晰起来。事实上，无论本土还是海外的投资机构，对于传统行业与对高科技行业的投资一直是同时进行的。例如，携程网就是一个很好的例子，一个传统的订房订票业务，本与互联网或者说高科技并无关系，但是它与互联网技术相结合，诞生了一种新的销售模式，同样得到了风险投资和纳斯达克投资者的认可。那么，风险投资的投资行业有着怎样的分布特点？风投机构对于投资行业的偏好发生着怎样的变化？本章将引导读者回顾风险投资十余年来投资行业的发展变化，从不同视角关注风险投资的行业偏好，以期较为翔实地呈现中国风险投资投向行业的整体分布情况。

本章所选取的数据信息时间起自1988年1月1日截至2011年9月

24 日，数据来源主要为 CVsource 数据库。经统计，自 1988 年 1 月 1 日至 2011 年 9 月 24 日，共有 7264 起行业投资事件（7264 家企业接受投资），9560 起机构投资事件（9560 家次机构参与投资）。

第一节 风险投资行业概述

一、投向行业策略研究

国外对于风险投资的研究起步较早，目前关于风险投资投向行业的研究主要有两类：一类是对于行业分布情况的研究，包括对行业分布形成影响因素的研究、国家间投资行业分布情况的比较等；另一类是对于风险投资专业化和多样化策略的研究，即关于投资行业专注度的研究。

在行业分布的研究方面，迈耶（Mayer，2005）等学者对德国、以色列、日本和英国的风险投资策略进行了比较，发现各国风险投资行业的分布具有显著差异。其中，以色列和日本多投向于 IT 和软件业，而德国和英国投资于制造业和化学工业的比例相对较大[1]。派策尔特（Patzelt，2009）等学者比较了欧洲和北美风险投资组合战略的差异。学者们通过对 88 家风险投资机构所投资的 1050 个生命科学创业企业的研究发现，北美和欧洲风险投资家组合战略存在显著差异：欧洲风险投资家倾向于投资传统市场，例如治疗和诊断；而北美风险投资家则更多地投向新兴市场领域，例如医疗技术和康复[2]。之后，派策尔特（Patzelt）的研究团队又开发了一个风险感知模型来分析高层管理团队的构成对于风险投资机构的投资组合策略形成的影响。来自 136 家欧洲风险投资机构的高层管理团队和投资组合策略的数据显示，高层管理团队中具有管理教育背景的成员较多时，机构投资所涉及的行业分布较广。

在投资行业专业化策略的研究方面，古普塔和萨皮恩扎（Gupta & Sapienza，1992）对投资行业专业化与多样化策略形成的影响因素进行剖析，发现专注于早期投资的风险投资机构在投资行业上表现出更强的集中性；公司风险投资机构在投资行业上的多样化程度较弱；而规模较大的风险投资机构更偏好多样化投资[3]。诺顿和特南鲍姆（Norton & Tenenbaum，1993）的研究发现则相反，他们从分散风险的角度出发，认为进行早期投资的风险投资家更倾向进行多样化投资。此外，他们对投资行业、投资阶段和专业化投资策略之间的关系进行研究，发现风险投资家在投资行业上的专业化投资策略是为了扩充其关系网络和信息流，进而实现投资阶段的专业化[4]。

国内的文献比较少，也主要从行业分布的角度对行业偏好进行研究。陈治、张所地（2009）利用《2007 年中国创业投资市场研究报告》的数据结合历史资料，对中国风险投资分布特征进行了实证分析[5]。由行业分布的特点可以看出，目前中国风险投资市场的资金来源仍以外资为主，投资对象主要集中于互联网和 IT 行业，其他各行业还处于风险投资逐步涉足的阶段，竞争力相对不足，有待进一步发展。

二、行业的划分

我们根据 CVsource 数据库提供的 CV 分类对行业类别进行划分。具体分类标准参见表 5.1。

表 5.1　　CVsource 行业分类

行业类别	细分行业
互联网	网络广告、网络游戏、电子商务、行业网站、网络社区、网络视频、电子支付、互联网其他
电信及增值	通信设备、移动互联网、手机游戏、无线广告、移动互联网其他、电信运营及信息传输服务、电信运营及信息传输服务、电信运营、电信运营及信息传输服务其他、电信及增值其他
IT	软件产业、软件外包、应用软件、软件产业其他、硬件产业、半导体芯片、IT 服务、导航电子地图、数字电视、光电科技、IT 其他
能源及矿业	能源开采与加工、能源开采、黑色金属冶炼与加工、有色金属冶炼与加工、新材料、能源开采与加工其他、清洁能源、太阳能、风能、生物能源、清洁能源其他、环保节能、污染监测与治理、节能设备与服务、资源回收与利用、废物及危险品治理、环保节能其他、电池与储能技术、能源及矿业其他
制造业	机械设备、纺织行业、造纸行业、服装鞋帽、制造业其他

续表 5.1

行业类别	细分行业
化学工业	石油化工、化工原料、化学纤维、农药与化肥、化学工业其他
建筑建材	建筑材料、水泥、玻璃、建筑材料其他、建筑施工、家居建材、建筑建材其他
交通运输	交通设施建设、物流、客运、交通运输其他
汽车行业	汽车整车、汽车零部件、汽车行业其他
农林牧渔	种植及加工、畜牧及加工、农林牧渔其他
金融	金融服务、银行、证券、保险、金融其他
医疗健康	生物技术、医药行业、医疗设备、医疗服务、研发外包、医疗健康其他
连锁经营	餐饮业、百货、零售、酒店、连锁经营其他
食品饮料	食品、饮料、食品饮料其他
文化传媒	传媒出版、户外媒体、广告制作与代理、影视音乐、动漫、文化传媒其他
教育及人力资源	教育培训、力资源服务、教育及人力资源其他
旅游业	旅游景点、旅游业其他
房地产	房地产开发、房地产其他
公用事业	供电与供热、供水、供气、公用事业其他
综合	综合

根据目前中国产业发展的状况，并参考 CVsource 数据库行业分类、《高新技术企业认定管理办法》、《国家重点支持的高新技术领域》和《高新技术企业认定管理工作指引》对相关新技术行业类别进行划分。具体分类标准参见表 5.2。

表 5.2　新技术行业分类

新技术行业	网络广告、网络游戏、电子商务、行业网站、网络社区、网络视频、电子支付、互联网其他、通信设备、移动互联网、手机游戏、无线广告、移动互联网其他、电信运营及信息传输服务、电信运营、电信运营及信息传输服务其他、电信及增值其他、软件产业、软件外包、应用软件、软件产业其他、硬件产业、半导体芯片、IT 服务、导航电子地图、数字电视、光电科技、IT 其他、新材料、清洁能源、太阳能、风能、生物能源、清洁能源其他、环保节能、污染监测与治理、节能设备与服务、资源回收与利用、废物及危险品治理、环保节能其他、电池与储能技术、汽车零部件、汽车行业其他、生物技术、医药行业、医疗设备、医疗服务、研发外包、医疗健康其他

续表 5.2

非新技术行业	能源开采与加工、能源开采、黑色金属冶炼与加工、有色金属冶炼与加工、能源开采与加工其他、能源及矿业其他、机械设备、纺织行业、造纸行业、服装鞋帽、制造业其他、石油化工、化工原料、化学纤维、农药与化肥、化学工业其他、建筑材料、水泥、玻璃、建筑材料其他、建筑施工、家居建材、建筑建材其他、交通设施建设、物流、客运、交通运输其他、汽车整车、种植及加工、畜牧及加工、农林牧渔其他、金融服务、银行、证券、保险、金融其他、餐饮业、百货、零售、酒店、连锁经营其他、食品、饮料、食品饮料其他、传媒出版、户外媒体、广告制作与代理、影视音乐、动漫、文化传媒其他、教育培训、人力资源服务、教育及人力资源其他、旅游景点、旅游业其他、房地产开发、房地产其他、供电与供热、供水、供气、公用事业其他、综合

第二节　不同行业投资事件数量纵向分析

1999 年以后，中国风险投资进入一个向上的发展通道。在这十多年间，随着中国乃至国际经济环境的变化，风险投资对于每个行业的青睐度也发生着不同程度的改变。我们根据表 5.1 中的行业分类，逐一对 20 大类的行业投资走势进行回顾和分析。

一、总体概况

通过对 1988 年 1 月 1 日至 2011 年 9 月 24 日总计 7264 起投资事件的统计发现，制造业，互联网，IT 分别以 1138、1090、1087 起投资事件成为最受风险投资家青睐的前三大行业，分别占总投资事件数的 15.67%、15.01%、14.96%，三者之和超过总投资事件数的 45%。第二梯队则由能源及矿业、医疗健康、电信及增值组成，分别获得 683、599、427 起行业投资，三者之和接近总投资事件的 25%。行业投资事件 200 起以上的还有化学工业、文化传媒、连锁经营、金融、农林牧渔，五者之和约占总行业投资事件 18%。剩下的其他行业共同构成最后的 7%。公用事业、旅游业、交通运输行业是事件数排最后三位的行业（见表 5.3）。

表 5.3　　历年累计投资事件行业分布

行业分类	事件数	百分比	行业分类	事件数	百分比
互联网	1090	15.01%	金融	215	2.96%
电信及增值	427	5.88%	医疗健康	599	8.25%
IT	1087	14.96%	连锁经营	253	3.48%
能源及矿业	683	9.40%	食品饮料	176	2.42%
制造业	1138	15.67%	文化传媒	307	4.23%
化学工业	311	4.28%	教育及人力资源	128	1.76%
建筑建材	175	2.41%	旅游业	23	0.32%
交通运输	94	1.29%	房地产	119	1.64%
汽车行业	111	1.53%	公用事业	10	0.14%
农林牧渔	210	2.89%	综合	108	1.49%

二、细分行业概况

由于 1988 年至 1999 年间只有极少数投资事件，无法有效的反映变化趋势，参考价值不大，因而在原数据基础上进行了剔除，下列图表中集中显示了 1999 年以后的发展变化情况。

（一）互联网行业

哪些行业增长最快、利润最高？互联网无疑是其中之一。互联网行业的高增长以及高收益性对于风险投资者而言具有很强的吸引力，成为最受风险投资者关注的行业。与此同时，互联网行业也不可避免地成为风险投资竞争最为激烈的行业。1999 年是全世界互联网泡沫的最高峰，2000 年泡沫开始破灭。从投资事件数量上看，对于互联网行业的投资业随之经历了高潮和破灭后的低谷。2007 年以前除了个别年份以外，互联网行业的投资事件整体呈增长态势，最高时为 2007 年，达到每年 180 起。而 2007 年后两年投资数量急剧下降。近两年投资事件数量有所回升，甚至超过了 2007 年的水平。从所占总投资比例来看，互联网行业在 2000 年以前投资事件比例缓慢上升。受 2000 年互联网泡沫破裂的影响，互联网行业投资所占比例下滑超过 15%，之后互联网行业又重新开始回暖。在达到 2005 和 2006 年的一个高潮之后，风险投资对于互联网的投资热度在其后的几年间再次回落，其中 2009 年降到最低的 12%。这是由于行业内的竞争过于激烈，导致市场份额和利润都出现了下降。近年来，随着科技的高速发展，互联网的技术和模式创新层出不穷，出现了诸如网络社区等符合网络用户行为需求的新兴行业，由此所带来的新利润增长点吸引了更多风险资本进入。一旦新的商业模式满足了用户需求，那么在中国这等庞大市场下将产生巨大利润，因此近年来风险投资对于互联网行业的热衷程度又有上升之势，不同的是机构所青睐的互联网细分行业随着技术的改进和需求的变化而发生了相应的改变（见图 5.1）。

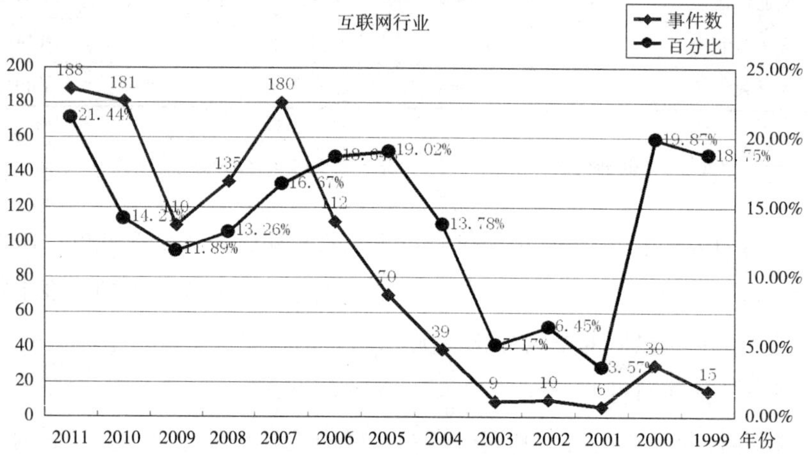

图 5.1　互联网行业投资事件

（二）电信及增值行业

从投资事件数量来看，2007 年以前，除 2006 年有较大幅度下降，电信及增值业的投资数量整体呈上升态势，2006 ～ 2007 年该行业达到投资高峰，2007 年的投资事件数量达到了 59 起。2008 后投资数量开始下降，近年趋于稳定。但从所占总投资比例上看，2004 年以后，电信及增值所占投资比例经历了大幅的削减，从 14% 下降到 5%，在 2010 年降到了最低，这意味着电信及增值行业对风险投资的吸引力已没有过去那么高了。产生这种现象的原因在于中国的 VC 和 PE 投资阶段整体向中后期偏移。电信及增值行业，特别是其中的无线增值行业属于典型的高科技、高成长及高风险行业，大量企业仍处于早期阶段，技术还相当不成熟。在 2008 年发生金融危机之后，出于对风险的考虑，更多的风险投资机构普遍采取更加稳健的投资战略。因此受到这一影响，风险投资机构对于早期企业的投资出现了整体下滑的趋势。尽管近些年电信增值行业获取风险资本融资的情况不尽如人意，但不可否认的是，电信行业的高科技、高成长的行业特质是始终存在的，因此仍然具有较高的投资价值。今后，随着电信行业的技术革新以及与市场需求的逐步契合，其行业价值将被逐渐显现和接受，因此可以预见，未来电信及增值行业能够重获风险资本的青睐（见图 5.2）。

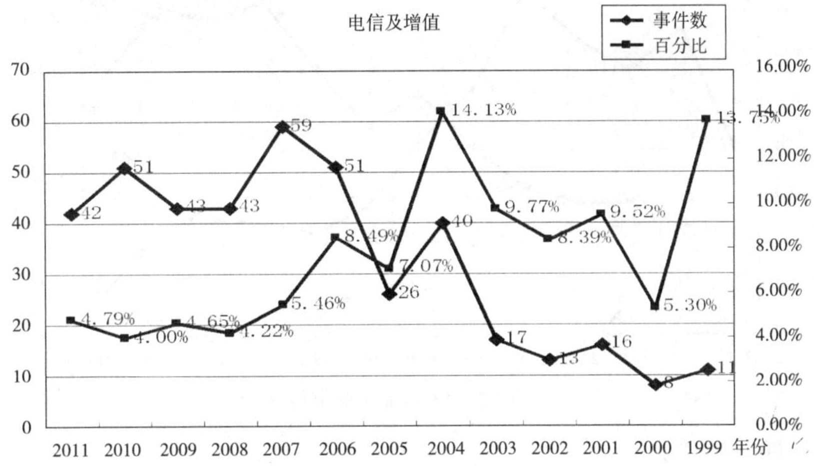

图 5.2 电信及增值行业投资事件

（三）IT 行业

与前面提到的两个行业类似的是，IT 行业也是一个具有高风险、高技术含量以及高成长性的行业。从整体趋势上看，风险投资机构对于 IT 行业的投资趋势与电信及增值行业类似。从事件数量上来看，除去 2000 年至 2003 年期间有小幅下降以外，2007 年前，风险投资对于 IT 行业的投资热度持续升温，投资于 IT 行业的事件数大幅上升，并在 2007 年达到 150 起事件。2008 年金融危机以后，投资事件连年下降。从所占总投资比例来看，经历 1999 年至 2002 年的小幅增长后，IT 行业所占的投资比例便开始急剧下降，从 30% 下降到 9%，目前仍有继续下降的趋势。这并不能够说明 IT 行业的吸引力正在消退。应该说，中国 IT 行业的风险投资近年来正处于一个发展的瓶颈期，虽然 IT 技术发展迅速，为其拓展了广阔的市场空间，但与此同时，由于对 IT 产业投资规模的要求较高，使得很多的风险投资机构对其望而却步，这也导致核心技术依然被国外企业所垄断。因此，近年来对于 IT 行业投资的下降趋势并不会长期持续，随着风险投资机构融资机制的逐步完善，IT 行业仍然会凭借其自身的行业特性而重新成为风险资本的宠儿（见图 5.3）。

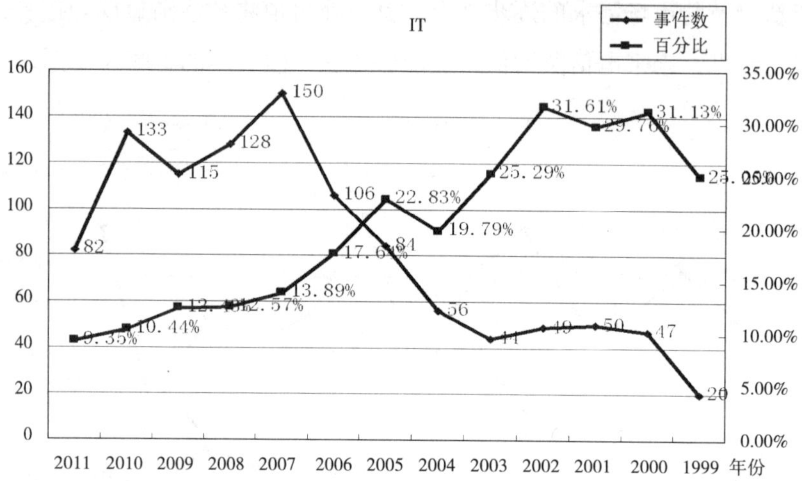

图 5.3　IT 行业投资事件

（四）制造业

在行业的选择上，制造业最终拔得头筹。与高科技行业相比，这种传统行业的发展时间长，市场广，技术稳定，效益可以预测。特别是当中国成为全球加工制造业的中心，很多从发达国家转移而来的产业在中国仍旧具有很高的成长性，归根结底在于中国拥有较低的劳动力成本。如果在此基础上拥有海外的市场和渠道，价值将会加倍凸显。

从投资事件数量上看，1999 年至今，制造业的投资事件不断增长，近年有加速增长的趋势，2010 年最高达到 245 起投资事件，2011 年有下降的可能。从所占总投资比例上看，制造业所占比例相对较高，几乎都在 10% 以上。除了 2005 年有小幅下挫，整体比例也在不断上升，最近三年更是始终维持在 18% 以上。事实上，真正能够吸引风险资本的制造业项目并不是简单复制传统制造业的盈利模式，而是在渠道、制造或者技术方面有重大创新，从而提高自身的盈利能力和扩张速度。因此可以说，风险资本的介入形成了良性循环,对于制造业升级具有积极的影响（见图 5.4）。

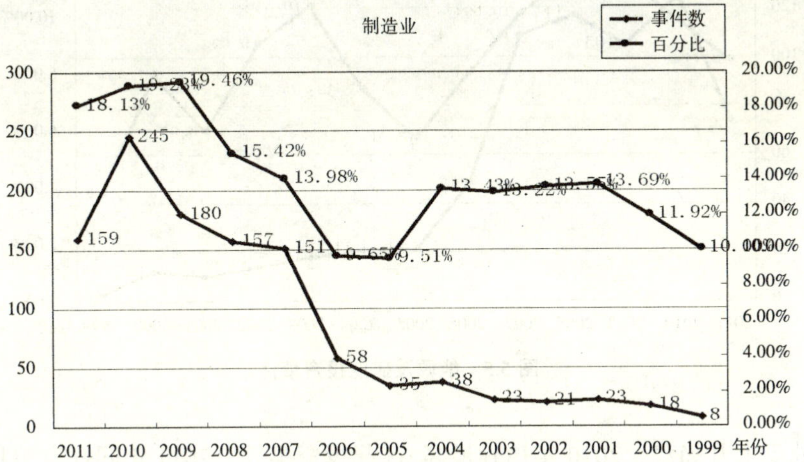

图 5.4　制造业投资事件

（五）能源及矿业

从投资事件数量上看，1999 至 2007 年，能源行业经历了大幅的增长，尤其 2005 年至 2007 年期间，投资事件数量翻了将近 5 倍，达到 109 起，2008 年后增幅明显趋于减缓。从所占总投资比例上来看，能源行业则明显呈现大幅度的周期性波动，最近一次的周期峰值为 2008 年的 11.49%，在 2008 年之后同样有着下降的趋势。但不同于 IT、电信等行业在金融危机之后投资比例的大幅下降，风险资本对于能源行业的投资仍然维持在一个相对稳定的比例。美国次贷危机导致了房地产和金融衍生产品泡沫的破裂，令对冲基金等投机热钱损失惨重，迫使他们从房地产、网络科技、金融等领域撤出，而可再生能源、减排技术等则成为投资机构新的青睐对象。市场上凡是承诺可再生能源、节能减排的地方，资本都会源源不断地涌入。另外，新能源在能源消费的比例中不断提高，政府在资金、技术和税收方面都给予了很多支持，这也使得风险资本近年来一直保持着对于能源行业的热度（见图 5.5）。

（六）化学工业

从投资事件数量上看，除去 2008 年小幅下降，化学工业投资事件一

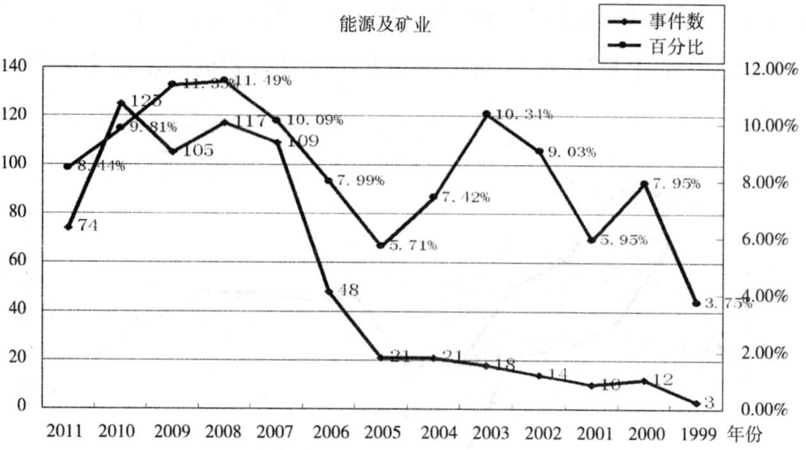

图 5.5　能源及矿业投资事件

直处于上升趋势，2010 年达到最高 65 起投资事件。2011 年同样有望超越 2010 年的事件数。而从所占总投资比例上看，2008 年以前，化学工业的投资比例上下震荡。2008 年以后则呈现出直线上升的趋势，截至 9 月 24 日，2011 年已接近 6%。与风险投资机构热衷的 IT、电信、互联网行业相反，在 2008 年之后，风险资本对于化学工业的投资比例稳步提升，这在一定程度上与风险资本为规避风险而流向风险相对较低的行业有关(见图 5.6)。

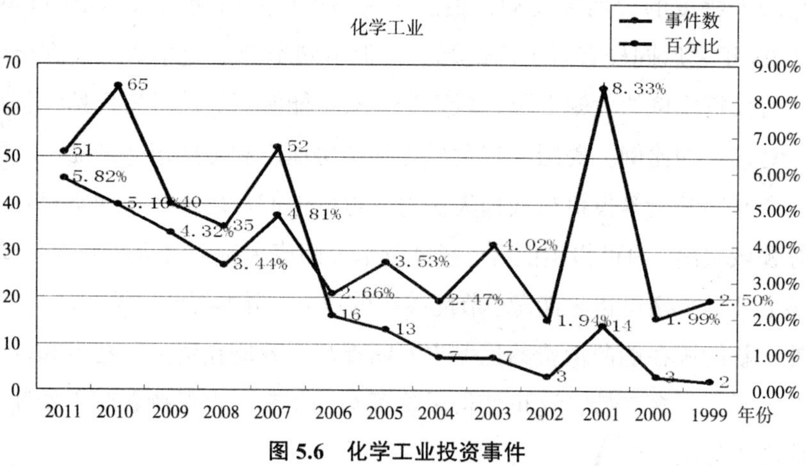

图 5.6　化学工业投资事件

（七）建筑建材行业

建筑建材行业的发展趋势同房地产行业的行情密不可分。不论从投资事件数量，或者所占总投资比例来看，两者趋势大体相同。在 2008 年房地产泡沫破裂前夕，建筑建材行业可谓飞速发展。怎奈成也萧何败也萧何，2008 年后，随着金融危机的爆发，房地产泡沫的破裂，建筑建材行业作为与房地产行业关系最为密切的行业自然也饱受考验，风险资本受到市场和政策的影响，对于该行业的投资近年来一直处于较大的波动中（见图 5.7）。

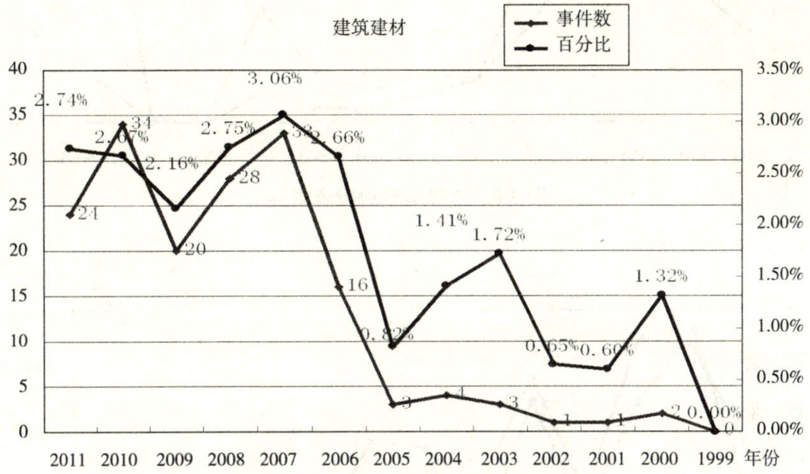

图 5.7　建筑建材行业投资事件

（八）交通运输行业

从投资事件数量抑或所占总投资比例上看，两者趋势大致相同。2008 年前，交通运输业投资事件都在成倍地增加，2006 年到 2008 年两年间几乎翻了 3 倍，这主要归功于电子商务行业的发展对物流业的大力刺激。2008 年之后，交通运输行业的投资热度则急转直下，有持续下跌的可能性（见图 5.8）。

（九）汽车行业

汽车行业的投资事件数量和所占总投资比例大体有着相同的趋势，大幅地攀升与大幅的下降相交替，呈现周期性的变化，2009 年、2010 年分别达到其顶峰。2011 年及前后的情况则不容乐观，下降至接近 2008 年的水平（见图 5.9）。

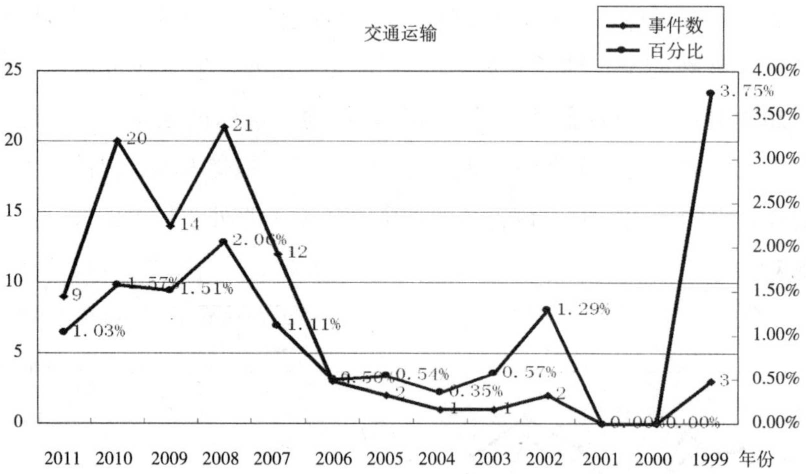

图 5.8　交通运输业投资事件

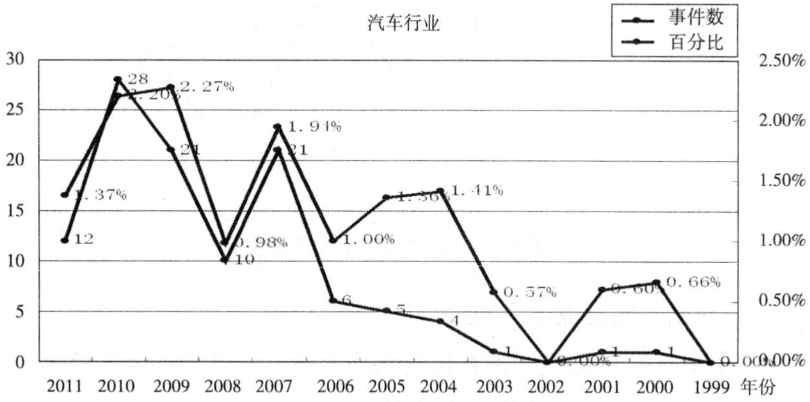

图 5.9　汽车行业投资事件

（十）农林牧渔行业

相对于高新技术行业的高风险和激烈竞争，农林牧渔这些传统行业近年来也逐渐开始得到风险投资家的青睐，从投资事件数量上看，2005 以后农林牧渔行业投资事件加速上升，2010 年最好达到 56 起投资事件，为 2005 年的 16 倍。从所占总投资比上来看，2005 年后，农林牧渔行业从 1.09% 上升至 4.40%（见图 5.10）。

（十一）金融业

从投资数量上看，1999 年至 2007 年，随着市场开放的进展，金融业

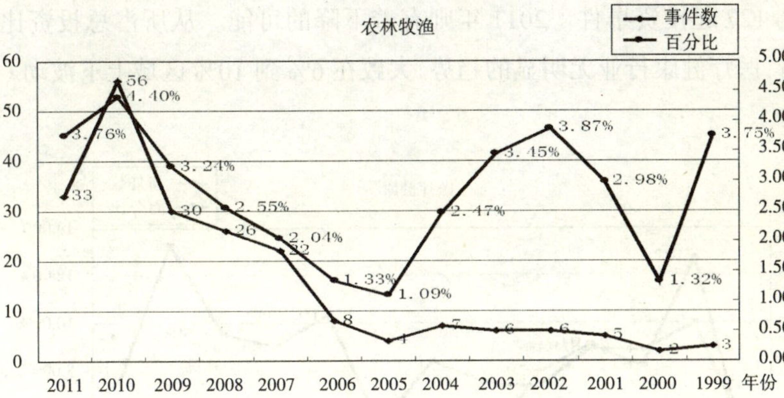

图 5.10　农林牧渔行业投资事件

投资有着长足的增长，2008 年金融危机爆发虽然造成当年的投资事件数量大幅下降，但对其后几年并未造成很大的影响。从所占总投资比例上来看，金融业投资热度从 2005 年便已经开始有着严重的下滑，直至 2008 年。2008 年之后其比例反而相对稳定，在 2.50% 上下浮动（见图 5.11）。

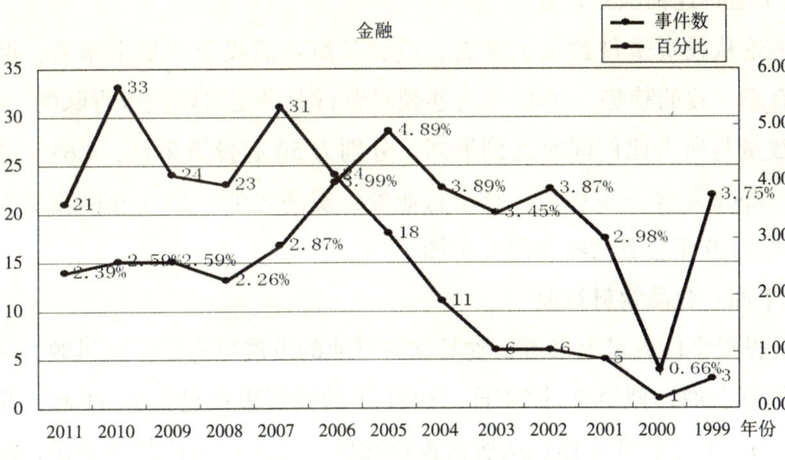

图 5.11　金融业投资事件

（十二）医疗健康行业

从投资事件数量上看，除去 2009 年的小幅下降，1999 年至 2010 年医疗健康行业的投资都有着长足的进展，这得益于人均生活水平的提升，人们对医疗健康有了更高的要求，这大大刺激了行业的发展。2010 年最高达到 127 起投资事件。2011 年则有着下降的可能。从所占总投资比例上来看，医疗健康行业无明显的趋势，大致在 6% 到 10% 区域上下波动（见图 5.12）。

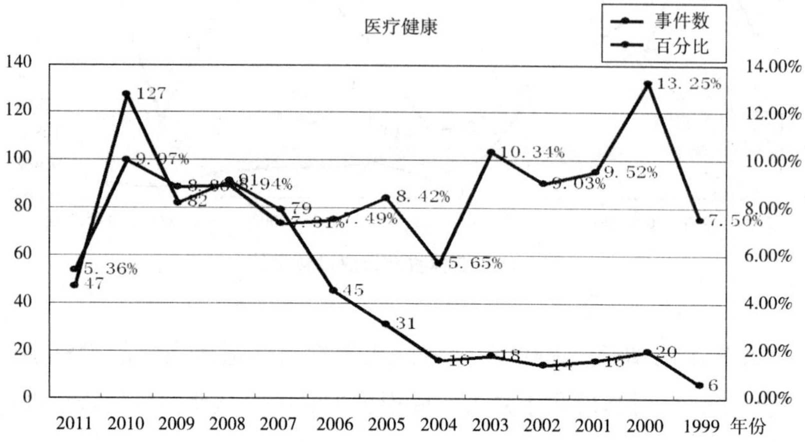

图 5.12　医疗健康行业投资事件

（十三）连锁经营行业

不论从投资事件数量上来看，或者从所占总投资比例上来看，两者基本有着一致的趋势。2007 年为连锁经营行业最受风险投资青睐的一年，事件数量与所占比例同时达到最高，分别为 50 起投资事件，4.63% 的总占比。2008 年经济危机后，整个行业处于震荡之中，2011 年的投资很可能相比 2010 年会有大幅下降（见图 5.13）。

（十四）食品饮料行业

从投资事件数量上来看，食品饮料行业的发展可算是一帆风顺，一年比一年有发展，截至 9 月 24 日，2011 年的投资事件已达到 31 起，几乎赶超 2010 年的总事件数。从所占投资比例上来看，同比其他年份，2011 年投资事件占比已达 3.53%，创下历史新高。两方面的信息显示，食品饮料行业的投资热度不断升温，前景喜人（见图 5.14）。

（十五）文化传媒行业

从数据上看，文化传媒行业 2008 年前有着不俗的表现。投资事件数量从 1999 年的无上升至 2008 年的 60 起，该行业所占总投资比例 2004 年

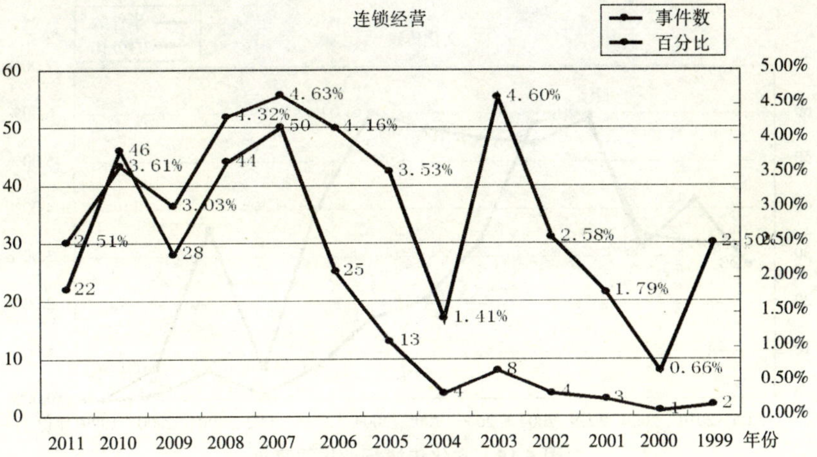

图 5.13　连锁经营行业投资事件

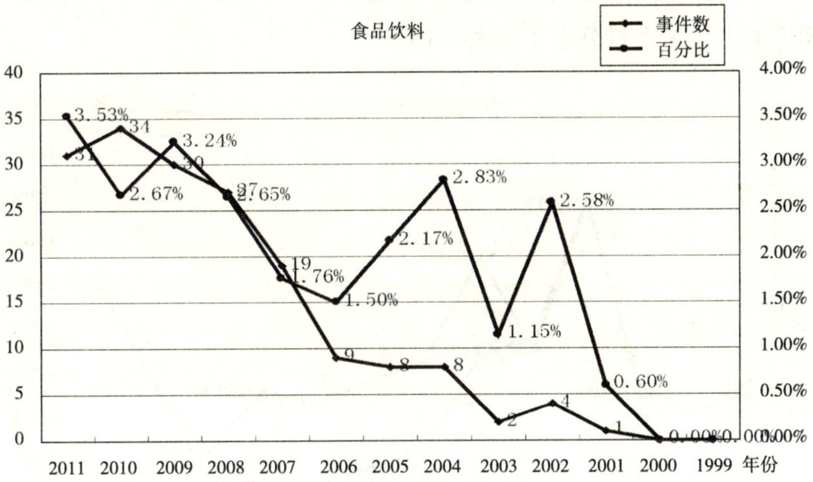

图 5.14　食品饮料行业投资事件

之后便已稳定于 5%~6%。2008 后同其他不少行业一样，随着经济危机的爆发，文化传媒行业也受到了不小的冲击，投资事件数量与所占比同时呈下降趋势（见图 5.15）。

（十六）教育及人力资源行业

2008 年以前，教育及人力资源行业的投资热度很高。投资事件数量自 1999 年的 2 起上升到 2008 年的 35 起，翻了数番。但 2008 之后，随着经济危机的加重，人们在教育上的投入也显得捉襟见肘，这大大降低了教

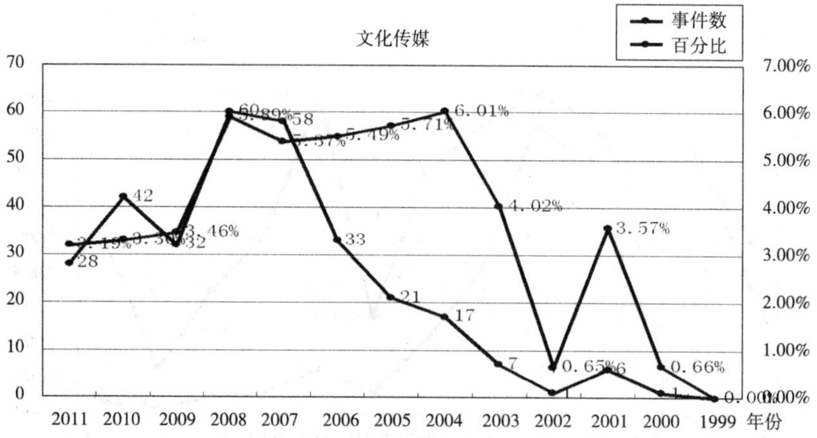

图 5.15 文化传媒行业投资事件

育业的火热程度，投资事件数量下降至 2006 年以前的水平，所占比例也下降了接近 2.5 个百分点（见图 5.16）。

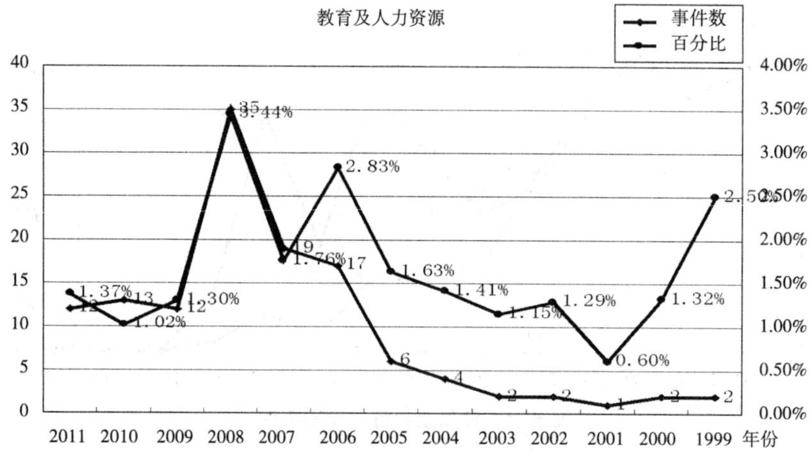

图 5.16 教育及人力资源行业投资事件

（十七）旅游业

旅游业的投资事件数量与所占比例都相对较低。鉴于旅游业的特殊性，其投资热度不高也在情理之中。近年来随着大众生活水平的提高，对旅游业的刺激，也促生了若干次的投资事件（见图 5.17）。

（十八）房地产业

无论从数量上还是从比例上，2003 年到 2007 年，房地产行业的投资

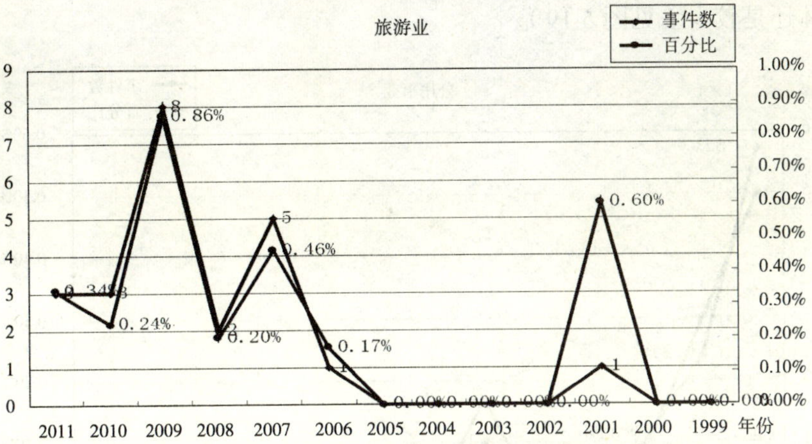

图 5.17 旅游业投资事件

热度不断上升。2007 年投资事件数量达到最高，为 23 起投资事件，不过整个行业所占投资比例相对仍然较小。2006 年、2007 年则是一个重大的转折点。房地产行业的投资热度几乎下降了一半。这同 2008 年的经济危机有着很大程度上的联系（见图 5.18）。

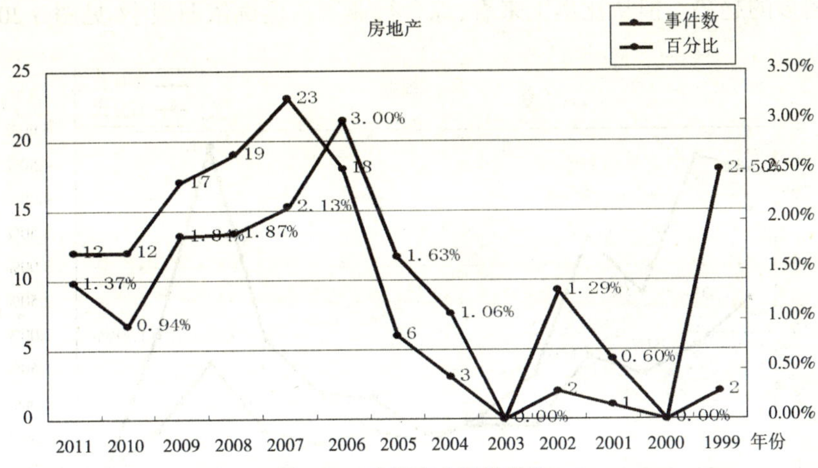

图 5.18 房地产业投资事件

（十九）公用事业

可以看出，2009 年以前，公用事业几乎不曾得到过风险投资家的青睐，但随着经济的进一步开放，近年公用事业行业的投资事件略有增加，然而整体还是较少（见图 5.19）。

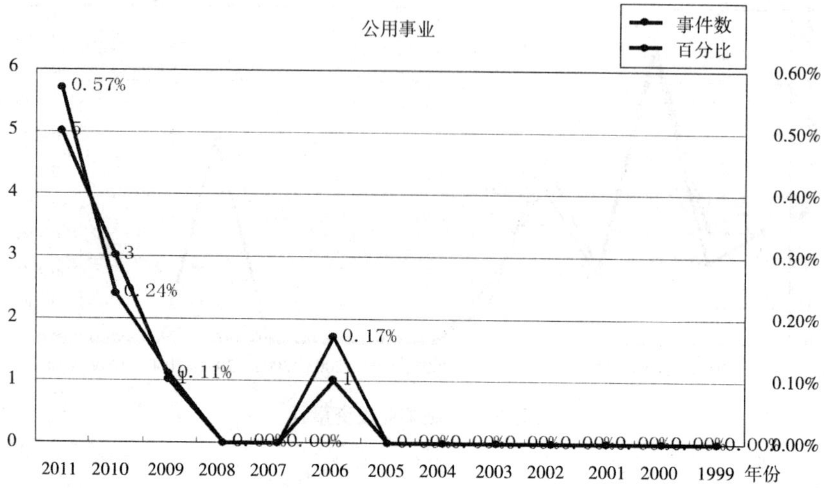

图 5.19　公用事业投资事件

（二十）综合

从数量上来看，综合行业的投资事件尽管有小幅波动，但整体呈现逐渐增多的趋势。但从比例上来看，综合行业所占比例依旧很小（见图 5.20）。

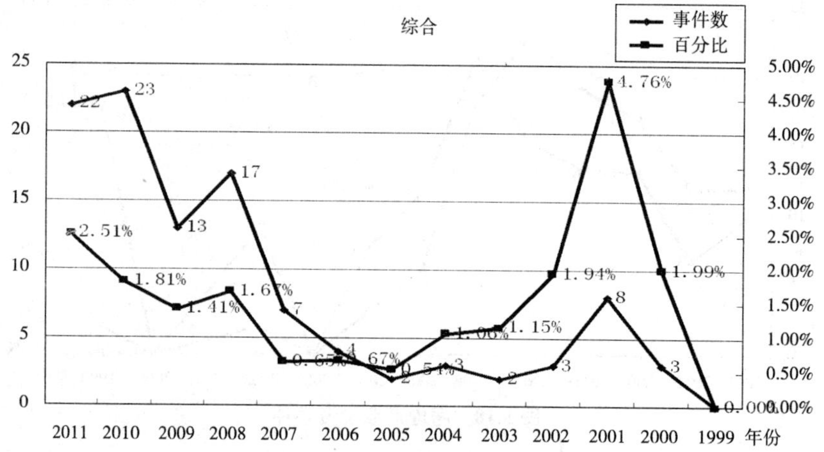

图 5.20　综合行业投资事件

三、小结

制造业、互联网、IT 行业依次为最受风险投资家青睐的龙头行业，三者之间几乎不相上下，合计占据风险投资事件的 45%。紧随其后的是由能源及矿业、医疗健康、电信及增值三者之和接近总数的 25%。其他行业的投资事件则都相对较少。

从各个细分行业的投资热度来看，2008 年的金融危机所带来的影响可谓深远。除制造业，化学工业，农林牧渔，食品饮料几个少数行业投资事件逆势上扬以外，其他行业无一幸免。其中以房地产业，建筑建材，文化传媒，教育及人力资源，连锁经营等行业受到的波及最为严重，至今仍处于颓势之中。

第三节　VC、PE 机构的投资行业分布

根据风险投资机构的机构性质，可以将风险投资机构划分为 VC 机构、PE 机构、VC/PE 机构。自 1989 年 1 月 1 日至 2009 年 9 月 24 日共计 9560 起机构投资事件，其中 VC 中资机构的投资事件数有 4996 起，PE 外资机构的投资事件有 2141 起，VC/PE 中外合资机构的投资事件有 2423 起。

一、VC 机构的投资行业分布

VC 机构的投资偏好分为三个梯度。第一梯度为 IT、互联网、制造业，分别有 1023、943、705 起事件，总计占所有 VC 投资事件的 53%。第二梯度为医疗健康、电信及增值、能源及矿业，分别有 410、397、397 起投资事件。VC 机构投资主要集中于以上行业，其他行业的投资极少。这个分布印证了 VC 机构倾向于投资高新技术行业的特点（见图 5.21）。

二、PE 机构的投资行业分布

从 PE 机构的投资行业分布统计来看，PE 机构与 VC 机构在投资行业

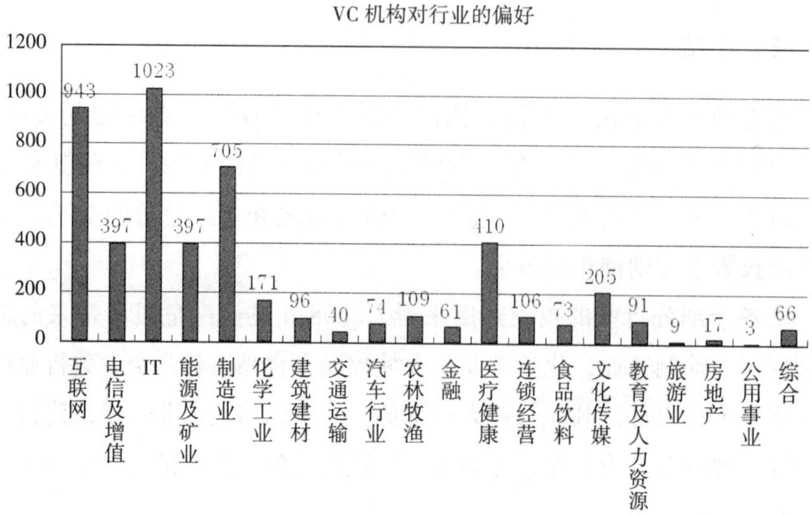

图 5.21　VC 机构的投资行业分布（单位：起）

上的选择有很大差异。其中，制造业以 404 起行业投资事件占据第一位，超过第二位能源及矿业 100 多起事件。除去排名前 2 的行业，PE 机构的投资相对分散，其他行业的投资事件数量均不足 200 起。但各个行业均有不同程度的涉足，行业事件数大多集聚在 90~150 起的区间。由此也可以总结出 PE 机构在行业上的投资特点，即 PE 对于投资行业的选择面较广，且多投资于高成长的传统行业（见图 5.22）。

三、VC/PE 机构的投资行业分布

VC/PE 对行业的偏好与 VC 机构较为相像，排名前六的行业完全相同。第一梯度同样为 IT（423）、互联网（340）、制造业（294）。不同的是 IT 业居于首位，第二梯度为制造业（294）、能源及矿业（217）、医疗健康（189）、电信及增值（152）。VC/PE 机构的投资主要集中于以上行业。其他行业虽均有涉足，但投资相对较少（见图 5.23）。

四、小结

不同机构类型来看，VC 机构几乎有超过一半的投资集中于 IT、互联网、制造业中，紧随其后的是医疗健康、电信及增值、能源及矿业，除此

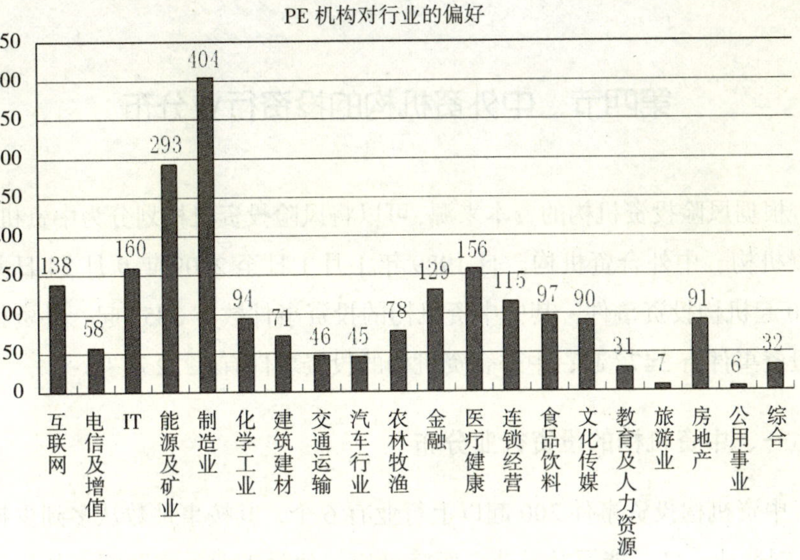

图 5.22　PE 机构的投资行业分布（单位：起）

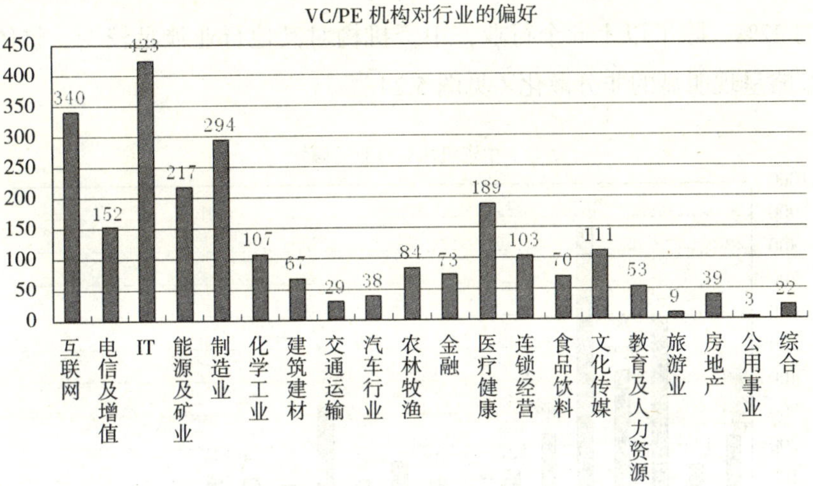

图 5.23　VC/PE 机构的投资行业分布（单位：起）

之外的其他行业，VC 机构涉足都较少。

与 VC 机构相比，PE 机构的投资则相对更保守些，行业的选择更加传统，主要集中于制造业和能源及矿业，投资行业也更分散化。

VC/PE 机构与 VC 机构的相似度较高，投资相对集中，IT、互联网行业最受青睐。

第四节　中外资机构的投资行业分布

根据风险投资机构的资本来源，可以将风险投资机构划分为中资机构、外资机构、中外合资机构。自 1989 年 1 月 1 日至 2009 年 9 月 24 日共计 9560 起机构投资事件，其中中资机构的投资事件数有 3853 起，外资机构的投资事件有 3475 起，中外合资机构的投资事件有 2232 起。

一、中资机构的投资行业分布

中资机构投资事件 200 起以上行业有 6 个，其按事件数从多到少排列为：制造业、IT、能源及矿业、医疗健康、化学工业、互联网，其总计所占比例大约 70%。其中制造业以 867 起投资事件遥遥领先，占总投资事件的 22%。除了以上 6 个行业，中资机构对其他行业涉足较少。整体投资策略呈现明显的非分散化（见图 5.24）。

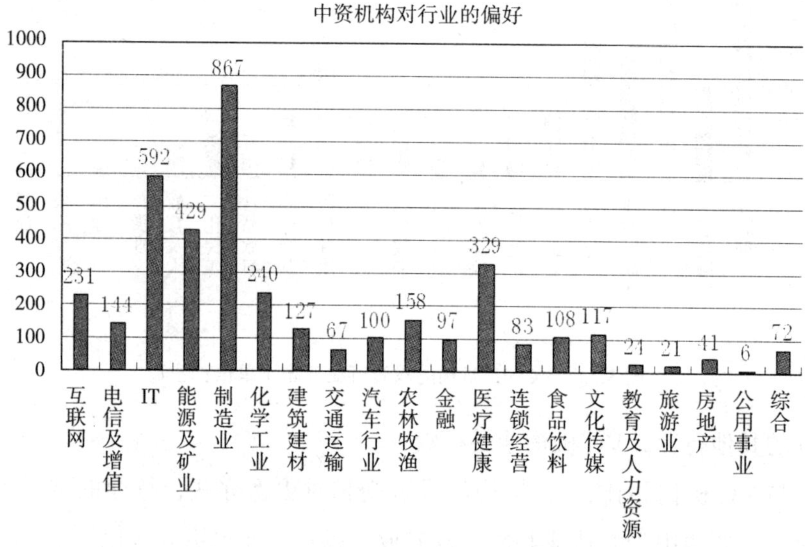

图 5.24　中资机构的投资行业分布（单位：起）

二、外资机构的投资行业分布

外资机构的行业偏好分为三个梯度。第一梯度为互联网（785）、IT（613），两者共占据高达40%的投资。第二梯度为电信及增值、能源及矿业、制造业、医疗健康。投资事件200起以上的行业只有以上6个行业。剩余行业为第三梯度。外资机构投资主要集聚以上第一第二梯度行业，在投资行业上具有较高的集中度（见图5.25）。

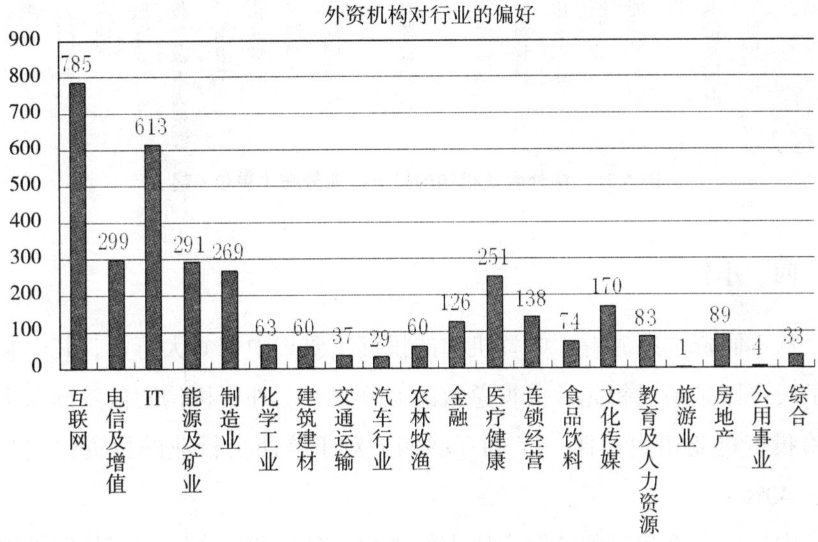

图5.25　外资机构的投资行业分布（单位：起）

三、中外合资机构的投资行业分布

中外合资机构的行业偏好与外资机构较为相似，前2位同样为互联网、IT行业，而且两者之间差距很小，分别为405、401起。第二梯度中有4个行业，同样分别为制造业、能源及矿业、医疗健康、电信。其中只有制造业的投资事件超过了200起。不过从整体上来看，除去排名前两位的行业，各行业投资比例较中、外资机构相对均匀，更倾向于多样化的投资策略（见图5.26）。

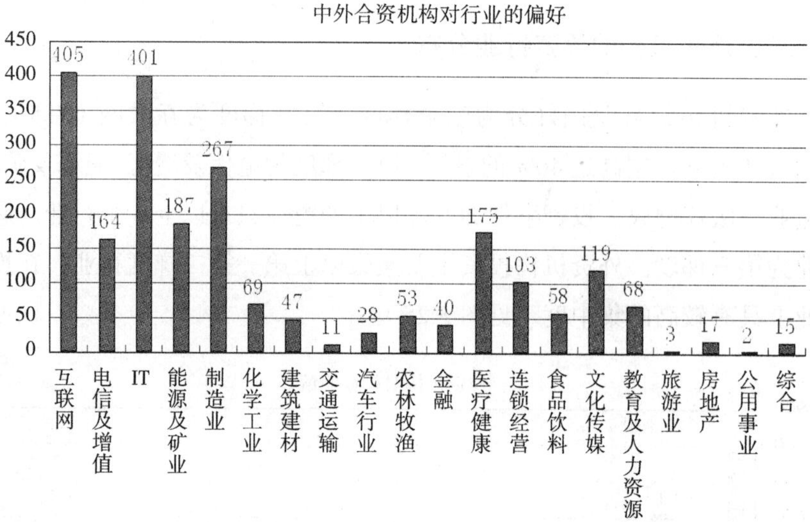

图 5.26　中外合资机构的投资行业分布（单位：起）

四、小结

从不同资本来源看，中资机构的投资主要集中于 6 大行业，其中制造业的投资则是遥遥领先，占据总数的五分之一。外资机构则依然倾向于与风险投资行业相生相伴，IT 和互联网，对于这两个行业的投资比例合计超过 40%。

中外合资机构受到外资合伙人的影响，其行业投资分布同外资机构较为相似，行业前两名依旧是 IT 和互联网，不过两者的分布更为均匀。从投资策略上看，中外合资机构的投资策略更注重多样化，各行业投资比例分布相对均匀。

第五节　风险投资机构的新技术行业投资分布

该部分数据统计了自 1999 年 1 月 1 日至 2009 年 9 月 24 日共计 9438 起机构投资事件。关于新技术行业的分类，详见表 5.2。

整体而言 2000 年以前（1998 年例外）新技术行业所占机构投资事件

比例呈上升态势，2000 年达到峰值超过 70%。2000 年后新技术行业所占比例逐步下降并趋于稳定，目前新技术行业与非新技术行业投资事件比例大致各占 50%（见图 5.27）。

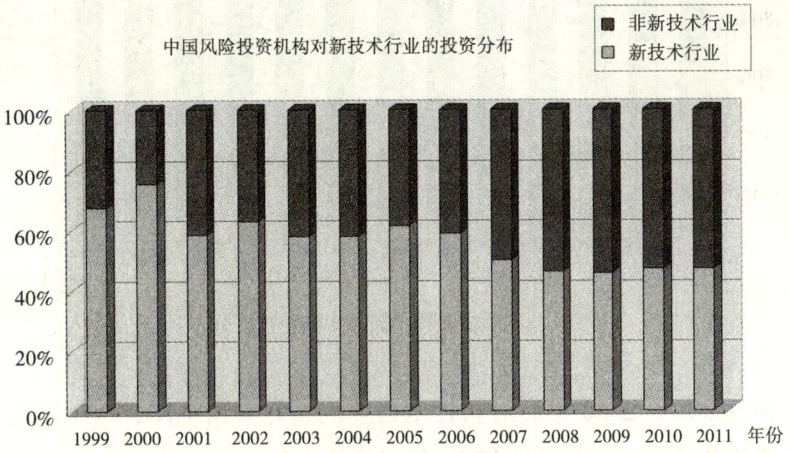

图 5.27　新技术行业投资分布整体概况

一、资本来源对新技术行业投资分布的影响

根据风险投资机构的资本来源，可以将风险投资机构划分为中资机构、外资机构、中外合资机构。自 1999 年 1 月 1 日至 2009 年 9 月 24 日共计 9438 起机构投资事件，其中中资机构的投资事件数有 3832 起，外资机构的投资事件有 3399 起，中外合资机构的投资事件有 2207 起。

（一）中资机构对新技术行业投资的分布

1997 ～ 2000 年期间中资机构趋向于新技术行业，投资数量逐年增加，2000 年到达顶峰，约 70% 的投资集中在新技术行业。2000 年后受互联网泡沫破裂的影响，中资机构又重新回归非新技术行业，新技术行业投资数量逐年减少，2005 年非新技术行业再次占据超过 50% 的投资。截至 2013 年非新技术行业已经超过 60%，但上升态势有所减缓（见图 5.28）。

（二）外资机构对新技术行业投资的分布

外资机构对新技术行业的偏好明显高于非新技术行业，自 1994 年至 2000 年期间，其新技术行业投资比例震荡上升，同样于 2000 年达到峰

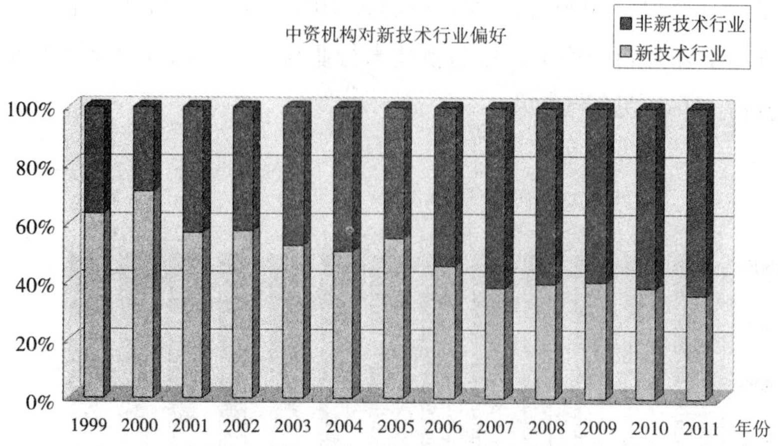

图 5.28　中资机构的新技术行业投资分布

值，超过 80%。2000 年后对新技术行业的偏好有所下降，但下降速度相比中资机构较为缓慢。2007 年后，其对新技术行业的偏好又重新开始回升，投资比例有上升趋势（见图 5.29）。

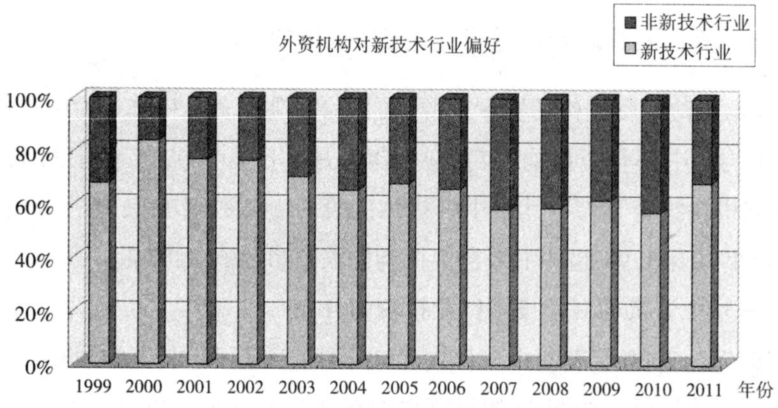

图 5.29　外资机构的新技术行业投资分布

（三）中外合资机构对新技术行业投资的分布

较外资投资机构而言，中外合资机构更倾向于新技术行业，自 1998 年至 2002 年的新技术行业投资一直保持高比例，均值超过 80%，峰值超过 90%。但自 2000 年后，其对新技术行业的信心丧失也较外资机构更快，新技术行业投资比例急剧下降，2008 年跌破 50%，近几年有回暖的趋势（见图 5.30）。

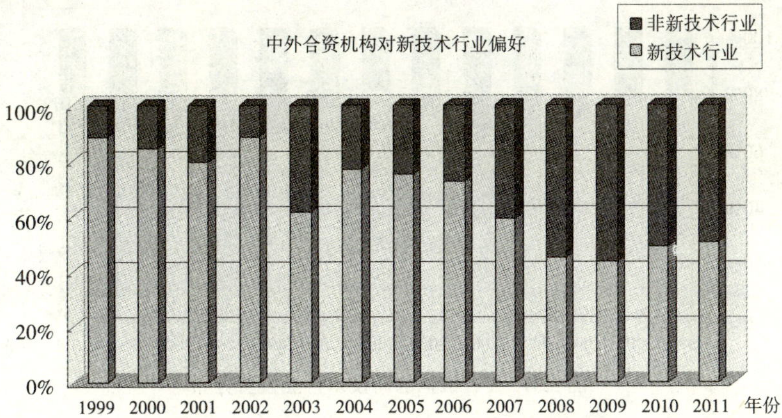

图 5.30　中外合资机构的新技术行业投资分布

二、机构性质对新技术行业投资分布的影响

根据风险投资机构的机构性质，可以将风险投资机构划分为 VC 机构、PE 机构、VC/PE 机构。自 1999 年 1 月 1 日至 2009 年 9 月 24 日共计 9438 起机构投资事件，其中 VC 中资机构的投资事件数有 4956 起，PE 外资机构的投资事件有 2107 起，VC/PE 中外合资机构的投资事件有 2375 起。

（一）VC 机构对新技术行业投资的分布

VC 机构总体而言偏好于新技术行业，投资比例平均超过 60%，最火热的时期接近 80%。虽然自 2000 年以来经历过两次下降（2003 ～ 2005 年间有所回升），但新技术行业每年依旧占据 50% 以上投资。近年下降速度有所减缓，有回暖的趋势（见图 5.31）。

（二）PE 机构对新技术行业投资的分布

PE 机构较 VC 机构有很大的差别，显著倾向于非新技术行业（2000 年例外，对新技术行业的投资达到 80%），2000 年以来对非新技术行业的投资逐步增多，每年投资比例大多处于 60% 左右的高位，2009 年达到峰值超过 70%，2009 年后有所下降，投资比例趋于稳定（见图 5.32）。

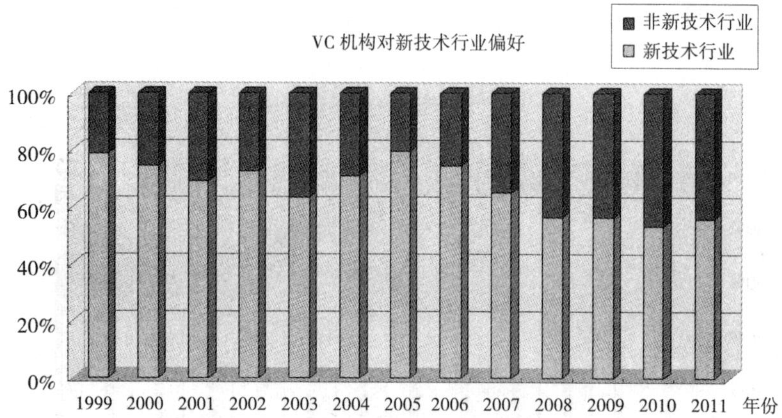

图 5.31　VC 机构的新技术行业投资分布

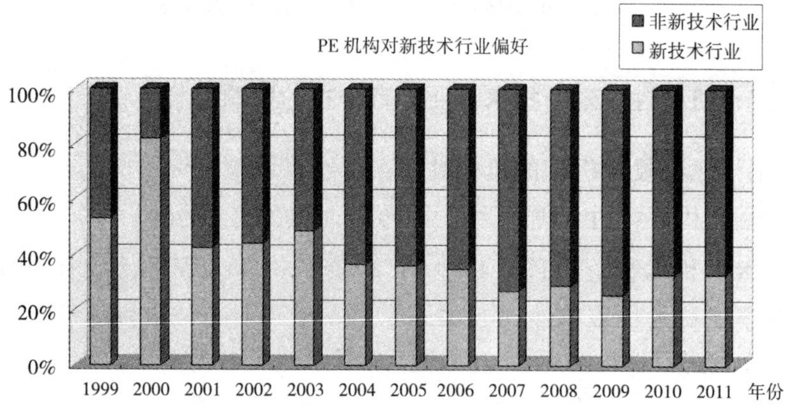

图 5.32　PE 机构的新技术行业投资分布

（三）VC/PE **机构对新技术行业投资的分布**

1994 年至 2000 年期间，VC/PE 机构对新技术行业的投资比例震荡上升，2000 年对新技术行业投资达到顶峰，超过 80%。此后 7 年新技术行业投资比例连年急剧下降，2007 最低达到 45% 左右，2007 年后趋于稳定，基本都在 45% 上下浮动（见图 5.33）。

三、小结

整体上看，随着互联网泡沫的破裂，以 IT、互联网为首的新技术行业获得投资的比例逐年下降，其后的金融危机则进一步驱使投资人将目光

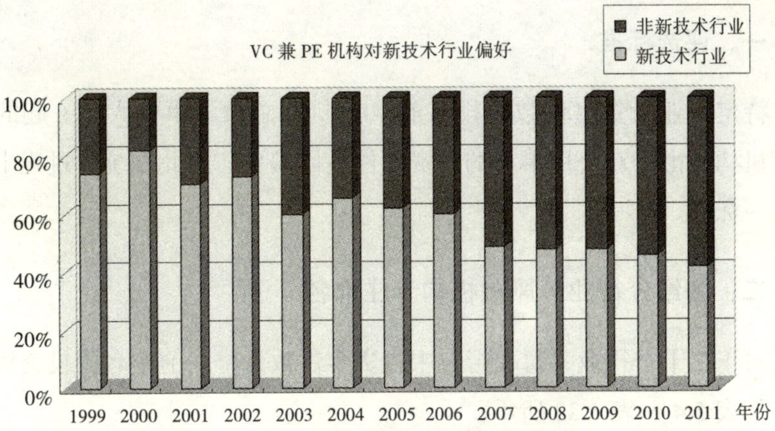

图 5.33 VC/PE 机构的新技术行业投资分布

投向较为稳定的传统行业，这对新技术行业来说无疑是雪上加霜。

从资金来源来看，中资机构对传统行业的投资在不断加大，所占比重也逐步增大，近年趋于稳定。而就外资机构而言，在经历过惨痛的泡沫破裂之后，虽然对新技术行业的投资有所收敛，但依然不减其对新技术行业的热爱，新技术行业所占的比重始终超过 50%，甚至有再次升温的趋势。中外合资机构同样也显著倾向于新技术行业，甚至在一段时间内超过外资机构，不过其对新技术行业的信心丧失也较外资机构快，经济危机以来，其投资领域中，新技术行业与非新技术行业占比为各 50%。

从机构性质来看，VC 机构与 PE 机构有着极大的投资偏好差异，VC 机构显著偏向于新技术行业，而 PE 机构则将更多的资金投入传统行业，比例远超 50%。

第六节　关于特定行业的风险投资机构专注排名

该部分数据统计了自 1999 年 1 月 1 日至 2009 年 9 月 24 日共计 9438 起机构投资事件，据统计出来的投资各个行业的事件数量进行排序，从而得出风险机构的行业专注排名，旨在为各个行业内需要风险投资注资的企业提供一份选择风险投资机构的参考。

一、评选标准

特定行业投资事件数量排名前 10，机构总投资事件大于 6 起的活跃投资机构。由于对公用事业的投资事件整体偏少，因此在统计过程中不执行这一标准。

二、各细分行业的风险机构专注排名

对于二十个行业，每个行业中投资事件数量位居前十名的投资机构排名，如表 5.4 ～表 5.23 所示。

表 5.4　　专注互联网行业机构

投资机构简称	投资机构类型	资本来源	总投资事件数	该行业投资事件	比例
IDG 资本	VC/PE	中 / 外资	293	120	40.96%
红杉中国	VC	中 / 外资	138	56	40.58%
联创策源	VC	外资	50	34	68.00%
联想投资	VC	中 / 外资	119	29	24.37%
启明创投	VC	外资	80	28	35.00%
DCM	VC	外资	45	26	57.78%
晨兴创投	VC	中资	69	25	36.23%
海纳亚洲	VC/PE	外资	68	24	35.29%
赛富基金	VC/PE	中 / 外资	102	23	22.55%
金沙江创投	VC	中 / 外资	61	23	37.70%

表 5.5　　专注电信及增值行业机构

投资机构简称	投资机构类型	资本来源	总投资事件数	该行业投资事件	比例
IDG 资本	VC/PE	中 / 外资	293	38	12.97%
集富亚洲	VC	外资	65	16	24.62%
英特尔投资	VC/PE	外资	87	15	17.24%
红杉中国	VC	中 / 外资	138	13	9.42%
联创策源	VC	外资	50	11	22.00%
联想投资	VC	中 / 外资	119	11	9.24%
晨兴创投	VC	中资	69	11	15.94%
金沙江创投	VC	中 / 外资	61	11	18.03%
智基创投	VC	中 / 外资	66	11	16.67%
深创投	VC	中资	288	10	3.47%

表 5.6　　专注 IT 行业机构

投资机构简称	投资机构类型	资本来源	总投资事件数	该行业投资事件	比例
IDG 资本	VC/PE	中 / 外资	293	57	19.45%
深创投	VC	中资	288	54	18.75%
英特尔投资	VC/PE	外资	87	45	51.72%
联想投资	VC	中 / 外资	119	34	28.57%
达晨创投	VC	中 / 外资	122	24	19.67%
华登国际	VC	外资	58	23	39.66%
力合创投	VC	中资	39	21	53.85%
智基创投	VC	中 / 外资	66	20	30.30%
赛富基金	VC/PE	中 / 外资	102	19	18.63%
盈富泰克	VC	中 / 外资	29	19	65.52%

表 5.7　　专注能源及矿业行业机构

投资机构简称	投资机构类型	资本来源	总投资事件数	该行业投资事件	比例
深创投	VC	中资	288	34	11.81%
青云创投	VC	外资	36	25	69.44%
IFC	VC/PE	外资	88	16	18.18%
永宣创投	VC/PE	中 / 外资	86	13	15.12%
松禾资本	VC	中资	71	12	16.90%
德同资本	VC/PE	中 / 外资	72	12	16.67%
中投	PE	外资	28	12	42.86%
同创伟业	PE	中 / 外资	75	11	14.67%
建银国际	PE	中 / 外资	52	11	21.15%
天堂硅谷	VC/PE	中资	77	9	11.69%

表 5.8　　专注制造业行业机构

投资机构简称	投资机构类型	资本来源	总投资事件数	该行业投资事件	比例
深创投	VC	中资	288	63	21.88%
达晨创投	VC	中 / 外资	122	27	22.13%
江苏瑞华	VC/PE	中资	81	23	28.40%
九鼎投资	VC/PE	中 / 外资	70	20	28.57%
天堂硅谷	VC/PE	中资	77	18	23.38%
同创伟业	PE	中 / 外资	75	17	22.67%
江苏高投	PE	中 / 外资	56	17	30.36%
中国风投	VC	中资	53	15	28.30%
山东高新投	VC/PE	中资	41	15	36.59%
海富投资	PE	中资	36	14	38.89%

表 5.9　　专注化学工业行业机构

投资机构简称	投资机构类型	资本来源	总投资事件数	该行业投资事件	比例
深创投	VC	中资	288	23	7.99%
江苏瑞华	VC/PE	中资	81	10	12.35%
九鼎投资	VC/PE	中 / 外资	70	8	11.43%
天堂硅谷	VC/PE	中资	77	8	10.39%
中国风投	VC	中资	53	8	15.09%
达晨创投	VC	中 / 外资	122	7	5.74%
同创伟业	PE	中 / 外资	75	7	9.33%
永宣创投	VC/PE	中 / 外资	86	7	8.14%
山东高新投	VC/PE	中资	41	6	14.63%
证大投资	VC/PE	中资	39	5	12.82%

表 5.10　　专注建筑建材行业机构

投资机构简称	投资机构类型	资本来源	总投资事件数	该行业投资事件	比例
摩根士丹利	PE	外资	45	11	24.44%
IFC	VC/PE	外资	88	9	10.23%
达晨创投	VC	中 / 外资	122	7	5.74%
江苏瑞华	VC/PE	中资	81	6	7.41%
深创投	VC	中资	288	5	1.74%
天堂硅谷	VC/PE	中资	77	5	6.49%
证大投资	VC/PE	中资	39	4	10.26%
建银国际	PE	中 / 外资	52	4	7.69%
凯石长江	N/A	中资	16	4	25.00%
弘毅投资	PE	中 / 外资	31	4	12.90%

表 5.11　　专注交通运输行业机构

投资机构简称	投资机构类型	资本来源	总投资事件数	该行业投资事件	比例
深创投	VC	中资	288	6	2.08%
江苏瑞华	VC/PE	中资	81	3	3.70%
浙商创投	PE	中资	27	3	11.11%
中银投资	VC/PE	中资	9	3	33.33%
社保基金	PE	中资	11	3	27.27%
建银国际	PE	中 / 外资	52	2	3.85%
华平	VC/PE	外资	63	2	3.17%
海富投资	PE	中资	36	2	5.56%
中科招商	VC/PE	中资	51	2	3.92%
太盟投资集团	VC	外资	14	2	14.29%

表 5.12　　专注汽车行业机构

投资机构简称	投资机构类型	资本来源	总投资事件数	该行业投资事件	比例
深创投	VC	中资	288	8	2.78%
江苏瑞华	VC/PE	中资	81	4	4.94%
同创伟业	PE	中 / 外资	75	3	4.00%
湘投高创投	VC	中资	28	3	10.71%
IFC	VC/PE	外资	88	3	3.41%
安益资本	PE	中资	11	3	27.27%
启明创投	VC	外资	80	3	3.75%
投资机构简称	投资机构类型	资本来源	总投资事件数	该行业投资事件	比例
深创投	VC	中资	288	8	2.78%
江苏瑞华	VC/PE	中资	81	4	4.94%
同创伟业	PE	中 / 外资	75	3	4.00%
湘投高创投	VC	中资	28	3	10.71%
IFC	VC/PE	外资	88	3	3.41%
安益资本	PE	中资	11	3	27.27%
启明创投	VC	外资	80	3	3.75%

表 5.13　　专注农林牧渔行业机构

投资机构简称	投资机构类型	资本来源	总投资事件数	该行业投资事件	比例
深创投	VC	中资	288	15	5.21%
优势资本	VC/PE	中 / 外资	59	9	15.25%
兰馨亚洲	PE	外资	54	7	12.96%
达晨创投	VC	中 / 外资	122	6	4.92%
天图创投	VC/PE	中资	44	6	13.64%
江苏瑞华	VC/PE	中资	81	5	6.17%
中科招商	VC/PE	中资	51	5	9.80%
高盛	PE	外资	78	5	6.41%
同创伟业	PE	中 / 外资	75	4	5.33%
湘投高创投	VC	中资	28	4	14.29%

表 5.14　　专注金融行业机构

投资机构简称	投资机构类型	资本来源	总投资事件数	该行业投资事件	比例
IFC	VC/PE	外资	88	21	23.86%
招商局中国基金	PE	外资	28	8	28.57%
凯雷集团	VC/PE	外资	64	7	10.94%
淡马锡	VC/PE	外资	32	7	21.88%
GIC	VC/PE	外资	28	7	25.00%
君盛投资	VC	中资	8	6	75.00%
社保基金	PE	中资	11	6	54.55%
联想控股	VC/PE	中资	26	6	23.08%
鼎晖	VC/PE	中 / 外资	87	5	5.75%
中投	PE	外资	28	5	17.86%

表 5.15　　专注医疗健康行业机构

投资机构简称	投资机构类型	资本来源	总投资事件数	该行业投资事件	比例
深创投	VC	中资	288	22	7.64%
启明创投	VC	外资	80	20	25.00%
IDG 资本	VC/PE	中 / 外资	293	17	5.80%
九鼎投资	VC/PE	中 / 外资	70	17	24.29%
晨兴创投	VC	中资	69	15	21.74%
中经合	VC	外资	53	13	24.53%
建银国际	PE	中 / 外资	52	10	19.23%
红杉中国	VC	中 / 外资	138	10	7.25%
北京工业发展投资	VC/PE	中资	43	10	23.26%
天堂硅谷	VC/PE	中资	77	9	11.69%

表 5.16　　专注连锁经营行业机构

投资机构简称	投资机构类型	资本来源	总投资事件数	该行业投资事件	比例
鼎晖	VC/PE	中 / 外资	87	12	13.79%
IDG 资本	VC/PE	中 / 外资	293	11	3.75%
凯雷集团	VC/PE	外资	64	11	17.19%
红杉中国	VC	中 / 外资	138	10	7.25%
深创投	VC	中资	288	9	3.13%
同创伟业	PE	中 / 外资	75	8	10.67%
兰馨亚洲	PE	外资	54	7	12.96%
海纳亚洲	VC/PE	外资	68	7	10.29%
联想投资	VC	中 / 外资	119	6	5.04%
华平	VC/PE	外资	63	6	9.52%

表 5.17 专注食品饮料行业机构

投资机构简称	投资机构类型	资本来源	总投资事件数	该行业投资事件	比例
赛富基金	VC/PE	中 / 外资	102	7	6.86%
鼎晖	VC/PE	中 / 外资	87	6	6.90%
高盛	PE	外资	78	6	7.69%
永宣创投	VC/PE	中 / 外资	86	6	6.98%
优势资本	VC/PE	中 / 外资	59	5	8.47%
英联	VC/PE	外资	18	5	27.78%
摩根士丹利	PE	外资	45	4	8.89%
达晨创投	VC	中 / 外资	122	4	3.28%
中国风投	VC	中资	53	4	7.55%
深创投	VC	中资	288	3	1.04%

表 5.18 专注文化传媒行业机构

投资机构简称	投资机构类型	资本来源	总投资事件数	该行业投资事件	比例
IDG 资本	VC/PE	中 / 外资	293	27	9.22%
红杉中国	VC	中 / 外资	138	13	9.42%
赛富基金	VC/PE	中 / 外资	102	11	10.78%
鼎晖	VC/PE	中 / 外资	87	10	11.49%
海纳亚洲	VC/PE	外资	68	10	14.71%
戈壁	VC	中 / 外资	46	9	19.57%
高盛	PE	外资	78	8	10.26%
晨兴创投	VC	中资	69	7	10.14%
宽带资本	VC/PE	外资	25	7	28.00%
达晨创投	VC	中 / 外资	122	6	4.92%

表 5.19　　专注教育及人力资源行业机构

投资机构简称	投资机构类型	资本来源	总投资事件数	该行业投资事件	比例
华威	PE	中 / 外资	22	11	50.00%
红杉中国	VC	中 / 外资	138	7	5.07%
赛富基金	VC/PE	中 / 外资	102	7	6.86%
IDG 资本	VC/PE	中 / 外资	293	6	2.05%
德同资本	VC/PE	中 / 外资	72	5	6.94%
智基创投	VC	中 / 外资	66	4	6.06%
联想投资	VC	中 / 外资	119	4	3.36%
兰馨亚洲	PE	外资	54	4	7.41%
艾威基金	PE	外资	10	4	40.00%
戈壁	VC	中 / 外资	46	3	6.52%

表 5.20　　专注旅游业行业机构

投资机构简称	投资机构类型	资本来源	总投资事件数	该行业投资事件	比例
天堂硅谷	VC/PE	中资	77	3	3.90%
江苏瑞华	VC/PE	中资	81	2	2.47%
证大投资	VC/PE	中资	39	2	5.13%
IDG 资本	VC/PE	中 / 外资	293	1	0.34%
联想投资	VC	中 / 外资	119	1	0.84%
深创投	VC	中资	288	1	0.35%
集富亚洲	VC	外资	65	1	1.54%
泰山创投	VC	中资	8	1	12.50%
中科招商	VC/PE	中资	51	1	1.96%
新干线投资	VC	中资	6	1	16.67%

表 5.21　　　　专注房地产行业机构

投资机构简称	投资机构类型	资本来源	总投资事件数	该行业投资事件	比例
华平	VC/PE	外资	63	8	12.70%
摩根士丹利	PE	外资	45	6	13.33%
北京工业发展投资	VC/PE	中资	43	6	13.95%
高盛	PE	外资	78	5	6.41%
美林	VC/PE	外资	18	5	27.78%
德意志银行	VC/PE	外资	13	5	38.46%
普凯投资	PE	外资	13	3	23.08%
蓝山中国	VC/PE	外资	14	3	21.43%
渣打直投	PE	外资	11	3	27.27%
Equity Group	PE	外资	4	3	75.00%

表 5.22　　　　专注公用事业行业机构

投资机构简称	投资机构类型	资本来源	总投资事件数	该行业投资事件	比例
汇丰银行	PE	外资	6	1	16.67%
平安创新资本	VC/PE	中资	19	1	5.26%
泰康资产	VC/PE	中资	19	1	5.26%
启明创投	VC	外资	80	1	1.25%
名力中国	N/A	中 / 外资	16	1	6.25%
软银中国	VC	中 / 外资	44	1	2.27%
新桥资本	PE	外资	14	1	7.14%
兆富投资	PE	中资	4	1	25.00%
建银国际资本	VC/PE	中资	2	1	50.00%
Themes investment partner	VC/PE	外资	1	1	100.00%

表 5.23　　专注综合行业机构

投资机构简称	投资机构类型	资本来源	总投资事件数	该行业投资事件	比例
达晨创投	VC	中 / 外资	122	6	4.92%
中投	PE	外资	28	4	14.29%
江苏瑞华	VC/PE	中资	81	4	4.94%
深创投	VC	中资	288	4	1.39%
天图创投	VC/PE	中资	44	3	6.82%
高盛	PE	外资	78	2	2.56%
建银国际	PE	中 / 外资	52	2	3.85%
天堂硅谷	VC/PE	中资	77	2	2.60%
德同资本	VC/PE	中 / 外资	72	2	2.78%
中经合	VC	外资	53	2	3.77%

参考文献

[1] Colin Mayer, Koen Schoors, Yishay Yafeh. Sources of funds and investment activities of venture capital funds:evidence from Germany, Israel, Japan and the United Kingdom[J]. Journal of corporate Finance, 2005, 11（3）: 586-608.

[2] Patzelt H., Knyphausen-aufes? D. Z., Fischer H. T. Upper echelons and portfolio strategies of venture capital firms [J]. Journal of Business Venturing, 2009, 24（6）: 558-572.

[3] Gupta A., Sapienza H. Determinants of venture capital firms' preferences regarding the industry diversity and geographic scope of their investments [J]. Journal of Business Venturing, 1992, 7（5）: 347-362.

[4] Norton E., Tenenbaum B. H. Specialization versus diversification as a venture capital investment strategy [J]. Journal of Business Venturing, 1993, 8（5）:431-442.

[5] 陈治，张所地 . 我国风险投资行业及区域分布特征研究 [J]. 商业时代，2009,（36）: 83-84.

第六章

阶段偏好策略

企业的发展一般要经历一个过程，即存在一个生命周期，创业企业亦是如此。在风险投资领域，创业企业的发展周期通常被划分为早期、发展期、扩张期和获利期四个阶段。早期企业是指尚未成立或者刚刚成立的企业，但是已经建立了核心创业团队，创业团队拥有自己的技术、产品和概念。其致力于技术和产品的商业化开发，没有进入正式的销售阶段，融资数额较小，主要用于技术产品的开发和市场开发调查。发展期的企业已经将其较完善的产品和服务推向市场，销售呈现快速的增长态势，没有产生盈利收入，融资数额较种子期大，主要用于产品的进一步完善、建立产品和服务的市场渠道和加强创业团队的建设。扩张期的企业已将其基本定型的产品完全推向市场，首要目标是抢占市场份额，企业融资数额较大，主要用于市场开拓和营销能力的加强。获利期企业的产品和服务已经完全被消费者所接受，市场增长趋势，市场份额已基本圈定，有较稳定的盈利收入，该阶段企业融资主要用于维持企业的市场份额、巩固竞争优势。

毫无疑问，随着企业的不断发展以及产品和市场情况的逐步明朗，其各阶段所蕴含的投资风险也表现出递减的趋势。同时，风险投资机构从不同阶段介入投资时所付出的成本和最终收益也存在着很大差别。例如，处于早期阶段的企业不确定程度高，市场前景并不明朗，因此对早期企业的估值也不会太高，因此早期投资的成本相对较低，相应的，若实现成功退出则早期投资可获得相对较高的收益。但是，与高收益并存的就是高风险，早期投资的风险是最高的。第一是市场风险，早期创业企业很难对其产品的市场需求做出预测，特别是在企业处于新兴市场的情况下，企业本身对市场所知甚少，市场风险更加明显。第二是技术风险，很多早期企业技术不够完善，尤其是早期企业尚不能提供可操作的技术样品，难以规划技术的未来发展。第三是代理风险，早期企业信息不对称程度高，且企业管理者和风险投资家在企业发展战略决策上可能会产生意见分歧。风险、成本、收益的差异决定了投资机构和投资者需要在其中做出权衡，而风险承受能力和期望收益的差异就促成了机构在投资阶段选择上的偏好。

那么，中国的风险投资机构在投资阶段上的选择表现出怎样的偏好？不同类型的机构、不同行业的投资事件在投资阶段上的分布情况又是怎样的？本章将对中国风险投资发展以来各阶段的情况进行梳理和分析。

第一节　阶段选择偏好概述

本节统计了 CVSource 数据库中自 1988 年至 2011 年 9 月 24 日这一段时间中，有记录的所有风险投资事件，共计 7264 起。其中，投资事件数量在 2010 年出现高峰，为 1274 件；2007 年至 2010 年的四年间，中国风险投资进入快速发展阶段，发生的投资事件占总事件数的 59.15%；而 1988 年至 1998 年属于中国风险投资发展的萌芽阶段，这 11 年间投资事件数共 110 起，占总数的 1.51%。表 6.1 的统计显示，目前，中国的风险投资阶段主要集中在发展期和扩张期，两者共占总数的 72.36%。其中投资于发展期的事件数最多，占 39.00%，其次是扩张期，比例为 33.36%。而投资于早期企业的比例相对较少，为 14.98%。

表 6.1　　　　总投资事件的阶段分布

	早期	发展期	扩张期	获利期
事件数	1088	2833	2423	920
百分比	14.98%	39.00%	33.36%	12.67%

注：本次统计了 7264 起投资事件，截止日期为 2011 年 9 月 24 号。

2011 年，美国早期投资案例数比重已经达到 49.4%；而从欧洲早期投资基金募集情况来看，近五年，新募集基金中专门用于投资早期项目的占比大致在 30% 到 40% 之间。与之相比，中国的早期投资比例明显过低，而真正能够促进创新创业企业发展的投资多发生在早期。产生这种差距的原因有很多，例如投资人的眼光、市场创造能力、生态系统等等。相对于欧美早期投资市场早期投资近半的投资比例，中国早期投资还有待进一步发展。

自 1998 年“关于尽快发展我国风险投资事业的提案”提交后，风险投资产业正式受到了社会和政府的关注，一些法律也做了修正以适应风险投资的发展，各项鼓励引导风险投资发展的政策法规陆续出台，投资事件数大幅度增加。1999 年之前的 11 年间共有投资事件数 110 起，占总数 1.51%，每年的事件数较少，阶段偏好代表性较弱。1999 年以来风险投资迅速发展，投资事件数快速增加，是文章纵向分析的研究对象。

表 6.2 统计了 1999 年之后的投资事件，共 7154 起事件数。表中列出了近 13 年来每年的投资事件阶段分布情况。

表 6.2　　1999 ～ 2011 年投资事件阶段分布的纵向对比

年份	早期		发展期		扩张期		获利期	
	事件数	百分比	事件数	百分比	事件数	百分比	事件数	百分比
1999	30	37.50%	27	33.75%	17	21.25%	6	7.50%
2000	65	43.05%	64	42.38%	15	9.93%	7	4.64%
2001	64	38.10%	72	42.86%	20	11.90%	12	7.14%
2002	52	33.55%	73	47.10%	20	12.90%	10	6.45%
2003	63	36.21%	71	40.80%	27	15.52%	13	7.47%
2004	85	30.04%	121	42.76%	59	20.85%	18	6.36%
2005	103	27.99%	140	38.04%	87	23.64%	38	10.33%
2006	129	21.46%	238	39.60%	146	24.29%	88	14.64%
2007	146	13.52%	381	35.28%	385	35.65%	168	15.56%
2008	71	6.97%	392	38.51%	394	38.70%	161	15.82%
2009	85	9.19%	325	35.14%	372	40.22%	143	15.46%
2010	97	7.61%	504	39.56%	536	42.07%	137	10.75%
2011	54	6.16%	390	44.47%	322	36.72%	111	12.66%

注：本次统计了 7154 起投资事件，截止日期为 2011 年 9 月 24 号。

图 6.1 和图 6.2 则更加清晰地显示了 1999 年以来各阶段的投资事件数及所占百分比的纵向对比情况。

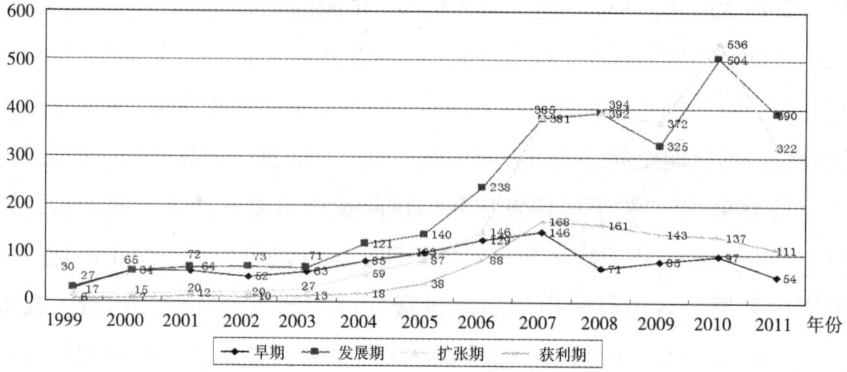

图 6.1　1999 ～ 2011 年投资事件阶段分布的纵向对比（事件数）

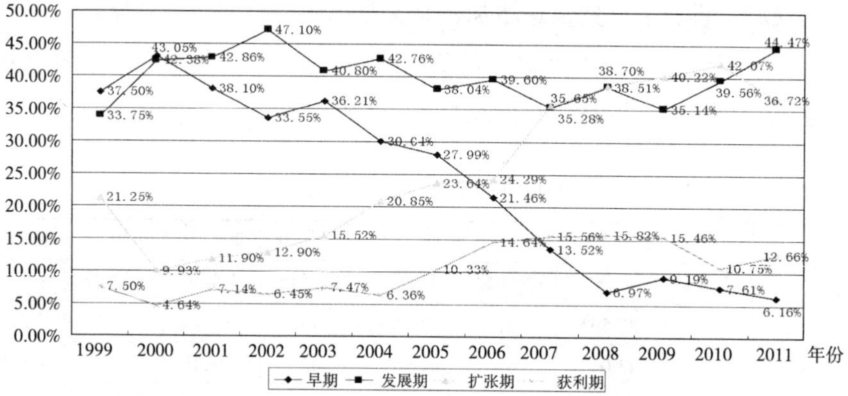

图 6.2　1999 ～ 2011 年投资事件阶段分布的纵向对比（百分比）

由图 6.1 和图 6.2 可以清楚地看出，近十三年来，发展期及扩张期投资事件数相对增长较快，而早期投资一直维持在一个较低的水平。

进一步分析发现，投资早期阶段的百分比呈明显的递减趋势，由 40.00% 左右降到 6.16%。投资于发展期的百分比相对变化不大，比较稳定，在 40% 附近浮动。投资扩张期和获利期的百分比整体呈现上升趋势，其中扩张期上升幅度相对较大。1999 年以来，机构对于投资阶段的偏好不断向后期转移，投资早期的百分比急剧下降，而扩张期的百分比飞速上升。投资获利期的百分比虽然整体有所上升，但相对增长较少。投资发展期的百分比相对稳定，在 35% 至 45% 之间浮动。

2007 年以来，中国的风险投资发展迅速。阶段的选择明显偏重于发展期和扩张期，其中，发展期的事件数最多，其次是扩张期，两者占总数的 70% 以上。投资早期的不到 15%，获利期投资占比最少。

从各阶段投资事件数的纵向对比来看，近十三年来，发展期及扩张期的投资事件数增长较快，而早期和获利期的投资事件数相对增长较慢。2005 年以前，早期与发展期的事件数虽然很低，但是一直高于后期阶段的事件数。2006 年以后，发展期和扩张期的事件数成倍增加，相对早期和获利期来说已是遥遥领先，阶段的选择明显偏重于发展期和扩张期。2009 年，投资扩张期和获利期的事件数明显下降，2010 年回升，2011 年又出现下降趋势，而且波动较为明显。

从百分比的纵向对比可以看出，投资早期阶段的百分比呈明显的递减趋势，投资于发展期的百分比相对变化不大，比较稳定，投资扩张期和获利期的百分比整体呈现上升趋势，其中扩张期上升幅度相对较大。整体来看，1999 年以来，投资偏好由中早期向后期转移，早期与扩张期基本呈现互补的态势，投资早期的百分比急剧下降，而扩张期的百分比飞速上升。

第二节　行业与阶段选择偏好

行业特性的差异决定了机构在投资各行业时的阶段选择存在一定偏好，本节将对这一问题进行研究。该部分的数据是从 CVSource 数据库中导出的截至 2011 年 9 月 24 日的所有投资事件，共 7264 起。从新技术行业与非新技术行业的角度出发，我们对这些投资事件进行筛选整理和统计分析，并根据统计结果分析投资阶段的整体分布及变化情况。我们首先统计分析了两类行业中，投资事件整体的阶段分布情况，再对两类行业的投资阶段偏好纵向变化情况进行进一步的分析。本节有关新技术行业的分类，是根据目前中国产业发展的状况、CVSource 数据库的行业分类、《高新技术企业认定管理办法》、《国家重点支持的高新技术领域》和《高新技术企业认定管理工作指引》进行的划分（具体分类标准参见第五章表 5.2）。

本节从企业所属行业的角度出发，对 CVSource 数据库中截至 2011 年 9 月 24 日所有发生在中国境内的投资事件进行了统计整理。其中，新技术行业的投资事件数为 3695 起，非新技术的投资事件数为 3569 起。由表 6.3 可看出，新技术行业和非新技术行业的投资阶段都主要集中在发展期和扩张期。另外，可以得出，投资新技术行业的事件中，有 66.61% 是投资于中早期。而投资于非新技术行业的事件中，仅有 40.91% 是投资于中早期。可以看出，相对非新技术行业来说，新技术行业的中早期企业更容易受到投资机构的青睐。

表 6.3　新技术与非新技术行业的投资阶段分布

	早期	发展期	扩张期	获利期	总计
新技术行业	761	1700	988	246	3695
非新技术行业	327	1133	1435	674	3569

注：本次统计了 3695 起投资于新技术行业的投资事件，3569 个投资于非新技术行业的投资事件，数据截止日期为 2011 年 9 月 24 号。

表 6.4 统计了 1999 年以来各年度所有投资事件的投资阶段所占比例。为了更加清楚地反映出变化趋势，我们绘制了图 6.3 和图 6.4。

从图 6.3 可以看出，近十三年来，投资新技术行业的事件中，投资早期百分比整体呈下降趋势，由 1999 年的 43% 左右降到 2011 年的 9.49%。扩张期的百分比呈上升趋势，由 10% 左右上升至 35% 左右。发展期和获利期的百分比大小相对稳定，且发展期的百分比在近十二年里一直高于其他阶段，处于最高的状态，获利期的百分比一直最低。整体上来看，1999 年以来早期与扩张期呈现互补的态势，投资早期的百分比急剧下降，而扩张期的百分比飞速上升。

从图 6.4 可以看出，投资非新技术行业的事件中，投资阶段百分比呈发散状，1999 年，各阶段的分布相对均匀，都在 25% 左右，随着时间的推移，百分比曲线呈发散状，早期百分比曲线从 2000 年以来呈明显的下降趋势，由 37.84% 降到 3.22%，扩张期的百分比呈现曲折上升趋势。发展期和获利期的百分比曲线此起彼伏呈波浪式运动。整体来看，每条曲线的波动性

表 6.4　　1999 ～ 2011 年新技术与非新技术行业的投资阶段分布

年份	新技术行业				非新技术行业			
	早期	发展期	扩张期	获利期	早期	发展期	扩张期	获利期
1999	42.59%	37.04%	18.52%	1.85%	26.92%	26.92%	26.92%	19.23%
2000	44.74%	45.61%	8.77%	0.88%	37.84%	32.43%	13.51%	16.22%
2001	39.80%	43.88%	11.22%	5.10%	35.71%	41.43%	12.86%	10.00%
2002	34.02%	53.61%	8.25%	4.12%	32.76%	36.21%	20.69%	10.34%
2003	37.62%	38.61%	16.83%	6.93%	34.25%	43.84%	13.70%	8.22%
2004	37.20%	43.29%	17.07%	2.44%	20.17%	42.02%	26.05%	11.76%
2005	36.73%	40.27%	18.14%	4.87%	14.08%	34.51%	32.39%	19.01%
2006	28.61%	44.48%	20.96%	5.95%	11.29%	32.66%	29.03%	27.02%
2007	21.59%	43.36%	26.94%	8.12%	5.39%	27.14%	44.42%	23.05%
2008	9.62%	47.65%	34.62%	8.12%	4.73%	30.73%	42.18%	22.36%
2009	11.79%	48.11%	30.90%	9.20%	6.99%	24.15%	48.10%	20.76%
2010	10.39%	46.57%	36.68%	6.37%	5.17%	33.38%	46.82%	14.62%
2011	9.49%	53.04%	30.17%	7.30%	3.22%	36.91%	42.49%	17.38%

注：本次统计了 7154 起投资事件，其中，投资新技术行业的事件数为 3649 个，投资非新技术行业的事件数为 3505 个，截止日期为 2011 年 9 月 24 号。

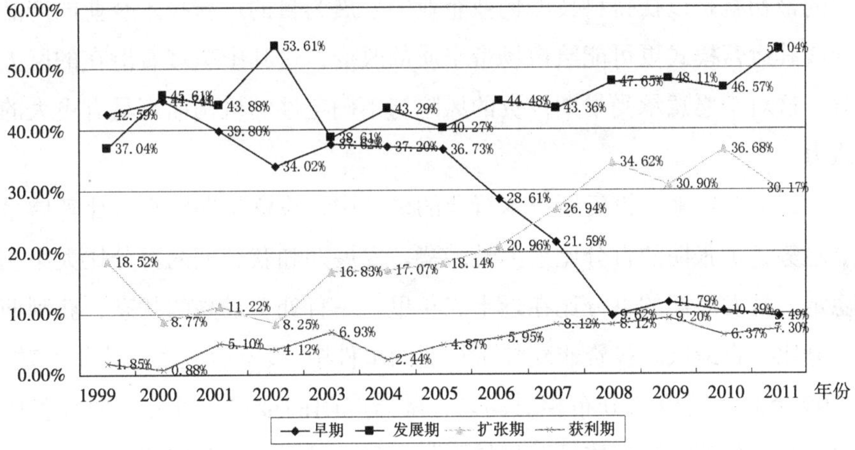

图 6.3　1999 ～ 2011 年新技术行业投资阶段的纵向对比（百分比）

都很大。

统计数据显示，新技术行业和非新技术行业的投资阶段都主要集中在发展期和扩张期。另外，在投资新技术行业的事件中，有三分之二是投资

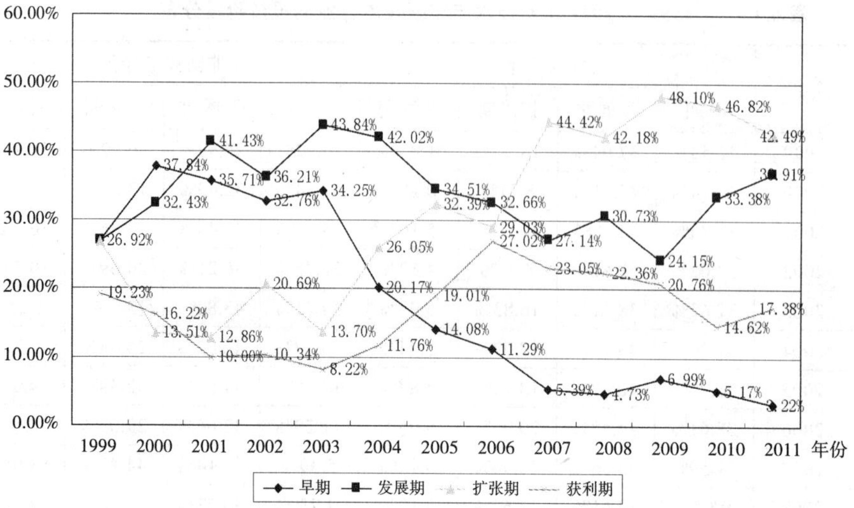

图 6.4　1999 ～ 2011 年非新技术行业投资阶段的纵向对比（百分比）

于中早期。而投资于非新技术行业的事件中，仅有五分之二是投资于中早期。可以看出，相对非新技术行业来说，新技术行业的中早期企业更容易受到投资机构的青睐。这与风险投资的本质特征是相吻合的，风险投资诞生的最初就是以扶持科技型创业企业的发展为目的。新技术企业的产品本身或其运营模式更可能给市场带来质的改变，这其中蕴藏着潜在的巨大收益，这对于愿意承受早期投资的风险与不确定性的机构而言具有更大的诱惑力。

近十三年来，投资新技术行业的事件中，投资早期的百分比整体呈下降趋势，扩张期的百分比呈上升趋势。发展期和获利期的百分比大小相对稳定，且发展期的百分比在近十二年里，一直处于最高的状态，获利期的百分比一直最低。投资非新技术行业的事件中，投资阶段百分比呈发散状，1999 年时各阶段的分布相对均匀，随着时间的推移，百分比曲线整体呈发散状。早期曲线整体呈明显的下降趋势，发展期和获利期的百分比曲线此起彼伏呈波浪式前进，扩张期的百分比呈现整体上升趋势。总体而言，无论是技术行业还是非技术行业，1999 年以来，投资偏好由中早期向后期转移，早期与扩张期基本呈现互补的态势，投资早期的百分比急剧下降，而扩张期的百分比飞速上升。投资机构与早期投资渐行渐远，还在坚守早期投资的机构已为数不多。如何能够建立像美国硅谷一样发达的早期投资生态体系是目前亟待解决的问题。

第三节　资本来源与阶段选择偏好

一、中外资机构的投资阶段分布及其变化

本节研究的有效投资事件数共9560个，其中，中资机构的投资事件数为3853起，外资机构的投资事件数为3475起，中外合资机构的投资事件数为2232起。由表6.5、表6.6和图6.5、图6.6可得出，中资、外资和中外合资的投资阶段都主要集中在发展期和扩张期。另外，中资机构投资于中早期的百分比为50.58%，外资机构投资于中早期的百分比为47.33%，中外合资机构投资于中早期的百分比为52.60%。整体上看，合资机构在各个阶段的投资事件数都比中资和外资的少很多，外资机构的事件数除了获利期比中资高一些外，在其他各阶段都是比中资相对少一些。

表6.5　　中外资机构的投资阶段分布

		早期	发展期	扩张期	获利期	总计
中资	事件数	430	1519	1398	506	3853
	百分比	11.16%	39.42%	36.28%	13.13%	100.00%
外资	事件数	389	1256	1274	556	3475
	百分比	11.19%	36.14%	36.66%	16.00%	100.00%
合资	事件数	321	853	851	207	2232
	百分比	14.38%	38.22%	38.13%	9.27%	100.00%

注：本次统计了9560起投资事件，截止日期为2011年9月24号。

表6.6统计了各年度投资于早期阶段的中外机构的变化趋势。为了更加直观清晰，我们绘制了图6.5和图6.6。

表 6.6　　中外资机构投资早期阶段的纵向对比

年份	中资		外资		合资	
	事件数	百分比	事件数	百分比	事件数	百分比
1999	10	45.45%	14	26.42%	11	42.31%
2000	31	31.31%	21	38.18%	23	51.11%
2001	49	41.53%	12	23.08%	10	29.41%
2002	35	35.35%	22	37.29%	13	38.24%
2003	38	36.89%	14	17.95%	18	46.15%
2004	27	28.42%	33	17.10%	35	35.35%
2005	21	21.88%	61	24.60%	43	28.48%
2006	30	18.18%	71	14.31%	50	21.93%
2007	27	6.19%	72	10.89%	58	16.81%
2008	31	6.33%	13	2.39%	16	4.88%
2009	50	8.08%	14	4.53%	10	4.33%
2010	46	5.60%	14	3.68%	16	3.95%
2011	19	2.84%	11	4.06%	7	2.89%

注：本次统计了 1096 起投资事件，截止日期为 2011 年 9 月 24 号。

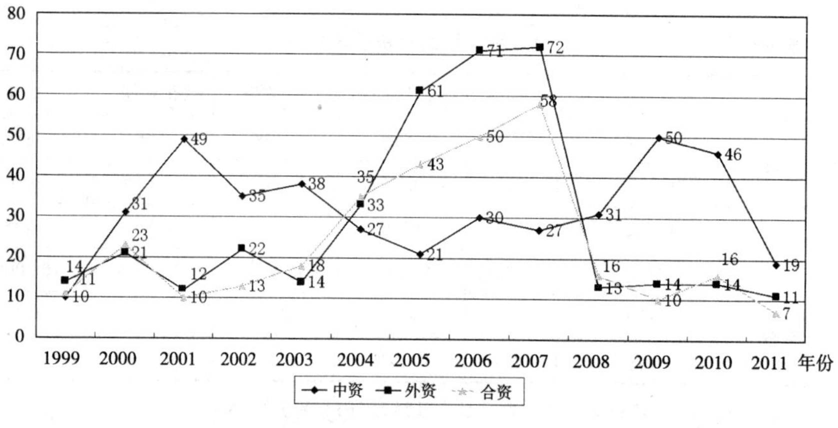

图 6.5　中外资机构投资早期阶段的纵向对比（事件数）

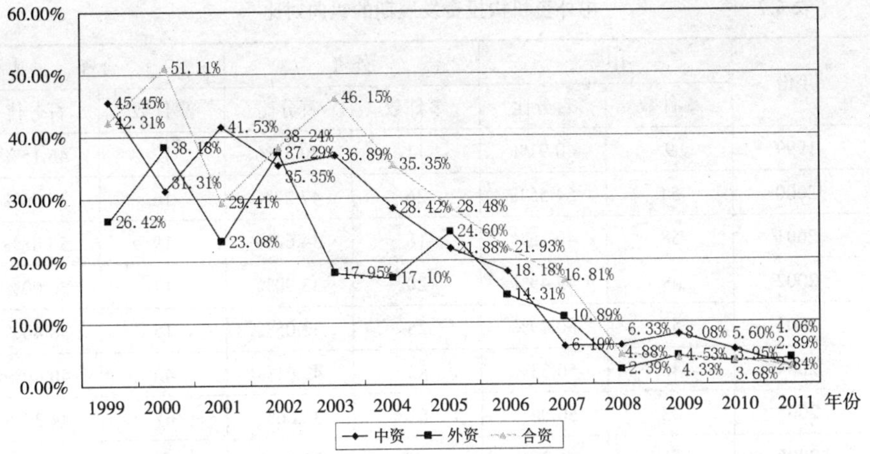

图 6.6　中外资机构投资早期阶段的纵向对比（百分比）

从早期阶段投资事件数来看，中资机构在 1999 年至 2001 年投资事件数剧增，2001 年至 2005 年数据呈波浪式下降趋势，2005 年至 2009 年事件数增加，2009 年以后开始下降。外资和中外合资的投资事件数在 2004 年至 2007 年投资事件数飞速增加，2008 年又急剧下降，2008 年以后趋于平缓。

需要注意的是，图 6.6 显示：无论中资、外资还是合资机构，投资于早期阶段的事件数占该类型机构的总投资事件数的百分比，从 1999 年至 2011 年整体都呈下降趋势，而且，随着风险投资的发展，三类机构投资早期阶段的百分比越来越接近。

表 6.7 统计各年度投资于发展期阶段的中外机构的变化趋势。图 6.7 和图 6.8 给出了变化趋势的直观图示。

从发展期投资事件数看，中资、外资和合资机构在 1999 年至 2006 年整体呈现曲折上升趋势，2007 年至 2009 年呈下降趋势，2009 年之后又有所上升。1999 年至 2003 年间中资机构投资发展期的事件数最多，2004 年至 2007 年，外资机构和合资机构在该阶段的投资事件快速增加，这四年间外资机构的事件数超过中资机构。中资机构于 2007 年开始加大对该阶段的投资，在 2009 年终于再次夺回自己的霸主地位。图 6.8 显示，无论中资、

表 6.7　　中外资机构投资发展期的纵向对比

年份	中资		外资		合资	
	事件数	百分比	事件数	百分比	事件数	百分比
1999	9	40.91%	11	20.75%	12	46.15%
2000	54	54.55%	26	47.27%	16	35.56%
2001	58	49.15%	18	34.62%	19	55.88%
2002	49	49.49%	20	33.90%	17	50.00%
2003	52	50.49%	25	32.05%	15	38.46%
2004	48	50.53%	83	43.01%	40	40.40%
2005	48	50.00%	81	32.66%	67	44.37%
2006	61	36.97%	196	39.52%	107	46.93%
2007	164	37.61%	215	32.53%	127	36.81%
2008	187	38.16%	192	35.29%	100	30.49%
2009	196	31.66%	115	37.22%	77	33.33%
2010	325	39.54%	131	34.47%	142	35.06%
2011	265	39.67%	110	40.59%	106	43.80%

注：本次统计了 3584 起投资事件，截止日期为 2011 年 9 月 24 号。

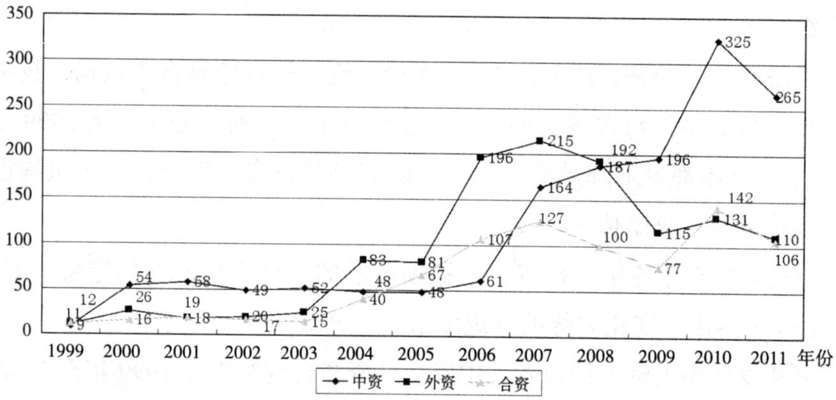

图 6.7　中资 / 外资 / 合资机构投资发展期的纵向对比（事件数）

外资还是合资机构，投资于发展期的事件数占该类型机构总投资事件数的百分比，从 1999 年以来都相对稳定，主要在 32%~45% 之间浮动，而且，随着时间的推移，三类机构投资发展期阶段的百分比越来越接近。

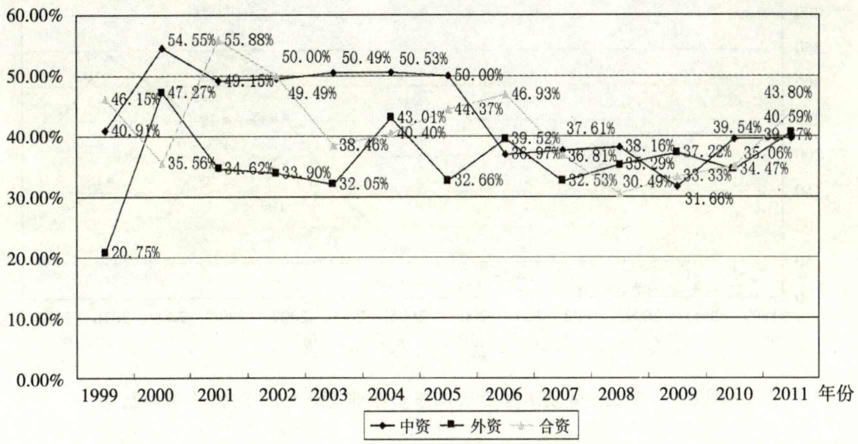

图 6.8 中资 / 外资 / 合资机构投资发展期的纵向对比（百分比）

表 6.8 给出了各年度投资于扩张期阶段的中外机构的纵向对比数据。图 6.9 和图 6.10 则更加清晰地反映出变化趋势。

表 6.8　　　　中外资机构投资扩张期的纵向对比

年份	中资		外资		合资	
	事件数	百分比	事件数	百分比	事件数	百分比
1999	2	9.09%	21	39.62%	3	11.54%
2000	11	11.11%	3	5.45%	5	11.11%
2001	6	5.08%	15	28.85%	4	11.76%
2002	11	11.11%	12	20.34%	4	11.76%
2003	8	7.77%	29	37.18%	4	10.26%
2004	15	15.79%	63	32.64%	20	20.20%
2005	22	22.92%	67	27.02%	35	23.18%
2006	51	30.91%	141	28.43%	58	25.44%
2007	190	43.58%	255	38.58%	125	36.23%
2008	215	43.88%	250	45.96%	160	48.78%
2009	286	46.20%	122	39.48%	106	45.89%
2010	342	41.61%	167	43.95%	212	52.35%
2011	237	35.48%	109	40.22%	112	46.28%

注：本次统计了 3498 起投资事件，截止日期为 2011 年 9 月 24 号。

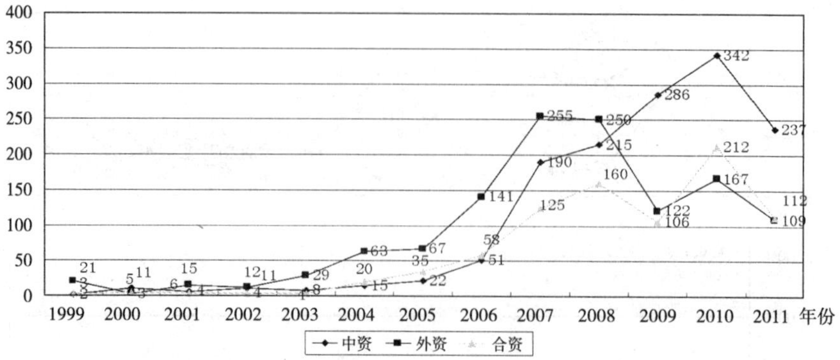

图 6.9 中资 / 外资 / 合资机构投资扩张期的纵向对比（事件数）

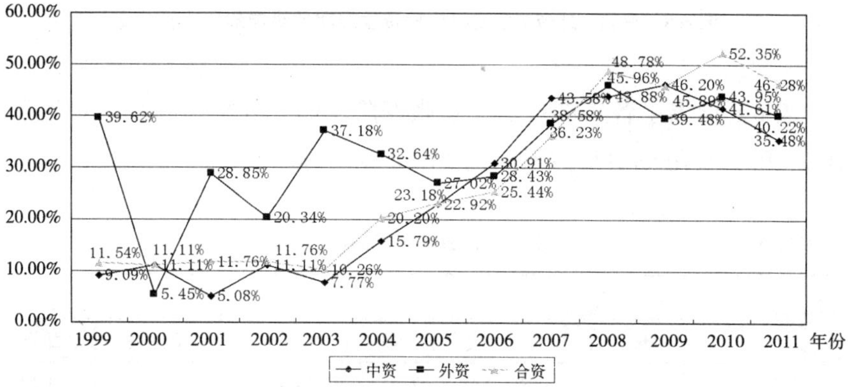

图 6.10 中资 / 外资 / 合资机构投资扩张期的纵向对比（百分比）

从扩张期的投资事件数看，中资机构在 1999 年至 2010 年整体呈现曲折上升趋势，2010 年至 2011 年呈下降趋势，而外资和合资机构在 1999 年至 2008 年呈上升趋势，2008 年至 2009 年出现下降趋势，2009 年至 2010 上升，之后又出现开始下降。图 6.10 显示，无论中资、外资还是合资机构，投资于扩张期阶段的事件数占该类型机构的总投资事件数的百分比，从 1999 年至 2011 年整体呈现上升趋势。2004 年以前外资机构投资该阶段的百分比整体相对较高，且波动性很大，随着风险投资的发展，三类机构投资扩张期阶段的百分比越来越接近。

表 6.9 给出各年度投资于获利期阶段的中外机构的变化趋势。图 6.11 和图 6.12 清晰直观地反映了变化趋势。

表 6.9　　中资 / 外资 / 合资机构投资获利期的纵向对比

年份	中资		外资		合资	
	事件数	百分比	事件数	百分比	事件数	百分比
1999 年	1	4.55%	7	13.21%	0	0.00%
2000 年	3	3.03%	5	9.09%	1	2.22%
2001 年	5	4.24%	7	13.46%	1	2.94%
2002 年	4	4.04%	5	8.47%	0	0.00%
2003 年	5	4.85%	10	12.82%	2	5.13%
2004 年	5	5.26%	14	7.25%	4	4.04%
2005 年	5	5.21%	39	15.73%	6	3.97%
2006 年	23	13.94%	88	17.74%	13	5.70%
2007 年	55	12.61%	119	18.00%	35	10.14%
2008 年	57	11.63%	89	16.36%	52	15.85%
2009 年	87	14.05%	58	18.77%	38	16.45%
2010 年	109	13.26%	68	17.89%	35	8.64%
2011 年	147	22.01%	41	15.13%	17	7.02%

注：本次统计了 1260 起投资事件，截止日期为 2011 年 9 月 24 号。

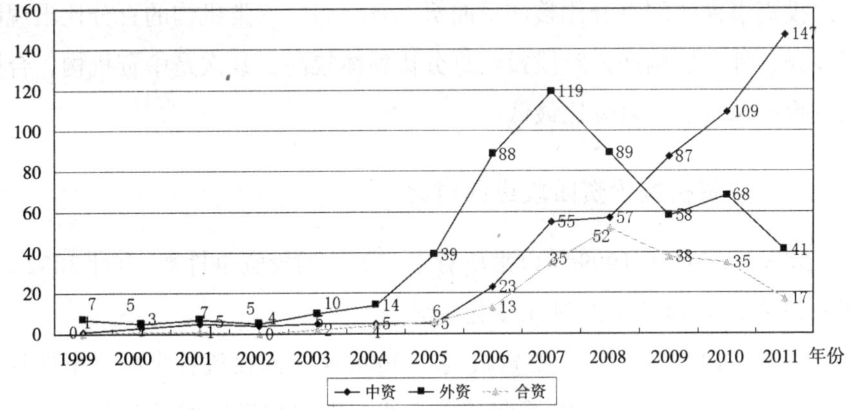

图 6.11　中资 / 外资 / 合资机构投资获利期的纵向对比（事件数）

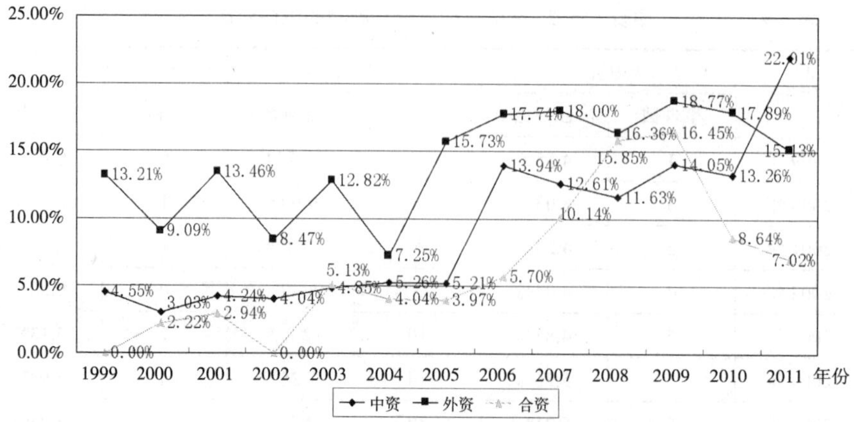

图 6.12　中资 / 外资 / 合资机构投资获利期的纵向对比（百分比）

从图 6.11 看出，中资机构在 2003 年至 2011 年投资事件数逐年增加，外资机构在 2007 年前呈上升趋势，之后开始下降，合资机构在 2008 年前呈上升趋势，之后也开始下降。1999 年至 2008 年间外资机构投资获利期阶段的事件数一直最多,2009 年以后中资机构超越外资机构。图 6.12 显示，无论中资、外资还是合资机构，投资于获利期阶段的事件数占该类型机构的总投资事件数的百分比整体呈曲折上升趋势。三类机构的百分比出现明显差异，外资机构在该阶段投资百分比整体较高，其次是中资机构，合资机构投资该阶段的百分比最低。

二、中资机构投资阶段纵向对比

表 6.10 统计了 1999 年以来所有中资机构的投资事件数,合计 3832 起。图 6.13 和图 6.14 直观反映出变化趋势。

从图 6.13 可以看出，中资机构在 2006 年以前投资各个阶段事件数较少，2007 年开始投资在发展期和扩张期的事件数迅速增长，获利期的事件数相对增长速度较慢，而投资早期的事件数一直很低。2011 年投资发展期、扩张期和早期的事件数有所下降。图 6.14 则反映出投资早期和发展期的百分比整体呈下降趋势，其中，早期递减幅度很大，由 1999 年的 45.45% 降到 2011 年的 2.84%。扩张期和获利期的百分比呈上升趋势，扩

表 6.10　　　　1999 ～ 2011 年中资机构投资阶段的纵向对比

年份	早期		发展期		扩张期		获利期	
	事件数	百分比	事件数	百分比	事件数	百分比	事件数	百分比
1999	10	45.45%	9	40.91%	2	9.09%	1	4.55%
2000	31	31.31%	54	54.55%	11	11.11%	3	3.03%
2001	49	41.53%	58	49.15%	6	5.08%	5	4.24%
2002	35	35.35%	49	49.49%	11	11.11%	4	4.04%
2003	38	36.89%	52	50.49%	8	7.77%	5	4.85%
2004	27	28.42%	48	50.53%	15	15.79%	5	5.26%
2005	21	21.88%	48	50.00%	22	22.92%	5	5.21%
2006	30	18.18%	61	36.97%	51	30.91%	23	13.94%
2007	27	6.19%	164	37.61%	190	43.58%	55	12.61%
2008	31	6.33%	187	38.16%	215	43.88%	57	11.63%
2009	50	8.08%	196	31.66%	286	46.20%	87	14.05%
2010	46	5.60%	325	39.54%	342	41.61%	109	13.26%
2011	19	2.84%	265	39.67%	237	35.48%	147	22.01%

注：本次统计了 3832 起投资事件，截止日期为 2011 年 9 月 24 号。

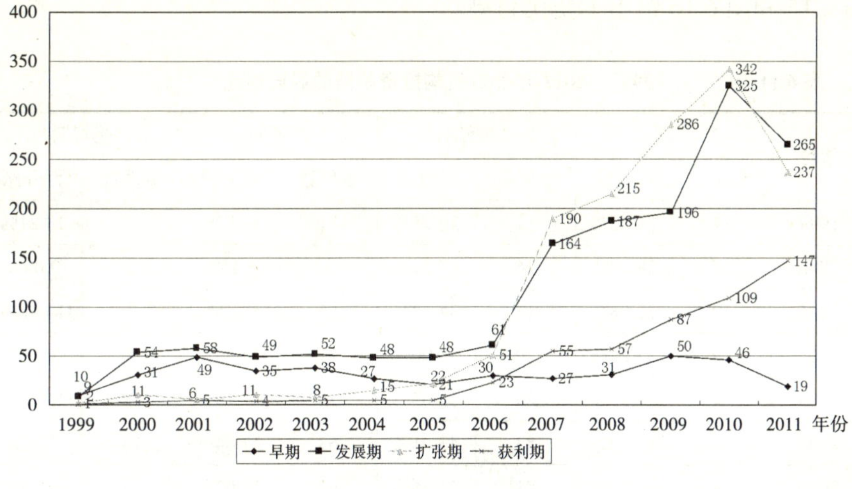

图 6.13　1999 ～ 2011 年中资机构投资阶段的纵向对比（事件数）

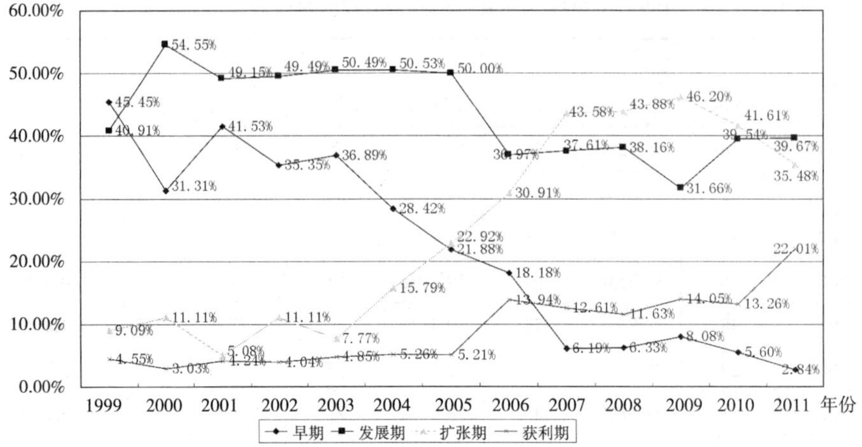

图 6.14　1999～2011 年中资机构投资各阶段的纵向对比（百分比）

张期上升幅度较大，由 10% 左右上升至 40% 左右，获利期上升的较稳，由 4% 左右上升至 22.01%。

三、外资机构投资阶段纵向对比

表 6.11 统计了 1999 年以来所有中资机构的投资事件，共 3399 起。图 6.15 和图 6.16 给出了变化趋势。

表 6.11　　1999～2011 年外资机构投资阶段的纵向对比

年份	早期		发展期		扩张期		获利期	
	事件数	百分比	事件数	百分比	事件数	百分比	事件数	百分比
1999	14	26.42%	11	20.75%	21	39.62%	7	13.21%
200	21	38.18%	26	47.27%	3	5.45%	5	9.09%
2001	12	23.08%	18	34.62%	15	28.85%	7	13.46%
2002	22	37.29%	20	33.90%	12	20.34%	5	8.47%
2003	14	17.95%	25	32.05%	29	37.18%	10	12.82%
2004	33	17.10%	83	43.01%	63	32.64%	14	7.25%
2005	61	24.60%	81	32.66%	67	27.02%	39	15.73%
2006	71	14.31%	196	39.52%	141	28.43%	88	17.74%
2007	72	10.89%	215	32.53%	255	38.58%	119	18.00%

续表 6.11

年份	早期		发展期		扩张期		获利期	
	事件数	百分比	事件数	百分比	事件数	百分比	事件数	百分比
2008	13	2.39%	192	35.29%	250	45.96%	89	16.36%
2009	14	4.53%	115	37.22%	122	39.48%	58	18.77%
2010	14	3.68%	131	34.47%	167	43.95%	68	17.89%
2011	11	4.06%	110	40.59%	109	40.22%	41	15.13%

注：本次统计了 3399 起投资事件，截止日期为 2011 年 9 月 24 号。

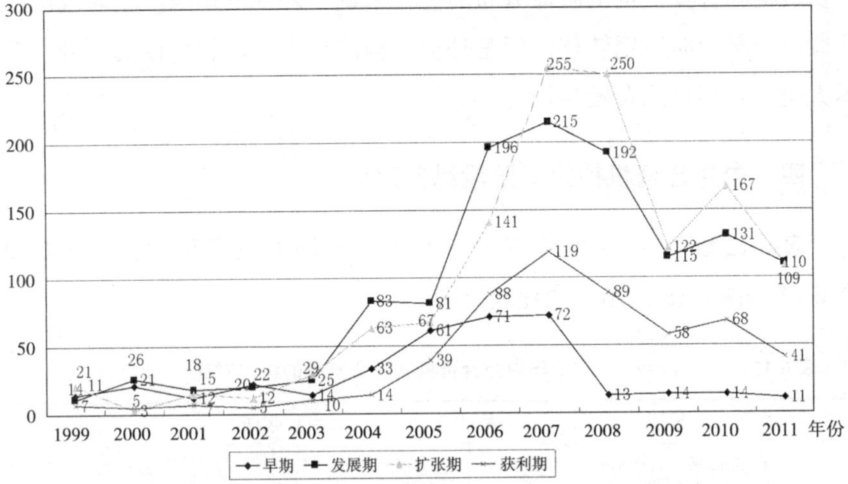

图 6.15 1999 ～ 2011 年外资机构投资阶段的纵向对比（事件数）

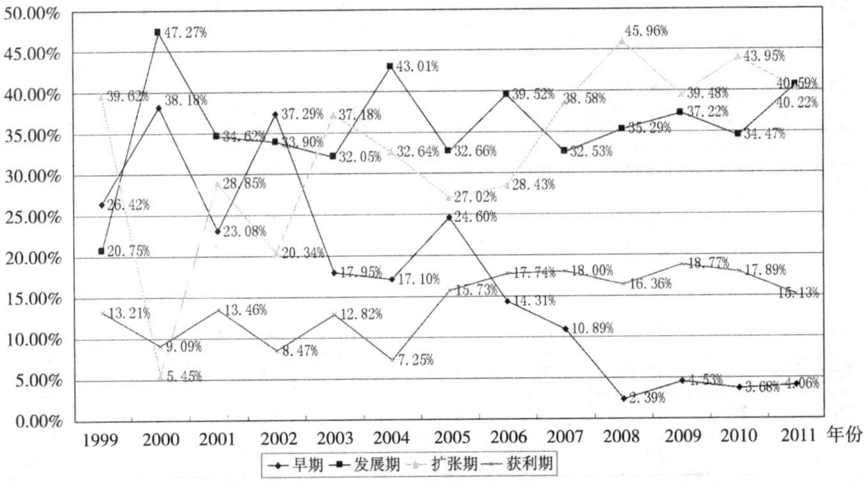

图 6.16 1999 ～ 2011 年外资机构投资各阶段的纵向对比（百分比）

图6.15说明，外资机构在2003年以前投资各个阶段事件数较少，2004年开始投资在各个阶段的事件数迅速增长，其中发展期和扩张期增长速度较快，早期和获利期的事件数增长速度较慢。2007年各个阶段的事件数都达到了最高值，之后开始下降，到2010年又普遍出现回升的现象，2011年再次下降。图6.16说明，近十三年来，投资早期的百分比整体呈现下降趋势，由30%左右降到5%以下，扩张期整体呈曲折上升趋势，发展期在37%左右上下波动，获利期整体呈现缓慢的增长趋势。相对于中资机构和合资机构的阶段分布的变化来说，外资机构虽然也表现出投资阶段由中早期向后期转移，但是外资机构的在中早期和后期的百分比差别不太明显，相对分布较为均匀。

四、中外合资机构投资阶段纵向对比

表6.12统计了1999年以来所有中资机构的投资事件，共2207起。图6.17和图6.18给出了变化趋势图。

表6.12　　1999～2011年中外合资机构投资阶段的纵向对比

年份	早期		发展期		扩张期		获利期	
	事件数	百分比	事件数	百分比	事件数	百分比	事件数	百分比
1999	11	42.31%	12	46.15%	3	11.54%	0	0.00%
2000	23	51.11%	16	35.56%	5	11.11%	1	2.22%
2001	10	29.41%	19	55.88%	4	11.76%	1	2.94%
2002	13	38.24%	17	50.00%	4	11.76%	0	0.00%
2003	18	46.15%	15	38.46%	4	10.26%	2	5.13%
2004	35	35.35%	40	40.40%	20	20.20%	4	4.04%
2005	43	28.48%	67	44.37%	35	23.18%	6	3.97%
2006	50	21.93%	107	46.93%	58	25.44%	13	5.70%
2007	58	16.81%	127	36.81%	125	36.23%	35	10.14%
2008	16	4.88%	100	30.49%	160	48.78%	52	15.85%
2009	10	4.33%	77	33.33%	106	45.89%	38	16.45%
2010	16	3.95%	142	35.06%	212	52.35%	35	8.64%
2011	7	2.89%	106	43.80%	112	46.28%	17	7.02%

注：本次统计了2207起投资事件，截止日期为2011年9月24号。

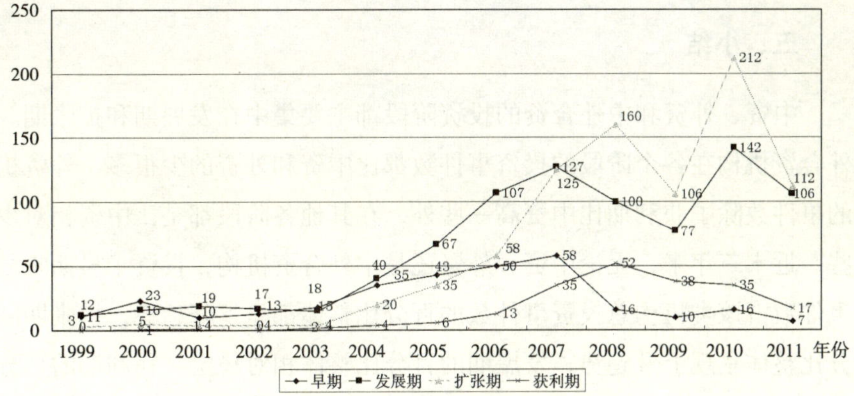

图 6.17　1999 ～ 2011 年中外合资机构投资阶段的纵向对比（事件数）

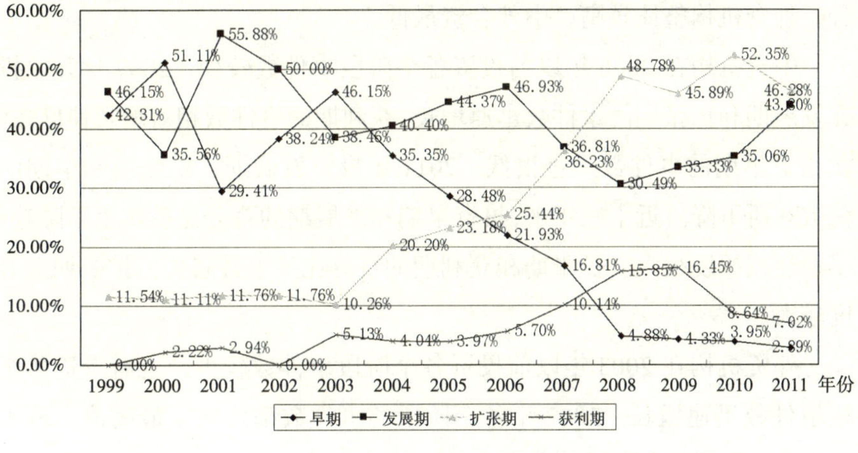

图 6.18　1999 ～ 2011 年中外合资机构投资各阶段的纵向对比（百分比）

从图 6.17 可以看出，合资机构 2004 年开始，投资在各个阶段的事件数开始增加，其中，投资于发展期和扩张期的事件数增长较快，投资早期和获利期的事件数较稳定，其中，投资发展期的数量在 2007 年有所减少，到 2009 年时又回升，而在 2010 年又再次下降。图 6.18 说明，近十三年来，合资机构投资早期和发展期的百分比整体呈下降趋势，其中，早期递减幅度很大，由 1999 年的 45% 左右降到 2011 年的 2.89%。投资于扩张期的百分比呈上升趋势，由 11% 左右上升至 50% 左右，获利期百分比相对较稳。

五、小结

中资、外资和中外合资的投资阶段都主要集中在发展期和扩张期。中外合资机构在各个阶段的投资事件数都比中资和外资的少很多，外资机构的事件数除了获利期比中资高一些外，在其他各阶段都是比中资相对少一些。近十三年来，无论中资、外资还是中外合资机构，投资于早期阶段的事件数占该类机构总投资事件数的百分比整体都呈下降趋势，扩张期的百分比整体呈现上升趋势，发展期的百分比整体相对稳定，获利期的百分比整体呈曲折上升趋势。三类机构在早期、发展期和扩张期的投资百分比，随着时间的推移越来越接近。但是获利期的百分比出现较为明显的高低之分，外资机构整体较高，中外合资最低。

中资机构在 2006 年以前投资各个阶段事件数较少，2007 年开始投资在发展期和扩张期的事件数迅速增长,获利期的事件数相对增长速度较慢，而投资早期的事件数一直很低。2011 年投资发展期、扩张期和早期的事件数有所下降。近十三年来,投资早期和发展期的百分比整体呈下降趋势，早期递减幅度很大。扩张期和获利期的百分比呈上升趋势，扩张期上升幅度较大。

外资机构在 2003 年以前投资各个阶段事件数较少，之后投资各个阶段事件数迅速增长。2007 年各个阶段的事件数都达到了最高值。近十三年来，外资机构每年投资于各阶段的百分比波动比较大，投资早期的百分比整体呈现下降趋势，扩张期整体呈曲折上升趋势，获利期整体呈现缓慢的增长趋势，发展期相对稳定。

中外合资机构在 2004 年开始，投资在各个阶段的事件数开始增加，其中，投资于发展期和扩张期的事件数增长较快，投资早期和获利期的事件数较稳定，其中，投资发展期的数量在 2007 年有所减少，到 2009 年事又回升，而在 2010 又再次下跌。近十三年来，投资早期和发展期的百分比整体呈下降趋势，其中，早期递减幅度很大，扩张期的百分比呈上升趋势，获利期百分比相对较稳。

事实上，外资机构在中国早期创业企业投资中扮演者重要的角色，从

2003年到2007年的阶段性数据中可以看到，外资机构和中外合资机构对于早期企业的投资明显多于中资机构。一个重要的原因是，外资基金的有限合伙人心态比较成熟，能够忍受8～12年的回报周期，而国内投资者大多只能接受4～6年的回报周期。有趣的是，情况在近几年发生了逆转，中资机构的早期投资事件数出现了反超，这也许从某种程度上意味着本土机构在十余年的历练中羽翼渐丰，开始成熟，但同时也反映出本土环境对于外资机构的同化。然而不可否认的现状是，不论是何种资本来源的机构，早期投资的整体比例是在快速下滑的。

第四节　VC机构的阶段选择偏好

本节从投资机构的角度出发，研究机构的资本类型对投资阶段选择偏好的影响，研究数据是从经拆分后的9560起投资事件中筛选出资本类型为VC和VC/PE的机构，共7419起投资事件。

表6.13是7419起投资事件的分布情况。可以看出VC的阶段选择主要偏好于发展期和扩张期，所占比例分别为43.52%和33.25%，两者占总数的76.77%。投资中早期（早期和发展期）的比例约为57.75%，投资后期（扩张期和获利期）的比例约为42.24%。

表6.13　　VC机构投资事件的投资阶段分布

	早期	发展期	扩张期	获利期	总计
事件数	1056	3229	2467	667	7419
百分比	14.23%	43.52%	33.25%	8.99%	100.00%

表6.14对1999年以来资本类型为VC或VC/PE的投资机构的投资阶段做了统计。图6.19和图6.20分别从投资事件数和各阶段的百分比出发，对VC机构的阶段选择进行了纵向对比分析。

图6.19显示，近十三年来，VC机构投资于发展期及扩张期的事件数整体呈现快速增长趋势，而投资于早期和获利期的数量相对稳定。自

2003年以来，VC机构的投资事件总数开始快速上升，各阶段的呈现不同幅度的上升趋势，而2008年、2009两年，投资各个阶段的事件数都呈现出减少的态势。事件数在2010年又开始回升，之后又下降，且波动幅度较大。除了2008年及2009年投资发展期的事件数稍微比扩张期少一些外，其他年份中投资发展期的事件数都是最高的。投资于早期的事件数，在2005年以前都是介于发展期和扩张期之间，位居第二。2006年开始，投资早期的事件数被扩张期超过，2008年投资早期的事件数出现大幅下降，低于获利期成为投资事件数最少的阶段。

图6.20则显示，VC机构的投资偏好由中早期向后期转移，早期与扩张期基本呈现互补的态势，投资早期的百分比急剧下降，而扩张期的百分比飞速下降。投资获利期的百分比虽然整体有所上升，但增长相对平稳些，由2.38%上升到12.20%。投资发展期的百分比相对稳定，在40%～50%之间浮动。

表6.14　　1999～2011年VC机构投资阶段分布的纵向对比

年份	早期		发展期		扩张期		获利期	
	事件数	百分比	事件数	百分比	事件数	百分比	事件数	百分比
1999年	32	38.10%	31	36.90%	19	22.62%	2	2.38%
2000年	65	36.72%	87	49.15%	18	10.17%	7	3.95%
2001年	66	37.08%	85	47.75%	20	11.24%	7	3.93%
2002年	64	38.32%	82	49.10%	17	10.18%	4	2.40%
2003年	66	34.92%	76	40.21%	35	18.52%	12	6.35%
2004年	90	26.87%	152	45.37%	78	23.28%	15	4.48%
2005年	123	29.50%	187	44.84%	87	20.86%	20	4.80%
2006年	148	20.27%	328	44.93%	185	25.34%	69	9.45%
2007年	154	13.64%	453	40.12%	410	36.32%	112	9.92%
2008年	54	5.05%	424	39.63%	487	45.51%	105	9.81%
2009年	70	8.21%	338	39.62%	361	42.32%	84	9.85%
2010年	58	5.08%	517	45.31%	447	39.18%	119	10.43%
2011年	30	3.48%	433	50.29%	293	34.03%	105	12.20%

注：本次统计了7331起投资事件，截止日期为2011年9月24号。

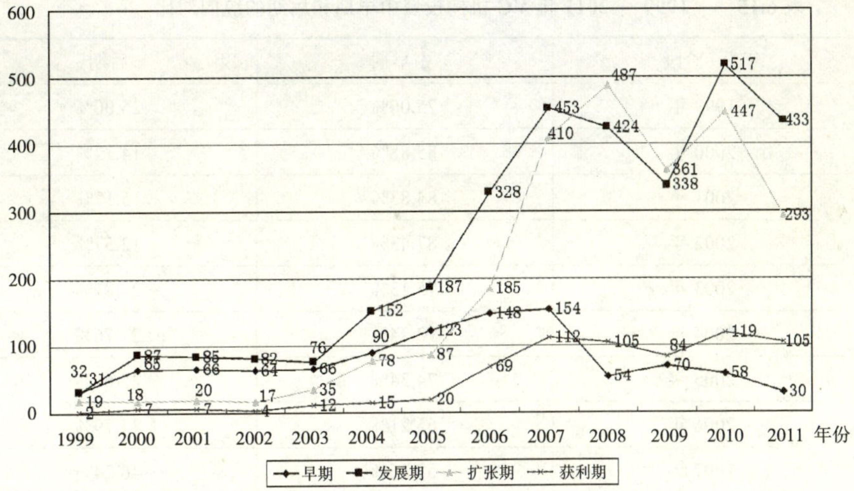

图 6.19　1999 ～ 2011 年 VC 机构投资阶段分布的纵向对比（事件数）

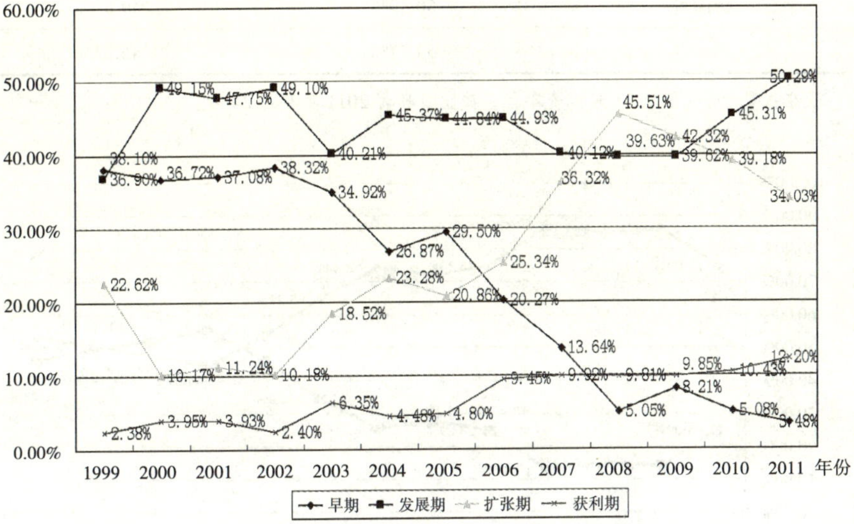

图 6.20　1999 ～ 2011 年 VC 机构投资阶段分布的纵向对比（百分比）

表 6.15 统计了 1999 年以来各年度 VC 机构的投资于中早期和后期的对比情况。图 6.21 直观给出了二者的变化趋势。

表 6.15　　1999 ～ 2011 年 VC 机构投资中早期和后期的纵向对比

年份 / 阶段	中早期	后期
1999 年	75.00%	25.00%
2000 年	85.88%	14.12%
2001 年	84.83%	15.17%
2002 年	87.43%	12.57%
2003 年	75.13%	24.87%
2004 年	72.24%	27.76%
2005 年	74.34%	25.66%
2006 年	65.21%	34.79%
2007 年	53.76%	46.24%
2008 年	44.67%	55.33%
2009 年	47.83%	52.17%
2010 年	50.39%	49.61%
2011 年	53.77%	46.23%

注：本次统计了 7331 起投资事件，截止日期为 2011 年 9 月 24 号。

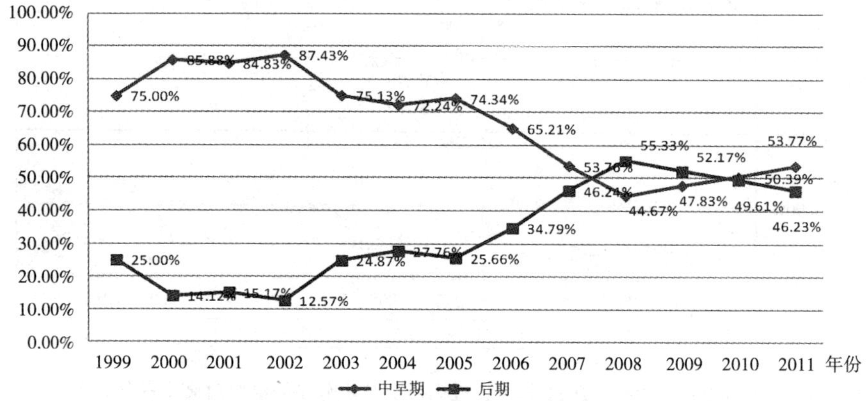

图 6.21　1999 ～ 2011 年 VC 机构投资中早期和后期的纵向对比

从图 6.21 可以看出，近 13 年来，投资中早期的比例呈现下降趋势，投资后期的比例呈现上升趋势，数据暗示，1999 年以来，VC 机构的投资阶段由中早期向后期转移，即 VC 投资 PE 化。

四、小结

通过对 VC 机构投资事件的统计分析得出，VC 机构投资阶段的选择主要偏好于发展期和扩张期，两者约占总数的五分之四。

近十三年来，投资于发展期及扩张期的事件数整体呈现较快增长趋势，而投资于早期和获利期的数量相对稳定，而发展期和获利期的数量在 2008 年有所下降，2009 年快速回升，2010 年又再次下跌，波动较为剧烈。投资早期阶段的百分比整体呈明显的递减趋势。发展期的百分比相对变化不大，比较稳定。投资扩张期的百分比整体呈现上升趋势，投资获利期的百分比有稍微的上升趋势。投资中早期的比例整体呈现波浪形的下降趋势，1999 ～ 2002 年大致呈现上升趋势，在 2002 年比例最高，2003 ～ 2008 年呈下降趋势，在 2008 年比例最低，2009 年以后开始回升。相对的，投资后期的比例整体呈现波浪形的上升趋势，1999 ～ 2002 年大致呈下降趋势，在 2002 年比例最低，2003 ～ 2008 年呈上升趋势，在 2008 年比例最高，2009 年以后又下降。数据整体体现出，1999 年以来，VC 机构的投资阶段由中早期向后期转移，即 VC 投资 PE 化。

在针对成熟项目进行投资的 PE 阵营里，突然加入了许多 VC 队伍，这就是目前中国风险投资 PE 化的现象。和 PE、VC 泾渭分明的欧美市场相比，中国市场上的 VC 和 PE 却愈发难于区分。产生这种现象的原因很多：机构面对早期投资高风险的谨慎态度、PE 投资的诱人回报和较短周期、风险基金在中国的激烈竞争等等。中国庞大的风险投资市场吸引了大量资金的涌入，这无疑起到了推波助澜的作用，浮躁的市场环境让更多基金青睐于风险小、退出快的中晚期项目。

第五节 研究结论

本章对 1988 年至 2011 年 9 月 24 日近 23 年的投资事件进行研究，统计分析了投资事件的阶段分布状况，分析企业所属行业、机构的资本来源等因素对阶段选择偏好的影响，结论如下：

1. 总投资事件的投资阶段分析。阶段的选择明显偏重于发展期和扩张期，发展期的事件数最多，其次是扩张期，两者占总数的百分之七十以上。近十三年来，发展期及扩张期的投资事件数增长较快，而早期和获利期的投资事件数相对增长较慢。投资早期阶段的百分比呈明显的递减趋势，投资于发展期的百分比相对变化不大，比较稳定，投资扩张期和获利期的百分比整体呈现上升趋势，其中扩张期上升幅度相对较大。整体来看，1999年以来，投资偏好由中早期向后期转移，早期与扩张期基本呈现互补的态势，投资早期的百分比急剧下降，而扩张期的百分比飞速上升。

2. 新技术行业与非新技术行业的投资阶段分析。新技术行业和非新技术行业的投资阶段都主要集中在发展期和扩张期。另外，可以得出，投资新技术行业的事件中，有三分之二是投资于中早期。而投资于非新技术行业的事件中，仅有五分之二是投资于中早期。可以看出，相对非新技术行业来说，新技术行业的中早期企业更容易受到投资机构的青睐。

近十三年来，投资新技术行业的事件中，投资早期的百分比整体呈下降趋势，扩张期的百分比呈上升趋势。发展期和获利期的百分比大小相对稳定，且发展期的百分比在近十二年里，一直处于最高的状态，获利期的百分比一直最低。整体上来看，早期与扩张期基本呈现互补的发展态势，投资早期的百分比急剧下降，而扩张期的百分比飞速上升。投资非新技术行业的事件中，投资阶段百分比呈发散状。在1999年各阶段的分布相对均匀，随着时间的推移，百分比曲线整体呈发散状。早期曲线整体呈明显的下降趋势，发展期和获利期的百分比曲线此起彼伏呈波浪式前进，扩张期的百分比呈现整体上升趋势。

3. 资本来源对投资阶段的影响。中资、外资和中外合资的投资阶段都主要集中在发展期和扩张期。合资机构在各个阶段的投资事件数都比中资和外资的少很多，外资机构的事件数除了获利期比中资高一些外，在其他各阶段都是比中资相对少一些。

近十三年来，无论中资、外资还是合资机构，投资于早期阶段的事件数占该类机构总投资事件数的百分比整体都呈下降趋势，扩张期的百分比整体呈现上升趋势，发展期的百分比相对稳定，获利期的百分比整体呈曲折上升趋势。三类机构在早期、发展期和扩张期的投资百分比，随着时间的推移越来越接近。但是获利期的百分比没有向中间聚集，而是出现较为明显的高低之分，外资机构在该阶段投资百分比整体较高，其次是中资机构，合资机构的百分比整体最低。

中资机构投资早期和发展期的百分比整体呈下降趋势，早期递减幅度很大。扩张期和获利期的百分比呈上升趋势，扩张期上升幅度较大；外资机构每年投资于各阶段的百分比波动比较大，投资早期的百分比整体呈现下降趋势，扩张期整体呈曲折上升趋势，获利期整体呈现缓慢的增长趋势，发展期相对稳定。相对于中资机构和合资机构的阶段分布的变化来说，外资机构虽然也表现出投资阶段由中早期向后期转移，但是外资机构的在中早期和后期的百分比差别不太明显，其在两者的投资相对分布较为均匀；合资机构早期和发展期的百分比整体呈下降趋势，其中，早期递减幅度很大，扩张期的百分比呈上升趋势，获利期百分比相对较稳。

4.VC 机构的投资阶段分布。通过对 VC 机构的投资事件的统计分析，得出，VC 机构投资阶段的选择主要偏好于发展期和扩张期，两者约占总数的五分之四。

近十三年来，投资于发展期及扩张期的事件数整体呈现较快增长趋势，而投资于早期和获利期的数量相对稳定，而发展期和获利期的数量在 2008 年有所下降，2009 年快速回升，2010 年又再次下跌，波动较为剧烈。投资早期阶段的百分比整体呈明显的递减趋势。发展期的百分比相对变化不大，比较稳定。投资扩张期的百分比整体呈现上升趋势，投资获利期的百分比有稍微的上升趋势。投资中早期的比例整体呈现波浪形的下降趋势，1999 ～ 2002 年大致呈现上升趋势，在 2002 年比例最高，2003 ～ 2008 年呈下降趋势，在 2008 年比例最低，2009 年以后开始回升。相对的，投资后期的比例整体呈现波浪形的上升趋势，1999 ～ 2002 年大致呈下降趋势，在 2002 年比例最低，2003 ～ 2008 年呈上升趋势，在 2008 年比例最高，2009 年以后又下降。数据整体体现出，1999 年以来，VC 机构的投资阶段由中早期向后期转移，即风险投资 PE 化。

在这里，我们需要思考一个问题：为什么中国越来越缺少早期投资者？在连续10年的经济强劲增长后，中国的资本市场日趋成熟，在风险投资市场上，无论是VC、IPO的数量还是二级市场的基金规模，我们都在不断缩小着与美英等发达市场的距离，然而对于初创企业的早期投资却是一个例外。为什么中国不能像美国硅谷一样，拥有发达的早期投资生态体系？早期投资的高风险毋庸置疑，而如何为这个高风险的雷区提供些许保障以提高早期投资者的信心和承受力是如今亟待解决的问题。第一，创业者需要端正态度，动机不纯的创业者让很多投资人望而生畏，极大损害了资本向早期阶段进军的热情。第二，从根源上提升技术创新能力。中国的初创公司，大多是模式创新，主要是模式的复制，而产品和技术本身的创新为数不多。结果就是，进入门槛降低后的激烈竞争。对于这样的创业企业，早期投资者自然无法进入。第三，风险投资家的队伍需要扩大。投资早期企业对经理人的要求非常高，而目前的中国市场极度缺乏一支稳定的且具有职业精神的职业经理人队伍。

第七章

地理亲近策略

根据成熟风险投资市场的经验，风险投资的运作对于区域经济发展能够起到促进作用。可以说，风险投资繁荣了一方经济，而地区经济的发展反过来也成就了风险投资。改革开放以来，中国东部地区在区位优势、政策优惠等有利因素的作用下，吸引了大量投资，累积形成的规模效应和聚集效应逐步成为经济自主增长的动力，而中部和西部因各种条件的制约没有取得同步的发展，导致区域经济差距越来越大。与之相同的是，中国风险投资行业的发展也存在着非常明显的地域性差异：东部地区创业氛围浓厚，创业企业数量多；而中西部地区创业企业数量少，很难吸引到风险投资机构落户。另外，外资风险投资机构在中国的办公室一般设在北京、上海、深圳等东部城市，这就造成了东部地区的风投资金存量高，当地创业企业借着区位优势更容易被风险投资机构发掘，因而其触角很难向中西部延伸。

我们通过 CVSource 数据库发现：在风险投资快速发展的 2001 年到 2009 年，东部地区共发生 2234 起投资案例，涉及金额高达 125.98 亿美元，处于领先地位；中部地区在此期间共发生 242 起投资案例，涉及金额为 10.45 亿美元；西部地区有 85 起投资案例发生，获投金额为 5.4 亿美元；东北地区有 67 起投资案例，获投金额最少，仅为 4.43 亿美元。

可以说，中国的风险投资表现出了地域集中的现象。随着国内风险资本市场的逐渐开放，无论是机构数量，投资金额，还是参与企业的数量都在不断扩大。然而风险投资在地理上却有聚集的趋势，为何会出现这种情况？西方学者对此进行了一定的实证研究。哈里森（Harrison，2002）最先提出了风险投资机构存在一种向金融和高科技发达的国家集聚的现象[1]。之后，他的团队又对风险资本形成、投资与产业的关系进行研究。他们引入了主要城市的风险投资数据，对风险投资地理位置的空间分配建立了统计模型，结果显示风险投资的流动性具有明显的空间特点，会流向机会和回报最高的地区，并且都围绕金融中心和高科技中心。为了最小化风险及提高收益，地理上的接近是必须的。雷般彻和阿姆森（Leinbanch and Amthein，2001）的调查发现，就资本来源而言，加利福尼亚州、纽约州、马萨诸塞州和伊利诺伊州约占美国的75%。而风险投资的运用更为集中，加利福尼亚州和新英格兰地区占据了61%。他们认为这种地域分布的不均衡显然是无法用古典经济学的需求供给理论来解释的，其原因必须放在风险投资发展的外部环境中考虑[2]。从早期的相关研究可以看出，造成风险投资发展出现地域性差异的原因主要有二：其一是外部环境影响造成的风险投资机构的地理聚集，其二则是在此基础之上，风险投资机构倾向于投资于较近地区的风险企业，即地理亲近性。本章将从内部和外部两个方面进行研究，结合中国风险投资数据，对风险投资的地理亲近策略进行分析。

第一节 中国风险投资地域分布现状概述

一、数据说明

本章所使用的数据均来自CVSource数据库，统计时间截至2011年9月24日，涉及投资机构共计3128家，投资事件7264起。

对于本章所选取的样本进行如下处理：首先，样本选取了2011年前在中国大陆地区进行风险投资的机构以及接受其投资的创业企业。其次，对于数据库中存在的部分数据缺失，我们对样本中2010年之后成立的机构、无法判定总部及分支办公室的机构以及所参与的投资事件不明确且无法查证的机构进行进一步删减。另外，样本中还有部分机构的总部位于国外，而在实际进行投资时，这些机构会委派其在中国的投资团队进行投资，因此在探讨这些机构发生在国内的投资事件是否为外部投资时，使用国外的城市作为其投资总部所在地是没有意义且不符合实际的，因此本书将这些机构在开始投资前五年发生投资事件最多的地区作为其在中国大陆的机构总部。最终纳入样本的机构共计 1161 家，受资企业共 4322 家，共计发生投资 7960 起。

文中所涉及的地理划分完全按照中国行政规划而进行，即 32 个省、自治区、直辖市（不涉及香港，澳门，台湾）。其中，由于深圳市各维度的数值远超省内其他城市，且属于国家指定的经济特区，因此将其单独列出，所有未加说明的广东省数据均将深圳市排除在外。

二、中国风险投资的地域分布

表 7.1 给出了风险投资机构在中国各省市的分布状态。

表 7.1　　风险投资机构地域分布表

地名	北京	上海	深圳市	江苏	浙江	广东	天津	山东
总部	318	286	101	101	74	49	23	34
分支办公室	88	98	19	7	3	5	2	6
总计	406	384	120	108	77	54	25	40
地名	黑龙江	江西	重庆	辽宁	吉林	内蒙古	山西	新疆
总部	6	7	9	7	3	3	3	3
分支办公室	0	1	1	1	0	1	0	2
总计	6	8	10	8	3	4	3	5
地名	福建	四川	湖南	湖北	安徽	河南	陕西	河北
总部	23	18	18	17	14	9	13	12
分支办公室	1	6	1	1	1	2	0	0
总计	24	24	19	18	15	11	13	12
地名	贵州	云南	广西	海南	宁夏	西藏	甘肃	青海
总部	1	2	2	2	1	1	1	0
分支办公室	1	0	0	0	0	0	0	0
总计	2	2	2	2	1	1	1	0

从表 7.1 可以看出，在选择的 1161 家机构中，截至 2010 年末，共有 318 家投资机构将总部设立在北京，286 家机构在上海设立总部，深圳市则有 101 家机构总部。加上各企业的分支办公室数据之后，北京，上海，深圳拥有的风险投资机构及办公室数量位列全国前三，分别为 406 家，384 家及 120 家 . 与中国其他地区差异明显。从整体上来看，东部地区由于风险投资事业起步早、发展快、资金存量高，因而吸引了大量的投资机构。

表 7.2 给出了风险投资机构的投资事件在中国各省市的分布状态。

表 7.2　　风险投资事件地域分布表

地名	北京	上海	深圳市	江苏	浙江	广东	天津	山东
投资事件数	2144	1426	617	714	480	436	84	272
地名	黑龙江	江西	重庆	辽宁	吉林	内蒙古	山西	新疆
投资事件数	42	84	75	88	35	28	33	46
地名	福建	四川	湖南	湖北	安徽	河南	陕西	河北
投资事件数	191	195	209	158	116	123	115	91
地名	贵州	云南	广西	海南	宁夏	西藏	甘肃	青海
投资事件数	14	31	40	45	11	1	11	5

如表 7.2 所示，截至 2010 年年末，样本中共有 7960 起投资事件。其中，北京市累计发生了 2144 起事件，上海市紧随其后，共累计有 1426 起事件，深圳市共有 617 起事件发生。

通过上述数据的对比，可以明显地看出，中国风险投资行业整体分布不均衡。北京、上海、深圳三地聚集了大量的风险投资机构，而西部地区例如青海、西藏等地则鲜有风险投资机构。同样，风险投资事件也与风险投资机构有着类似的分布，表现出在东部沿海地区集中的态势。投资机构的空间聚集影响了风险投资事件的空间分布，即风险投资的地理亲近性。

良好的外部环境是风险投资机构和创业企业发展的沃土，而风险投资机构相对集中的北京、上海、深圳等地均为中国一线城市，拥有良好的经济和科研环境，这为企业的发展与技术创新提供了很好的平台。从风险投资的地域分布来看，技术创新中心几乎都同时是风险投资比较活跃的地域。在一定程度上，风险投资与技术创新中心已经形成了良性循环。一方面，风险投资帮助了技术创新中心的发展；另一方面，由于能提供大量优秀的备选投资项目，技术创新中心成为风险资本追逐的对象，风险投资也日益呈现出地域集中的趋势。

第二节　风险投资聚集的原因分析

一、外部环境影响

对风险投资行业来说，最主要的外部环境是当地的经济和科研水平。良好的经济水平利于企业的发展，能给企业创造更多的机会。而由于风险企业大多是高新技术企业，有良好的人才储备和科研水平对企业的发展则显得尤为重要。

针对这一问题，我们选取了以下几个维度来对地区的综合实力进行评估，具体包括各地区的 GDP 水平，各地区拥有的大学毕业生人数，登记在当地的专利数量以及当地拥有的中介机构数量（主要选取对风险投资过程紧密相关的机构，包括会计师事务所，律师事务所，资产评估机构以及证券评估机构）。受到数据收集来源的限制，本节内深圳市数据不单独列出，广东省数据包含深圳市数据（见表 7.3）。

表 7.3　　2010 年中国各地区外部环境指标统计表

地名	人均 GDP（元）	大学生人口比例（%）	人均专利（件）	中介数量（个）
上海	74572.61	0.58	0.0149	1183
北京	71964.00	0.78	0.0170	1850
天津	71296.18	0.81	0.0079	364
江苏	52664.04	0.61	0.0078	2121
浙江	50934.94	0.43	0.0103	1150
内蒙古	47242.97	0.38	0.0009	570
广东	44114.74	0.32	0.0099	2271
辽宁	42191.59	0.50	0.0038	1110

续表 7.3

地名	人均 GDP（元）	大学生人口比例（%）	人均专利（件）	中介数量（个）
山东	40890.13	0.46	0.0035	1780
福建	39944.26	0.42	0.0032	612
吉林	31561.74	0.50	0.0019	695
河北	28382.84	0.41	0.0014	990
湖北	27897.00	0.58	0.0020	878
重庆	27475.30	0.43	0.0026	532
陕西	27120.79	0.63	0.0020	566
黑龙江	27063.42	0.47	0.0021	991
宁夏	26814.10	0.30	0.0013	101
山西	25763.98	0.46	0.0013	708
新疆	24927.28	0.29	0.0010	414
河南	24560.18	0.41	0.0013	1252
湖南	24416.95	0.42	0.0017	737
青海	24000.30	0.20	0.0007	108
海南	23807.83	0.42	0.0011	147
四川	21370.14	0.35	0.0021	1246
江西	21206.63	0.51	0.0011	386
广西	20792.00	0.30	0.0008	506
安徽	20771.63	0.39	0.0015	722
西藏	16903.13	0.28	0.0006	26
甘肃	16112.25	0.36	0.0007	427
云南	15716.36	0.21	0.0008	633
贵州	13244.97	0.22	0.0007	341

资料来源：由国家统计局网站数据整理。

从表 7.4 可以看出，统计结果的标准差均较大，这说明各地区在人均 GDP、大学人口及中介机构数量上的水平相差较大。同时，5% 修整均值和均值的差距说明了样本中存在特别突出的数值。为了保证数据对比的准确性，下文使用 5% 修整均值作为对比依据。

表 7.4 各指标统计数据

	均值	5% 修整均值	标准差
人均 GDP（元）	33087.879	31888.261	16697.974
大学生人口比例（%）	0.433	0.425	0.148
人均专利（件）	0.003	0.002	0.004
中介数量（个）	819.900	784.870	577.887

人均 GDP 是使用最广泛也最为人熟知的经济指标，能较为准确地反映当地的经济实力，从表 7.3 中可以看出，上海市在这方面遥遥领先，达到了 74572.61 元，紧随其后的是北京和天津，分别达到了 71964 元和 71296.18 元，而样本 5% 修整均值仅仅为 31888.26 元，可以认为北京、上海、天津与全国其他地区差异十分明显。

大学毕业生占总人口比例，以及人均专利数量，能较全面地反映出这一地区的科研水平和人才储备。在大学人口比例方面，天津、北京位居全国前列，分别为 81% 和 78%，表明这些地区人才储备较为丰富。上海大学毕业生人口比例为 58%，低于位于前列的地区，但仍远高于全国平均水平。同时除广东省外，东部沿海的省市基本超过了 5% 修整均值 42.5%。

人均专利数量方面，中国各省市之间也有明显的差异。北京、上海处于前列，分别为 0.0170 及 0.0149 远超过全国其他地区的数值。紧随其后的是浙江省和广东省，分别为 0.0103 及 0.0099，与 5% 修整均值 0.0029 相比，差异十分明显。

中介机构是指在风险投资过程之中为辅助风险资本运作而存在的机构，在实际操作之中，风险投资有着十分复杂的流程，涉及多方面的专业知识和技能，仅仅依靠风险投资机构和企业本身很难完成，还需要依靠各种中介机构在这其中操作。有数量充足的中介机构支持无异于为风险资本的运作提供了更多资源，有利于风险投资活动的开展。在这一指标中，排名靠前的为广东、浙江两省，各有相关机构 2271 家及 2121 家，北京、上海两地各有 1850 家及 1183 家，和 5% 修整均值相比，仍然处于较高的位置。

综上所述，以上几个指标在中国地理上的分布与风险投资机构和投资事件一样有着类似的不平衡，优势资源主要集中在北京、上海等发达省市，这与中国风险投资表现出的地域聚集态势的吻合度非常高。

二、外部环境回归分析

表 7.5 给出了建立回归模型所需的变量及其测量方法。表 7.6 则对于各变量的数值进行了描述性统计。

表 7.5　　变量

变量	变量描述	度量方法
因变量		
Num_headquarter	总部位于某省、自治区、直辖市的机构数量	某地区拥有的风险投资机构的总部数量加 1 后取对数
自变量		
Per_cap_GDP	人均 GDP	某地区 GDP 除以常住人口数，以万元为单位，即万元 / 人。得数加 1 后取对数
Col_degree	大专以上学历人口占总人口的比例	大专以上学历人口数除以常住人口数。得数加 1 后取对数
Per_cap_agency	该地区会计师事务所、律师事务所、资产评估机构以及证券评估机构的数量	某地区中介机构数量除以常常住人口数。得数加 1 后取对数
Per_cap_patent	人均专利数量	该地区中介机构数量除以常常住人口数。得数加 1 后取对数

表 7.6　　描述性统计

	变量	均值	标准差	最大值	最小值
1	*Num_headquarter*	2.40	1.51	5.76	0.00
2	*Per_cap_GDP*	1.40	0.35	2.14	0.84
3	*Col_degree*	0.0043	0.0015	0.0081	0.0020
4	*Per_cap_agency*	6.40	0.97	7.73	3.26
5	*Per_cap_patent*	0.0035	0.0042	0.0168	0.0006

在回归之前，先检验各变量之间的相关性，以排除变量间存在多重共线性的可能。

运用 SPSS 软件，选用 Pearson 相关系数来检验相互之间的相关性。其计算公式为：

$$R_{xy}=\frac{\sum_{i=1}^{n}(x_i-\bar{x})(y_i-\bar{y})}{\sqrt{\sum_{i=1}^{n}(x_i-\bar{x})^2\sum_{i=1}^{n}(y_i-\bar{y})^2}}$$

以 R 值的大小来判断相关关系的强弱，其具体表述如下（见表 7.7）：

表 7.7　　　　R 值意义

$\|R\|$ 的取值范围	$\|R\|$ 的意义
0.00 ～ 0.19	极低相关
0.20 ～ 0.39	低度相关
0.40 ～ 0.69	中度相关
0.70 ～ 0.89	高度相关
0.90 ～ 1.00	极高相关

使用 SPSS 对以上变量进行相关分析，得到结果如下（见表 7.8）：

表 7.8　　　　相关性分析

	1	2	3	4
1. *Num_headquarter*	1			
2. *Col_degree*	0.622** (0.000)	1		
3. *Per_cap_patent*	0.866** (0.000)	0.587** (0.001)	1	
4. *Per_cap_agency*	0.712** (0.000)	0.405* (0.024)	0.479** (0.006)	1
5. *Per_cap_GDP*	0.768** (0.000)	0.706** (0.000)	0.834** (0.000)	0.470** (0.008)

注：*p<0.05，**p<0.01，n=31。

从表 7.8 中可以看出，变量之间相关性较强，可能影响到回归结果，因此在回归中，选用逐步模式，剔除不合格变量，避免共线性的影响。执行结果如下（见表 7.9）：

在几个变量中，只有 *Per_cap_patent* 和 *Per_cap_agency* 两个变量进入模型（见表 7.10）。

模型的 R^2 为 0.865，这说明模型的拟合度较高，样本观察值有 86.5% 可以通过回归直线来解释。Sig.F 值为 0.00 表明在 1% 的显著水平上，拒

表 7.9 输入 / 输出变量

模型	输入的变量	移去的变量	方法
1	*Per_cap_patent*		步进（准则 : F-to-enter 的概率 <= .050，F-to-remove 的概率 >= .100）。
2	*Per_cap_agency*		步进（准则 : F-to-enter 的概率 <= .050，F-to-remove 的概率 >= .100）。

注 : a. 因变量 : *Num_headquarter*。

表 7.10 模型汇总

模型	R	R^2	调整 R^2	标准估计的误差	更改统计量				
					$\triangle R^2$	$\triangle F$	df1	df2	Sig.
1	.866a	.751	.742	.765	.751	87.243	1	29	.000
2	.930b	.865	.855	.572	.115	23.780	1	28	.000

注 : a. 预测变量 :（常量），*Per_cap_patent*。
b. 预测变量 :（常量），*Per_cap_patent*，*Per_cap_agency*。

绝原假设。

表 7.11 是对模型的回归结果。从参数上来来看，t 检验的显著性均为 0.00，拒绝原假设，*Per_cap_patent* 和 *Per_cap_agency* 两个变量与 *Num_headquarter* 显著相关。且两者之间，*VIF* 值为 1.298，处在较低水平（*VIF*<3），可以认为共线性可能较低。

表 7.11 系数 *a*

	非标准化系数		标准系数	t	Sig.	相关性			共线性统计量	
	B	标准误差	试用版			零阶	偏	部分	容差	VIF
1（常量）	1.32	.17		7.40	.00					
Per_cap_patent	308.89	33.07	.86	9.34	.00	.866	.866	.866	1.000	1.000
2（常量）	-2.29	.75		-3.04	.00					
Per_cap_patent	242.95	28.20	.68	8.61	.00	.866	.852	.598	.770	1.298
Per_cap_agency	.60	.12	.38	4.87	.00	.712	.678	.338	.770	1.298

注 : a. 因变量 : *Num_headquarter*。

未能进入的变量为 *Col_degree* 及 *Per_cap_GDP*，从参数上来看，二者与因变量 *Num_headquarter* 的相关性并不显著（见表 7.12）。

表 7.12　　已排除的变量 c

模型	Beta In	t	Sig.	偏相关	共线性统计量		
					容差	VIF	最小容差
1 *Col_degree*	.173[a]	1.545	.134	.280	.655	1.526	.655
Per_cap_agency	.386[a]	4.876	.000	.678	.770	1.298	.770
Per_cap_GDP	.149[a]	.884	.384	.165	.305	3.279	.305
2 *Col_degree*	.103[b]	1.195	.242	.224	.635	1.526	.585
Per_cap_GDP	.061[b]	.472	.641	.090	.299	1.298	.295

注：a. 模型中的预测变量：(常量), *Per_cap_patent*。

b. 模型中的预测变量：(常量), *Per_cap_patent, Per_cap_agency*。

c. 因变量：*Num_headquarter*。

从回归的结果来看，一个地区的人均专利和中介机构数量与该地区风险投资机构的数量具有较为显著的正相关关系。也就是说，人均专利和中介机构情况这两项外部环境因素的确对中国风险投资机构的分布存在着一定的影响，使得中国的风险投资机构明显集中在了北京、上海、深圳这样的发达城市。

外部环境因素解释了中国风险投资机构的集聚现象，而风险投资机构的集聚也是促成中国风险投资事件集中的重要原因，风险投资机构聚集本身影响并限制了风险投资事件的地域范围，即中国的风险投资业存在地理亲近性。

三、地理亲近性存在分析

地理亲近性是指风险投资机构的空间集中影响到了风险资本的空间分布，具体来讲就是风险投资机构倾向于投资自己机构所在地周边的风险企业。这正好能解释风险投资机构的分布和风险投资事件分布的相似性，即风险投资机构集中在某一地区，在地理亲近性的作用之下，使得风险投资事件也发生在同样的地区，从而使得风险投资事件与风险投资机构有着较为一致的分布。那么，中国风险事件的集中是否受到这一因素的影响呢?

通俗来讲，地理亲近性就是指风险投资机构倾向于投资距离自己较近的风险企业。那么，何种企业是距离风险投资机构较近则是首要需要解决的问题。“近”从字面意义上来看是指两者之间直线距离较小，然而放到现实中，由于地理环境的多变和道路交通的建设，数值上的远近并不能代表实际感觉上的远近。因此，本章对风险投资机构和风险企业之间“近”的划定是按照中国现有对省市自治区的划定，采用这种划分方法的原因主要有:（1）各个省市内部的交通较各个省市之间的交通更为方便，便捷的交通也是实际距离上的远近影响减弱。（2）各省市自治区之间存在政策上的差异，这种差异能直接或间接的影响或限制风险投资。（3）在同一省内有利于机构和企业之间信息的交流。（4)便于外部环境等各种数据的统计。

综上所述，我们以国家行政区域划分为基准，对风险投资机构的投资行为进行如下定义：如果风险投资事件发生地（即创业企业所在地）与对该企业进行投资的风险投资机构的所在地（包括其总部和分支办公室）位于同一行政区域内（同一省、自治区或直辖市)，则称这种投资为内部投资，反之则视为外部投资。风险投资机构可能倾向于投资于较近的企业即为风险投资机构可能倾向于内部投资。

对样本中共 7960 次投资事件进行统计后，共有 4652 次投资属于内部投资，占总数的 58%，外部投资事件共计 3308 起，占总数的 42%，从总体数量来看，中国风险投资事件中，内部投资的数量高于外部投资的数量，即中国风险投资机构存在对较近风险企业投资的倾向。

在 CVSource 数据库提供的数据基础之上，我们对 1161 家风险投资机构分类进行统计。

从机构类型的角度进行统计，在 1161 家机构中，共有 VC 机构 685 家，占总比例的 60%；PE 机构 308 家占 27%；有 143 家机构同时进行 VC 和 PE 投资，占总数 13%。可以明显看出，在中国 VC 类型的风险投资机构占大多数，是主流趋势。

从资本来源的角度进行统计，在 1161 家机构中，中资机构共有 675 家，占总数的 58%；外资机构 401 家，占 35%；另有 85 家属于中外合资机构，占总数的 7%。

从不同类型机构投资的角度来看，如表 7.13 所示，在 VC 机构参与的 4237 起投资中，内部投资 2778 起，占所有 VC 机构投资事件的 66%；PE 机构参与的投资则相反，在 1622 事件次中外部投资占到 58%，共计

933起投资；VC/PE机构所进行的2013起投资中，内部投资共有1141起，占57%，也略多于外部投资数量。可以看出，PE机构外部投资数量略多于内部投资数量，而VC机构的内部投资数量远大于外部投资数量。这种差异与VC和PE机构的投资特性有直接关系：VC区别于PE的关键点在于VC机构全程参与受资企业的监管，而机构与受资企业在地理位置上的远近直接决定了机构与企业沟通以及对企业实施监管的难易程度，VC机构对与自己距离较近的企业进行投资更便于对受资企业的监管。

表7.13　　内外部投资机构性质对比　　单位：起

	总数	内部投资	外部投资
VC	4237	2778	1459
PE	1622	689	933
VC/PE	2013	1141	872
NA	88		

注：NA指数据缺失。

从不同来源资本投资的角度来看，如表7.14所示，中资机构参与的投资数量占总数的40%，共3174起投资事件，其中，内部投资事件共有1690起，占53%，外部投资事件1484起，占47%。外资机构参与的投资事件略少于中资企业，共2862起，其中内部投资占1792起，占63%，外部投资1070起，占37%。中外合资机构的1924起投资中，内部投资占61%，外部投资占39%。可以看出，无论是何种资本来源的机构，对于内部投资的倾向性都更为明显。

表7.14　　内外部投资资本来源对比　　单位：起

	总数	内部投资	外部投资
中资	3174	1690	1484
外资	2862	1792	1070
中/外资	1924	1170	754

综上所述，中国风险投资机构的内部投资事件数大于外部投资。其中，外资机构对内部投资的倾向较其他资本来源的机构更为明显。而从机构性质的角度来看，VC机构有明显的内部投资倾向，而PE机构则相反，其

外部投资事件次数略多于内部投资。因此从总体上来讲，中国的风险投资机构较倾向于进行内部投资，存在着对处在同一地区内的企业进行投资的倾向。由此可以认为，中国风险投资机构及投资事件的分布受到地理亲近性的影响。

四、地理亲近性基本原因分析

从上述分析可以看出，中国风险投资机构存在着投资于较近地区的倾向，即存在着地理亲近性。从现有文献来看，对于地理亲近性的产生的原因主要有以下几种解释：

1. 从信息沟通和监管的角度讲，机构和企业的距离会影响到机构对企业帮助和监督的力度以及其执行成本，同时过远的距离会增加信息不对称的程度，对机构来说面临着更大的风险，对企业来说，能为其提供帮助的机构不能获得企业所在地的情况自然也无法提供有效的帮助。同时，企业和机构均会选择行业较为集中的地方，这样有利于信息的交流，及优势资源的获得，另一方面企业也会选择距离市场较近的地方有利于掌控优势资源和信息，而对机构来说，风险企业所在的地方就是其市场。

2. 从成本角度讲，近距离投资具有交易成本、谈判成本、生产要素成本等方面的成本优势。由于不同地区间的交易成本高于同一地域内的交易成本，因此机构选择与自身在同一地区或距离较近的企业进行投资可以降低交易成本；另外，由于某些地区可能具有人力资源、原材料等生产要素方面的优势，在这些地区进行投资可以获得生产要素的成本优势；再者，机构与企业之间往往需要进行多轮的谈判和交涉，尽管通讯技术获得了很大的发展，但许多重大的问题仍需要面对面的讨论，近距离投资有利于双方沟通和谈判效率的提升。

针对这些原因，对所选取的样本进行进一步分析（见表 7.15）。

如表 7.15 所示，将所有投资事件按照地域划分来对比，可以看出发达城市的内部投资比例明显高于不发达地区的内部投资比例，一线大城市如北京、上海，其内部投资比例位列全国一、二位分别达 84% 及 83% 以上，深圳市位列第三，达 56% 以上，江浙及广东地区也处在较高的位置。

表 7.15　　各地内外部投资事件表　　单位：起

地名	北京	上海	深圳市	江苏	浙江	广东	天津	山东
内部投资	1781	1203	346	366	205	175	22	89
外部投资	363	223	271	348	275	261	62	183
总计	2144	1426	617	714	480	436	84	272
地名	黑龙江	江西	重庆	辽宁	吉林	内蒙古	山西	新疆
外部投资	22	14	20	8	3	4	2	7
内部投资	20	70	55	80	32	24	31	39
总计	42	84	75	88	35	28	33	46
外部投资	福建	四川	湖南	湖北	安徽	河南	陕西	河北
内部投资	45	49	115	51	26	30	24	29
总计	146	146	94	107	90	93	91	62
外部投资	191	195	209	158	116	123	115	91
内部投资	贵州	云南	广西	海南	宁夏	西藏	甘肃	青海
总计	3	3	2	4	1	0	3	0
外部投资	11	28	38	41	10	1	8	5
内部投资	14	31	40	45	11	1	11	5

而反观中西部地区，除湖北外内部投资比例基本在 30% 以下，广西、山西等地甚至在 10% 以下。而结合前一章的论述，北京、上海、深圳等城市有较高经济水平，无论是在资本还是资源上都具有较强的优势，也大大增加了企业获得资本的可能，同时这些城市同时也有良好的人才储备和科研水平，对风险企业中绝大多数的高新技术企业来说，这些正是其发展所必需的资源。因此风险企业大多集中在北京、上海等地，对这些城市的风险机构来说，当地有足够多的企业，即代表着有足够大的市场能够满足投资机构的需要，因此大多选择投资当地企业。而一些欠发达地区并没有如此优良的外部环境支持企业，从投资机构的角度来看，处在这些地区的风险企业相对于处在发达地区的企业发展潜力较小，为了获得更好的收益，应当将目光放在一线城市当中，因此选择进行外部投资。

五、小结

通过对外部环境各因素的回归分析，可以看出科研水平和中介机构等因素确实和风险投资机构的分布存在联系，人均专利数量和中介机构的数量对风险投资机构的分布有着显著的影响，而经济水平的影响不显著。

从地理亲近性的角度来看，中国确实存在风险投资的地理亲近性现象。同时我们还发现，风险投资机构对不同地区的投资事件有着不同的投资方式，因此地理亲近性可能影响着风险投资机构投资方式的选择。

第三节　地理亲近对投资绩效的影响

对风险投资机构来讲，能够成功退出是获取收益的最主要手段，因此本文选用 IPO 作为衡量手段。风险投资的退出方式除 IPO 外，还有一系列股权转让的退出形式，我们选取 IPO 退出方式进行研究主要有以下几点原因：（1）通过 IPO 方式退出一般能获得较高的收益率。（2）通过 IPO 退出的事件信息披露更加完备，确保了数据的准确和真实。（3）IPO 退出方式占所有披露的退出方式中比例较大，约占 75%。

如下部分，通过对以 IPO 方式退出的事件进行分析，对比研究内外部投资对机构收益的影响，并剖析地理亲近性产生的可能原因及其影响。

一、内部投资 VS 外部投资：一些数据现象

表 7.16 给出了内外部投资中 IPO 数量的描述性统计。

表 7.16　　内外部投资 IPO 数量　　单位：起

	内部投资	外部投资
投资事件数	4602	3296
已上市	1110	1106
IPO 比例	24.12%	33.56%

如表 7.16 所示，我们分别对内外部投资的 IPO 比例进行统计，出现了与预期相反的结果。在样本中共有 1110 起内部投资成功上市，与之相对的是，共有 3492 起内部投资未能上市。内部投资成功上市的比例约为 24.12%，而在外部投资中，共有 1106 起成功上市，占总比例的 33.56%，超过了内部投资 IPO 的比例。从这一数据来看，风险投资机构选择当地

企业的投资并不能带来较多的收益。地理亲近性形成的终极目标是绩效的提升，但从数据上来看，中国风险投资机构的投资行为所表现出来的地理亲近性并没有达到这一目的。

表 7.17 给出了不同地区的内外部投资中 IPO 数量的描述性统计。

表 7.17　　各地区 IPO 比例　　单位：%

地名	北京	上海	深圳	江苏	浙江	广东	天津	山东
IPO 比例（内）	24.54	19.12	29.77	25.96	23.90	37.71	13.64	32.58
IPO 比例（外）	25.07	17.49	33.95	38.22	33.45	35.25	27.42	37.70
地名	黑龙江	江西	重庆	辽宁	吉林	内蒙古	山西	新疆
IPO 比例（内）	22.73	35.71	10.00	12.50	33.33	0.00	0.00	42.86
IPO 比例（外）	50.00	40.00	18.18	31.25	21.88	12.50	25.81	46.15
地名	福建	四川	湖南	湖北	安徽	河南	陕西	河北
IPO 比例（内）	44.44	10.20	15.65	21.57	26.92	26.67	29.17	6.90
IPO 比例（外）	58.90	26.71	31.91	28.97	41.11	63.44	23.08	41.94
地名	贵州	云南	广西	海南	宁夏	西藏	甘肃	青海
IPO 比例（内）	0.00	66.67	0.00	25.00	0.00	0.00	0.00	0.00
IPO 比例（外）	9.09	14.29	36.84	36.59	20.00	100.0	37.50	60.00

注：IPO 比例（外）指外部投资中的 IPO 比例，同样 IPO 比例（内）指内部投资中的 IPO 比例。

将所有样本数据按照地区划分重新统计后，从表 7.17 可以看出，全国大部分地区的外部投资的 IPO 比例高于内部投资 IPO 的比例。而在北京、上海、深圳三地的对比中，仅有上海地区的内部投资 IPO 比例略高于外部投资的 IPO 比例。一般认为，理性的机构之所以选择在本地投资，是因为这样能增加投资成功的机会，进而实现高额收益。但从数据上来看，内部投资并没有展现其应有的优势。

以 VC 是否在风险资本中心为划分标准，表 7.18 给出了两类情形下的 IPO 数量描述性统计。

如表 7.18 所示，风险资本中心的对比结果同样出乎意料，无论投资机构是否在风险资本中心，对于其内部投资的 IPO 比例并没有差异，恰巧都为 24%。反而在外部投资方面，无论企业本身处在何处，均能获得

表 7.18　　风险资本中心 IPO 数量

	VC 在中心	VC 不在中心
内部投资事件	2958	1644
已上市事件	713	397
IPO 比例	24.10%	24.15%
外部投资事件	2291	1005
已上市事件	711	395
IPO 比例	31.03%	39.30%

较高的 IPO 比例。

表 7.19 对外部投资进一步分析，结果也与预期相反，无论投资机构处在何处，对处在风险资本中心的企业进行投资的 IPO 比例均低于对处在风险资本中心外企业投资的 IPO 比例。而处在风险资本中心内的投资机构表现略逊于不在中心的机构。

表 7.19　　外部投资 IPO 比例

外部投资	VC 位于中心		VC 非位于中心	
	融资企业位于中心	融资企业非位于中心	融资企业位于中心	融资企业非位于中心
总事件数	515	1776	337	668
已上市事件	115	596	107	288
IPO 比例	22.33%	33.56%	31.75%	43.11%

结合上述的图表，可以发现，风险资本中心对于风险投资的支持并不显著。处在风险资本中心的投资机构无论是内部投资还是外部投资其 IPO 比例均低于不在风险资本中心的投资机构。而无论是外部投资还是内部投资，处在风险资本中心的被投资企业 IPO 比例均低于不在风险资本中心的企业。

根据现有文献，风险投资企业选择对当地企业投资，是为了促进信息的交流，掌握优势资源并降低获取信息成本。而北京、上海、深圳三地有着全国其他地区难以比拟的优势，包括经济环境和科研水平等等，将这三个地区列为风险资本中心并与其他地方相互对比，能够清晰的反映出外部环境对于风险资本的影响。如果按照现有理论的假设处在风险资本中心的企业能更容易的掌握到优势资源，从理论上来讲也更容易获得成功。对风险企业来讲，风险资本中心有着良好的经济环境和人才储备，同时也更容易获得行业企业发展所需的信息，处在这样的地区对企业发展有着很好的促进作用。另一方面，内部投资符合现有理论的假设，能够以较低的成本获得有用的信息，利于减少信息不对称，对风险投资机构来讲理应大大减少了投资的风险。

然而，现有的数据并不支持现有的假设，处在风险投资中心的内部投资理应是最适合风险投资双方取得成功的选择，其 IPO 比例却是最低的。与之相反，不在风险资本中心的外部投资，尤其是对不在风险资本中心企业的外部投资，理应对投资双方最不利的一种情况，却有着最高的 IPO 比例。

我们在这一节中罗列出了一些数据现象，但这些数据与我们的预期并不一致。在一个理性投资的世界，仅仅一点因素并不能撼动最终的结果。针对这样的差异，在下一小节我们将进一步进行分析，探究可能的解释原因，以及其他能影响到风险投资成功的因素。

二、投资策略的影响

从上文的数据来看,地理亲近性并不能对风险投资机构有正面的影响。风险投资是一个十分复杂的过程，受到多种因素的影响，选择内部投资没有获得较高的 IPO 比例并不代表着地理亲近性对企业有着负面影响，可能存在其他的较为显著的因素影响到企业的 IPO 比例，而前文未能剔除，从而造成在对地理亲近性和投资机构 IPO 比例的关系研究中得出并不准确的结果。因此，本章将选取一些可能的影响因素进行进一步讨论。

（一）投资阶段策略的影响

我们研究阶段选择策略的影响。表 7.20 给出了不同阶段投资事件 IPO 的差别。

从表 7.20 可以发现如下两种现象：其一，在任何情况下，投资于中后期企业最终 IPO 的比率较大。其二，无论是否处于风险资本中心，外部

表 7.20　　阶段选择与 IPO 比例

	VC 位于中心		VC 非位于中心	
	早期	中晚期	早期	中晚期
内部投资事件	1854	1145	1000	653
已上市	252	461	111	286
IPO 比例	13.59%	40.26%	11.10%	43.80%
外部投资事件	923	1377	365	643
已上市	117	594	66	329
IPO 比例	12.68%	43.14%	18.08%	51.17%

注：早期是指处在早期以及发展期的企业，中晚期是指处在扩张期及获利期的企业。

投资更倾向于投资中晚期企业，而内部投资对早期企业的投资比例相对更高。这两个现象形成了一个非常合理链条：由于地理亲近性存在着降低成本、降低风险的优势，因此进行内部投资的机构大胆的选择了投资风险较高的早期企业，而早期企业高度的不确定性又使得早期投资不会获得太高的成功率。而对于进行外部投资的机构而言，距离使机构产生了较强的规避风险的意识，因此较为保守地选择了处于中晚期阶段的企业进行投资，这类企业由于发展已经相对较为成熟，产品和市场前景开始明朗化，企业的辨识度更高，相应的，最终的投资成功率也会较高。

由此我们认识到一点，风险投资机构的投资绩效是在多项策略的共同作用下实现的。可以说，地理亲近策略帮助机构在资金投向上做出了远或近的选择，而同时存在的投资阶段策略则是在平衡其中的风险和收益。由于数据的限制，我们仅能从退出比例上来描述绩效的好与坏，但早期投资成功后的收益是要远远超过中后期投资的。我们透过数据看到的是机构在不同的策略组合下获得成功的比例，这个数据是有意义的，它为以后的风险投资机构在策略与收益的博弈中提供了一个参考。

（二）联合投资策略的影响

我们研究联合投资策略的影响。表 7.21 给出了单一机构与联合投资的 IPO 比例差别。

从表 7.21 可以看出，在所有情况下，联合投资的 IPO 比例都高于单

表 7.21 联合投资与 IPO 比例

	VC 位于中心		VC 非位于中心	
	单一机构	联合投资	单一机构	联合投资
内部投资事件	1542	1457	1091	562
已上市	273	440	201	196
IPO 比例	17.70%	30.20%	18.42%	34.88%
外部投资事件	1360	940	635	373
已上市	370	341	227	168
IPO 比例	27.21%	36.28%	35.75%	45.04%

独机构的 IPO 比例，从数量上来看，不在风险投资中心的企业在投资时选择联合投资的比例最高，这同样也是符合理论假设的，因为在这种情况下对风险投资能为投资双方的交流提供便利，而这也正是联合投资所需要的。

三、基于 IPO 比例的回归分析

我们继续探讨外部环境和投资策略对投资绩效（IPO 比例）的影响。在回归中，本节选取 IPO 比例为因变量。通常，企业从接受投资到上市需要一定的时间，为确保对于投资绩效的衡量更为准确，研究选取了这些机构自成立以来到 2008 年 12 月 31 日的投资事件以保证拥有一段合理的时间足以使这些投资事件产生一个结果，纳入样本的事件共计 5333 起，而 IPO 数据则截至 2010 年末。

表 7.22 是我们选取的变量及其操作化定义。

由于样本数量大，因此采用 Kolmogorow-Smirnov Z 统计量在 95% 的置信水平上对上述指标进行正态性检验。表 7.23 为 Kolmogorow-Smirnov Z 检验结果，所有变量的 P 值均小于 α，所以认为样本并非来自正态分布总体。

由于数据总体上不服从正态分布，因此只能对这些指标的均值进行非参数检验，以考察哪些指标能够显著区分 IPO 的事件和非 IPO 的事件。在 SPSS 的数据排列中，将样本按是否 IPO 分组进行赋值：1 为 IPO 事件，

表 7.22　　初步选取的变量及其操作化

变量	指标	定义
Style	投资类型	如果风险投资机构总部与融资企业所在地是同一地区，则该变量取 3；如果风险投资机构在融资企业所在地有分支办公室（而非总部），则该变量取 2；如果风险投资机构总部与融资企业所在地不是是同一地区，而且风险投资机构在融资企业所在地没有办公室，则该变量取 1
EXP	机构经验	ln 机构投资事件数
Center	机构位于风险资本中心	如果风险投资机构的总部是北京、上海或深圳市之一，则该变量取 1，否则取 0
One_more_inv	事件发生的近 2 年，机构在企业所在地有 1 次及以上投资	对于某一的机构来说，如果在该次投资事件发生的前后 2 年内，该机构在融资企业所在地有过 1 次或 1 次以上投资，该变量取 1，否则取 0
Syndication	联合投资中有本地机构的参与	如果某次风险投资为多家机构联合投资，且其中有一家机构在企业所在地设有总部或分支办公室，该变量取 1，否则取 0

表 7.23　　Kolmogorow-Smirnov Z 检验

	style	*EXP*	*center*	*One_more_inv*	*Syndication*
Kolmogorov-Smirnov Z	3.858	3.951	1.227	3.115	2.165
Monte Carlo 显著性（双侧）	.000[a]	.000[a]	.004[a]	.000[a]	.000[a]

注：a. 基于 10000 个具有起始种子 2000000 的采样表。
b. 分组变量：IPO。
* 表示在 5% 的水平下统计显著（双尾检验）。

0 为非 IPO 事件。在 95% 的置信水平上，进行 Mann-Whitney U 检验，表 7.24 为 Mann-Whitney U 检验结果。所有变量的 P 值均小于 0.05，所以认为两组样本在上述指标上有显著性差异，可以将上述变量作为 Logistic 回归分析的变量。

我们以风险企业是否 IPO 作为风险投资成功的测量指标，研究变量的取值只有两种情况，即“是”与“否”。本章选择的回归变量中只有机构经验是连续变量，其他均为分类变量，所以本章采用了 Logistic 回归，Logistic 回归模型为：

表 7.24　　Mann-Whitney U 检验

	style	*EXP*	*center*	*One_more_inv*	*Syndication*
Mann-Whitney U	2658668.00	2521834.50	2871631.00	2703318.50	2788052.00
Wilcoxon W	3931478.00	3794644.50	4144441.00	3976128.50	9776243.00
Z	-6.878	-8.946	-2.908	-7.333	-4.500
Monte Carlo 显著性（双侧）	.000[a]	.000[a]	.004[a]	.000[a]	.000[a]

注：a. 基于 10000 个具有起始种子 2000000 的采样表。
b. 分组变量：IPO。
* 表示在 5% 的水平下统计显著（双尾检验）。

$$\Pr(Y=1/X_1,X_2,\ldots,X_k)=F(b_0+b_1X_1+b_2X_2+\ldots+b_kX_k)$$
$$=\frac{1}{1+e^{(b_0+b_1X_1+b_2X_2+\ldots+b_kX_k)}} \tag{5.1}$$

其中，因变量 Y 是二元变量，F 为累积标准 Logistic 分布函数，X_1，X_2，…，X_k 为回归变量。回归变量变化的效应计算如下：

（1）计算回归变量取初始值时的概率预测值；

（2）计算回归变量取新值或变化后值时的概率预测值；

（3）求两者之差。

表 7.25 和表 7.26 分别给出了变量的描述性统计结果和频率。

表 7.25　　变量的描述性统计

	N	均值	标准差	极小值	极大值
EXP	5333	1.98	1.344	0	5
Style	5333	2.12	.919	1	3
Center	5333	.77	.422	0	1
One_more_inv	5333	.76	.425	0	1
Syndication	5333	.36	.481	0	1
IPO	5333	.30	.458	0	1

表 7.26　　频率表

	数值	频率	百分比
IPO	0	3738	70.1
	1	1595	29.9
Style	1	1966	36.9
	2	751	14.1
	3	2616	49.1
One_more_inv	0	1260	23.6
	1	4073	76.4
Syndication	0	3395	63.7
	1	1938	36.3
Center	0	1237	23.2
	1	4096	76.8

采用 SPSS19.0 分析软件进行分析，分析过程和输出结果见表 7.27 至表 7.32。

SPSS 产生两个亚变量，如表 7.28 所示，相应的两个亚变量含义如下：

Style（1）=1，外部投资；0，非外部投资

Style（2）=1，分支办公室投资；0，非分支办公室投资

参照水平为总部投资，对亚变量的系数估计，就可以得出外部投资、分支办公室投资与参照水平（总部投资）的差异。

表 7.27　　因变量编码

初始值	内部值
0	0
1	1

表 7.28　　分类变量编码

		频率	参数编码	
			(1)	(2)
style	1	1966	1.000	.000
	2	751	.000	1.000
	3	2616	.000	.000

表 7.29　　模型系数的综合检验

		卡方	df	Sig.
步骤 1	步骤	205.689	6	.000
	块	205.689	6	.000
	模型	205.689	6	.000

表 7.30　　最终模型的拟和优度检验

步骤	-2 对数似然值	Cox & Snell R^2	Nagelkerke R^2
1	6301.465[a]	.038	.054

注：a. 因为参数估计的更改范围小于 .001，所以估计在迭代次数 4 处终止。

表 7.31　　分类表 a

已观测			已预测		
			IPO		百分比校正
			0	1	
步骤 1	*IPO*	0	3679	59	98.4
		1	1548	47	2.9
	总计百分比				69.9

注：a. 切割值为 .500。

表 7.32　　最终模型统计量（1）

		B	S.E,	Wals	df	Sig.	*Exp* (B)
步骤 1[a]	*Style*			75.882	2	.000	
	Style(1)	.633	.074	72.120	1	.000	1.883
	Style(2)	.081	.100	.645	1	.422	1.084
	EXP	-.189	.027	50.688	1	.000	.828
	Center	-.224	.074	9.188	1	.002	.799
	One_more_inv	-.102	.081	1.599	1	.206	.903
	Syndication	.462	.066	48.776	1	.000	1.588
	常量	-.677	.092	54.453	1	.000	.508

注：a. 在步骤 1 中输入的变量：*Style, EXP, Center, One_more_inv*。

外部投资的系数为 0.633，与成功率呈现正向关系，而且在 1% 的水平下显著。分支办公室投资同样对成功率起正向作用，但这一结果并不显著。机构经验与成功率成反向关系，系数为 -0.189，而且在 1% 的水平下是显著的。另外，机构位于风险资本中心这一变量的系数为 -0.224，说明机构位于风险资本中心与成功率呈反向关系，这一结论在 5% 的水平下显著。说明当其他变量固定的情况下，位于风险资本中心的机构投资成功率反而会下降。

当考虑 *EXP* 与 *Center* 的交互作用时，将 *Style*、*EXP*、*Center*、*EXP* × *Center* 作为回归变量输入协变量框。表 7.33 给出了回归结果：

表 7.33　　　　最终模型统计量（2）

		B	S.E,	Wals	df	Sig.	Exp (B)
步骤 1[a]	*Style*			71.333	2	.000	
	Style(1)	.549	.066	68.188	1	.000	1.731
	Style(2)	.116	.100	1.352	1	.245	1.123
	EXP	-.295	.057	27.146	1	.000	.745
	Center	-.305	.116	6.871	1	.009	.737
	EXP×*Center*	.103	.062	2.734	1	.098	1.108
	常量	-.450	.098	21.140	1	.000	.638

考虑到风险资本中心和风险投资机构的经验（*EXP* × *Center*）之后，可以看到：外部投资 *Style*（1）仍然呈正向关系，且在 1% 水平显著；变量 *EXP*×*Center* 也呈正向关系，但是不显著。

当同时考虑 *EXP* 与 *Center* 的交互作用以及 *Center* 与 *Style* 的交互作用时，将 *Style*、*EXP*、*Center*、*Center*×*Style*、*EXP*×*Center* 作为回归变量输入协变量框。表 7.33 给出了回归结果：

外部投资依然呈正向关系且显著，*EXP*×*Center* 变量也呈正向关系，但是显著性下降，在风险投资中心的外部投资（*Center*×*Style*（1））呈反向关系，而在风险资本中心的分支办公室投资（*Center*×*Style*（2））呈正向关系，但两者都不显著。

当考虑 *EXP* 与 *Center* 的交互作用以及 *Center* 与上 *Style* 的交互作用以及 *One_more_inv* 的作用时，将 *Style*、*EXP*、*Center*、*One_more_inv*、*Center*×*Style*、*EXP*×*Center* 作为回归变量输入协变量框。表 7.34 给出了

回归结果：

考虑机构位于风险资本中心（*Center*）与投资类型（*Style*）后，外部投资的系数为0.762，仍然在1%的水平下显著。机构经验对机构成功率

表 7.33　　最终模型统计量（3）

		B	S.E,	Wals	df	Sig.	*Exp* (B)
步骤 1[a]	*Style*			34.988	2	.000	
	Style(1)	.784	.139	31.678	1	.000	2.190
	Style(2)	-.151	.247	.372	1	.542	.860
	EXP	-.292	.058	24.986	1	.000	.747
	Center	-.226	.126	3.226	1	.072	.798
	EXP× *Center*	.098	.064	2.324	1	.127	1.103
	Center × *Style*			6.121	2	.047	
	Center×*Style*(1)	-.298	.158	3.535	1	.060	.742
	Center×*Style*(2)	.300	.270	1.237	1	.266	1.350
	常量	-.501	.103	23.684	1	.000	.606

a. 在步骤 1 中输入的变量：*Style, EXP, Center, EXP*×*Center,Center*×*Style*。

表 7.34　　最终模型统计量（4）

		B	S.E,	Wals	df	Sig.	*Exp* (B)
步骤 1[a]	*Style*			31.495	2	.000	
	Style(1)	.762	.143	28.277	1	.000	2.143
	Style(2)	-.157	.247	.402	1	.526	.855
	EXP	-.282	.060	21.984	1	.000	.754
	Center	-.222	.126	3.115	1	.078	.801
	One_more_inv	-.053	.081	.423	1	.515	.949
	Center ×*Style*			6.046	2	.049	
	Center×*Style*(1)	-.294	.159	3.432	1	.064	.745
	Center×*Style*(2)	.304	.270	1.267	1	.260	1.355
	EXP ×*Center*	.094	.064	2.150	1	.143	1.099
	常量	-.470	.114	17.135	1	.000	.625

a. 在步骤 1 中输入的变量：*Style, EXP, Center, One_more_inv, Center*×*Style* , *EXP* ×*Center*。

仍然是反向作用，在 1% 的水平下显著。机构经验（*EXP*）与机构位于风险资本中心（*Center*）的交互项系数为 0.094，但不显著。机构位于风险资本中心（*Center*）与外部投资（*Style*（1））的交互项系数为 -0.294，显著性水平为 1%，表明位于风险资本中心的机构，其外部投资成功率要低于位于非风险资本中心的机构。

当考虑 *Syndication* 的作用时，将 *Style*、*EXP*、*Center*、*Syndication*、*Center*×*Style*、*EXP*×*Center* 作为回归变量输入协变量框，最终模型统计量如表 7.35 所示。

表 7.35　　　　最终模型统计量（5）

		B	S.E,	Wals	df	Sig.	Exp (B)
步骤 1[a]	*Style*			43.399	2	.000	
	Style(1)	.864	.140	37.827	1	.000	2.372
	Style(2)	-.264	.248	1.135	1	.287	.768
	EXP	-.280	.059	22.760	1	.000	.756
	Center	-.321	.127	6.346	1	.012	.726
	Center×*Style*			6.026	2	.049	
	Center×*Style*(1)	-.239	.159	2.252	1	.133	.787
	Center×*Style*(2)	.412	.272	2.305	1	.129	1.510
	EXP×*Center*	.093	.064	2.087	1	.149	1.098
	Syndication	.459	.066	48.040	1	.000	1.583
	常量	-.666	.106	39.207	1	.000	.514

加入联合投资中有本地机构参与（*Syndication*）这一变量后，外部投资与风险机构经验的作用依旧为 0.864，且在 1% 的水平上显著。*Center* 的系数为 -0.321，说明位于风险资本中心的机构投资成功率反而较低。*Syndication* 的系数为 0.459，且在 1% 的水平下显著，说明与企业所在地的机构进行联合投资的机构成功可能性更高。与上一回归模型相似，机构经验（*EXP*）与机构位于风险资本中心（*Center*）的交互作用同样不显著。

上述五个回归模型的结果可汇总为表 7.36。

从第 1 栏的结果来看，风险投资机构外部投资的成功率比总部投资的

表 7.36　　回归结果汇总

	机构 IPO 比例				
	[1]	[2]	[3]	[4]	[5]
Style(1)	0.633	0.549	0.784	0.762	0.864
	[0.000]***	[0.000]***	[0.000]***	[0.000]***	[0.000]***
Style(2)	0.081	0.116	-0.151	-0.157	-0.264
	[0. 422]	[0.245]	[0.542]	[0.526]	[0.287]
EXP	-0.189	-0.295	-0.292	-0.282	-0.280
	[0.000]***	[0.000]***	[0.000]***	[0.000]***	[0.000]***
Center	-0.224	-0.305	-0.226	-0.222	-0.321
	[0.002]**	[0.009] *	[0.072]	0.078	[0.012] **
EXP×*Center*	--	0.103	0.098	0.094	0.093
	--	[0.098]	[0.127]	[0.143]	[0.149]
Center×*Style*(1)	--	--	-0.298	-0.294	-0.239
	--	--	[0.047] **	[0. 064] *	[0.133]
Center×*Style*(2)	--	--	0.300	0.304	0.412
		--	[0.060] *	[0.260]	[0.129]
One_more_inv	-0.102	--	--	-0.053	--
	[0.206]	--	--	[0.515]	--
Syndication	0.462	--	--	--	0.459
	[0.000]***	--		--	[0.000]***

成功率高，而且在 1% 的水平下显著。机构经验与成功率呈反向关系，系数为 -0.189，而且在 1% 的水平下是显著的。另外，位于风险资本中心北京、上海或深圳市的机构成功率反而会比位于非风险资本中心的机构低，这一结论在 5% 的水平下显著。出现这种情况可能与我们选择的考察成功率的指标 IPO 有关系，受到数据的限制，我们只考虑了风险投资组合企业是否 IPO，但并没有考察投资回报率。位于北京、上海、深圳市的机构 IPO 的比率比位于其他地区的机构低，但其回报率却可能更高。

第 2、3 两栏逐步加入了机构位置与投资类型、机构位置与机构经验的交互变量。从回归结果上来看，风险机构所在地与经验的交互变量呈正向关系，处在风险资本中心的外部投资与 IPO 比例呈反向关系，而同样地区的分支办公室投资却呈现正向关系。但所引入的两种变量均不显著。

第 4 栏中加入机构位置与投资类型的交互变量、投资机构在当地的经验。风险投资机构外部投资的成功率比内部投资高，仍然在 1% 的水平下显著。机构经验对机构成功率仍然是反向作用，在 1% 的水平下显著。机构位于风险资本中心与外部投资的交互项系数表明，位于风险资本中心的机构的外部投资成功率比位于非风险资本中心的机构的外部投资成功率低，在 1% 的水平下显著，说明位于风险资本中心的机构的成功率低主要是由于其外部投资成功率低。

第 5 栏中加入联合投资中有本地机构参与的变量，外部投资比内部投资的成功率高，仍然在 1% 的水平下显著。机构经验对机构成功率仍然是反向作用，在 1% 的水平下显著。位于风险资本中心的机构成功率反而会比位于非风险资本中心的机构低，这一结论在 5% 的水平下显著。与企业所在地的风险投资机构进行联合投资的机构，其成功率比没有与企业所在地的机构进行联合投资的成功率高，在 1% 的水平下显著，说明本地机构对融资企业更为了解，本地机构的参与可以降低投资风险，同时本地机构可以更好地为企业提供管理或咨询。

四、小结

通过对数据的进一步对比，结合风险投资机构 IPO 比例数据，可以看出，风险投资机构不同的投资策略对 IPO 比例的影响差异是较为明显的。然而在这其中原因仍然不明确。风险投资机构针对不同的目标地域选择了不同的投资方式，而这些投资方式本身也有着不同成功概率。是选择了一种方式从而获得了成功，还是因为这是一种容易成功的方式所以选择，出现了类似“先有鸡还是先有蛋”的困境。

结合外部环境和机构经验等内部因素进行了回归分析后，可以看出，选择内部投资的成功率能高于外部投资的成功率。但是在风险资本中心的投资机构投资成功率却低于并非处在风险投资中心的成功率。这代表着外部环境虽然影响了风险投资机构的聚集，但是这种聚集并没有对风险投资机构实际的绩效产生显著的正面影响。

第四节 研究结论

通过对中国风险投资机构和投资事件数据的分析，得出以下结论：

1. 外部环境因素对中国风险资本的集中影响显著，造成了中国风险投资行业明显的分布不均衡。风险投资机构聚集在北京、上海、深圳等发达省市，西部地区则寥寥无几。从回归分析的结果来看，人均专利数量与中介机构数量的影响最为显著。然而，一般认为对风险投资行业作用明显的经济水平、人才储备等因素虽然有着正面的影响，但是不显著。

2. 风险投资机构在进行外部投资之时，会更加注意其风险与收益，因此较多选择成功率较高的处在中后期的企业，这种主观的选择使得外部投资有了更高的收益，虽然数据分析结果与理论相反，却与企业基本的趋利性相符。

3. 风险资本的地理亲近性是存在的。但是其原因尚不明确，现有的数据难以支撑现有的理论。对于风险投资机构来说，遵从这一倾向并不是理性的选择。从中国的情况来看，风险投资机构在选择外部投资时的 IPO 比例要高于选择内部投资的情况，即背离地理亲近性反而能获得较高的成功率。

4. 风险投资机构对投资方式的选择与其成功率有着显著相关性，通过对数据的分析发现，投资机构的经验，是否选择联合投资，对被投资企业阶段的选择等都与投资机构的 IPO 比例有着密不可分的关系，然而这种关系的探究还只停留在数据描述方面，对于数据之下到底是怎么样的相互关系仍然不明确。

5. 外部环境对中国风险投资的成功率影响并不显著，从回归分析结果来看，处在中国较发达地区如北京、上海等地的机构及风险企业与中国其他地方相比并没有优势。从 IPO 比例来看，处在发达地区的比例反而低于其他地区。结合投资倾向的对比分析，发现风险投资机构的内部投资

IPO 比例低于外部投资 IPO 比例，虽然这一现象并不显著，但仍然证明了风险投资机构遵从风险投资地理亲近性并不是理性的选择。

参考文献

[1] Colin M. Mason, Harrison R T. Influences on the supply of informal venture capital in the UK: An exploratory study of investor attitudes[J]. Entrepreneurship &Regional Development 2002,14:271-287

[2] Leinbanch,Amthein.A geography of the venture capital industry in the U. S[J].The Professional Geographer1987,39（2）:146-158

第八章

联合投资策略

联合投资方式在风险投资运作中非常普遍。联合投资的动因主要有三个：第一，是对风险的分散与分摊。与人们熟知的股票和期货市场一样，风险投资市场上也存在着系统风险和非系统风险。前者是指与市场因素诸如经济因素、政策环境等相联系的风险，后者是指与所投资项目本身的技术成熟度、管理水平以及创业企业家的才能等因素相联系的风险。对于系统风险，风险投资机构往往会采取多样化投资的方法来达到分散风险的目的。但是，由于风险投资具有信息不对称且投资周期较长等特点，因此机构把联合投资看做是通过投资组合的多样性来分散风险的一种方式。另外，投资项目的非系统风险是一定的，但是，单独的风险投资机构出于各方面的考虑和自身对风险的态度，不可能独立投资独自承担风险，联合投资把同一投资轮次里有不同投资阶段偏好的风险投资家连接在一起，共享收益的同时也分摊了风险。第二，风险投资机构不仅是金融中介，也是一种“生产资源的集合体”，也就是说，机构所能提供的资源既有资金资源，也有非资金资源。从资金资源的角度讲，一家风险投资机构的筹资能力是有限的，难以单独满足创业企业对资金的巨额需求，所以，在风险投资领域联合投资现象很普遍。从非资金资源的角度讲，风险投资的实质就是将技术、资金、团队、商业模式和创业企业家等要素有机地组合起来，在这一过程中，非资金资源在投资机会的识别、项目的评估、投资后的监管和增值服务的提供上起着不可或缺的作用。风险投资机构通过联合可以互补和加强资源的利用。第三，稳定的投资机会的获得是风险投资机构生存的需要，风险资本市场并不像公开的证券交易市场，其私人信息是依赖人与人之间的关系网进行传播的，联合投资建立起来的关系网可以使风险投资家得到高质量的投资信息。风险投资机构间的关系网络在联合投资的过程中建立起来，处于网络中的机构会得到更多的投资交易机会。

中国第一个成功登陆中小板的风险投资案例——同洲电子，就是以联合投资的形式完成的，这个案例也被誉为2006年中国创投的里程碑。参与联合投资的机构包括达晨创投、深创投、深港产学研以及深圳高新投资。同洲电子的投资人获得了相当高的业绩回报，以达晨创投为例，在卖出其持有同洲电子股票的一半后，套现金额就已经是达晨当年投资额的10多倍。在同洲电子上市的一次座谈会上，联合投资的作用被与会者反复提及。同洲电子董事长在总结经验时说，选择风险投资资金的关键是其资金间的互补性，要从风险投资机构能够带来的资金、市场、管理、政府和社会资源等方面综合考虑，对同洲电子进行联合投资的4家机构就具有这种互补性。的确，联合投资能够风险共担、优势互补，目前已成为业界的惯常做法。

本章从CVSsource数据库中搜集联合投资的数据，对1999年至2011年近12年联合投资的发展态势进行研究。分类统计联合投资地域聚集性，投资机构类型，行业、阶段、轮次投资偏好等方面的数据，并做出联合投资的网络拓扑图，求出联合投资的结构洞和中心性。

第一节 联合投资总体概述

我们将投资事件分为联合投资和非联合投资两类，表8.1给出了关于两类投资事件的描述性统计。

从表8.1可以看出，联合投资事件数为1748占到所有投资事件总数的1/4以上，参与联合投资事件的所有机构则将近占所有投资机构的一半。

表8.2给出了自1999年以来参与联合投资的风险投资机构的比例及其变化趋势。图8.1给出了该趋势的直观图示。

表 8.1　　联合投资和非联合投资对比表

项目	事件数	百分比	参投机构数	百分比
联合投资	1748	26.17%	4647	48.51%
非联合投资	4932	73.83%	4932	51.49%
总数	6680	100.00%	9579	100.00%

表 8.2　　联合投资和非联合投资机构对比

投资机构 / 年份	联合投资机构数	联合投资机构百分比	非联合投资机构数	非联合投资机构百分比	总投资机构数
1999	39	38.61%	62	61.39%	101
2000	86	43.22%	113	56.78%	199
2001	73	35.61%	132	64.39%	205
2002	70	36.46%	122	63.54%	192
2003	89	40.27%	132	59.73%	221
2004	184	47.42%	204	52.58%	388
2005	270	54.22%	228	45.78%	498
2006	517	57.70%	379	42.30%	896
2007	737	50.79%	714	49.21%	1451
2008	716	45.49%	858	54.51%	1574
2009	521	23.64%	858	76.36%	1379
2010	738	46.24%	858	53.76%	1596
2011	578	49.40%	592	50.60%	1170

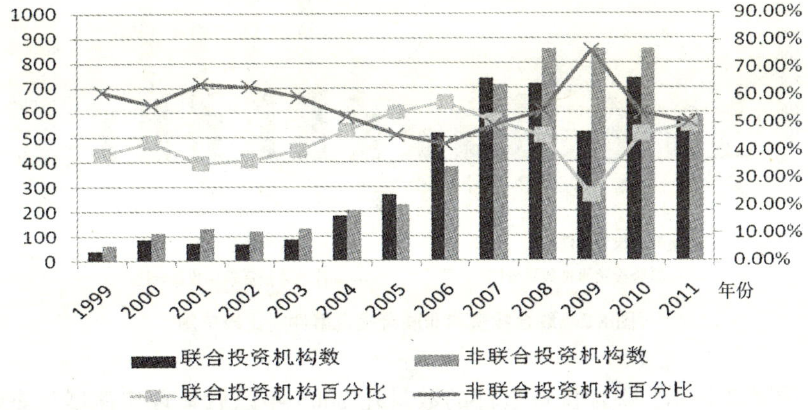

图 8.1　联合投资和非联合投资机构对比趋势图

表 8.3 给出了自 1999 年以来联合投资事件的比例及其变化趋势。图 8.2 给出了该趋势的直观图示。

表 8.3　　　　联合投资和非联合投资事件对比

年份	联合投资事件数	联合投资事件数百分比	非联合投资事件数	非联合投资事件数百分比	总事件数
1999	14	18.42%	62	81.58%	76
2000	29	18.01%	132	81.99%	161
2001	28	17.50%	132	82.50%	160
2002	25	17.01%	122	82.99%	147
2003	35	20.96%	132	79.04%	167
2004	61	23.02%	204	76.98%	265
2005	104	31.33%	228	68.67%	332
2006	186	32.92%	379	67.08%	565
2007	281	28.24%	714	71.76%	995
2008	275	29.51%	657	70.49%	932
2009	200	23.64%	646	76.36%	846
2010	292	25.39%	858	74.61%	1150
2011	206	25.81%	592	74.19%	798

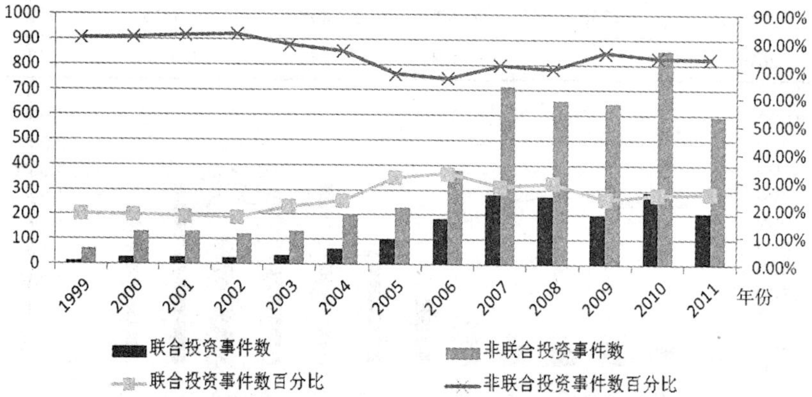

图 8.2　联合投资和非联合投资事件对比趋势图

图 8.2 显示：联合投资事件的数量在 2005 年以后呈现快速增长态势，由于受到 2008 年金融危机的影响，2008 年、2009 年投资事件数量呈现下

降的趋势。2010年风险投资事件总数快速回升，达到最大值，联合投资事件数也快速回升，但是上升幅度没有风险投资事件总数的上升幅度大。

在总的风险投资事件中，联合投资事件占到1/4以上；在风险机构总数中，联合投资机构数量将近达到一半。当然，由于联合投资存在着利益的分割和机构间的协调等特点，总体来看，非联合投资事件数一直多于联合投资事件数。但是，联合投资事件数一直保持着较为稳定的比例。在2008年到2009年，联合投资的机构数和发生的联合投资事件数都出现了一个向下的波动，这与整体外部经济环境以及风险投资业的发展不无关系。后随着经济回暖，联合投资机构数和联合投资事件数又出现了逐步上升的趋势。

有效的联合投资不但能聚积风险资金、分担风险和避免相互压价的恶性竞争，还能发挥协同管理作用，通过合作各方互补性增值服务产生价值溢出。随着我国风险投资业的发展和竞争的愈加激烈，风险投资机构对于联合投资的青睐不会减少，这场关于风险、利益、关系及资源的博弈仍将继续。

第二节　联合投资地域聚集性分析

一、相关理论分析

多数情况下，风险投资都会呈现地域聚集性，这对形成企业集群发展模式具有重要的意义[1]。美国风险投资支持的生物技术企业从地理分布格局考察，主要集中在美国的几个大城市。这些生物技术企业高度集中在具有社会经济多样性的城市中心，主要是因为这些公司靠近研究型大学、研究机构和医院，在那里有大量科学家和坚实的生命科学研究基础。同时这些公司还集中在大型制药公司、风险投资机构集中和富有创业精神的地区[2]。

我们在前面提到风险投资具有地域聚集性的特点，作为风险投资的一种投资模式，联合投资也呈现出地域聚集性分布。从风险投资大环境来看，风险投资受到经济、科学技术、地区人才创新能力等因素的影响，而这些因素对联合投资影响也很大。因而联合投资也呈现地域聚集性分布，主要分布在经济发达的地区。另一方面由于联合投资是两家及以上投资机构进行投资，为了方便几个投资机构对投资企业的管理，联合投资在地域上呈现一定的聚集性分布。

本节按照《中国风险投资年鉴》，将中国联合投资的地域划分为：三大重点中心城市（北京、上海、深圳）和除此之外的五大区域（东北、华北、华东、中南、西部）。具体划分见表 8.4。

表 8.4　　中国联合投资地区划分

地区	所辖省市
北京	北京市
上海	上海市
深圳	深圳市
东北	辽宁省、吉林省、黑龙江省
华北	天津市、河北省、山西省、内蒙古自治区
华东	山东省、江苏省、浙江省、安徽省、江西省、福建省
中南	河南省、湖北省、湖南省、广东省、广西壮族自治区、海南省
西部	陕西省、新疆维吾尔自治区、重庆市、四川省、贵州省、甘肃省、青海省、宁夏回族自治区、云南省、西藏自治区

二、联合投资地域聚集分析

表 8.5 给出了联合投资的地域分布。

表 8.6 是联合投资机构及其管理资金的地域分布。

从表 8.5、8.6 可以看出，联合投资主要分布在北京、上海、深圳、华东、中南地区。其中，北京是联合投资最主要的集中地，北京联合投资事件数占总联合投资事件数的 28.66%，投资金额占总联合投资金额的 31.67%。上海和华东地区联合投资的事件数和投资金额分别为第二、第三位。上海投资事件比例和投资金额比例分别是 18.19%、19.62%。华东地区投资事件比例和投资金额比例分别是 21.17%、19.26%。这主要是因为北京、上

表 8.5　　联合投资的地域分布

地区	事件数	百分比	投资资金总量（万元）	百分比
北京	501	28.66%	4,598,314.92	31.67%
上海	318	18.19%	2,849,164.37	19.62%
深圳	120	6.86%	645,109.81	4.44%
东北	31	1.77%	253,557.24	1.75%
华北	51	2.92%	498,253.13	3.43%
华东	370	21.17%	2,797,089.90	19.26%
中南	199	11.38%	1,501,740.53	10.34%
西部	89	5.09%	503,502.08	3.47%
海外	69	3.95%	874,345.67	6.02%
总计	1748	100.00%	14,521,077.65	100.00%

表 8.6　　联合投资机构及其管理资金的地域分布

地区	参投机构数	百分比	投资机构管理资金总额（万元）	百分比
北京	175	28.41%	10,533,557.70	30.65%
上海	90	14.61%	1,251,563.33	3.64%
深圳	33	5.36%	1,013,450.00	2.95%
华东	86	13.96%	564,500.00	1.64%
华北	27	4.38%	282,170.00	0.82%
东北	5	0.81%	1,336,300.00	3.89%
中南	36	5.84%	451,410.00	1.31%
西部	17	2.76%	334,568.60	0.97%
地区	参投机构数	百分比	投资机构管理资金总额（万元）	百分比
海外	147	23.86%	18,601,439.00	54.12%
总计	616	100.00%	34,368,958.63	100.00%

注：616 个联合投资机构中有 4 个机构没有投资管理总金额。

海、华东等地的经济发展迅速，有融资需求的新创企业相对较多。另一方面，联合投资企业集中地也是投资机构集中地，方便联合投资机构对投资企业的监管。

不同于联合投资事件和机构的地域分布情形，联合投资机构管理基金主要分布在海外和北京，分别占 54.12% 和 30.65%、而华东和上海等地占据较小。这说明，联合投资的投资金额主要来自海外资本和北京地区的资本。这主要是由于在海外和北京等地风险投资发展相对成熟，联合投资机构大多集中在此。

表 8.7 详细地给出了 1999 ～ 2006 年间，上述区域每年度的联合投资事件分布。

表 8.7　　联合投资投资事件地域分布

年份	北京	上海	深圳	东北	华北	华东	中南	西部	海外	总计
1999	2	4	2	0	0	2	3	0	1	14
2000	11	5	5	0	0	5	2	1	0	29
2001	4	10	2	0	0	7	3	1	0	27
2002	9	5	2	0	0	1	4	2	1	24
2003	5	10	2	0	0	5	2	2	6	32
2004	13	20	3	2	0	9	8	3	3	61
2005	41	23	6	1	1	14	10	2	4	102
2006	63	43	9	1	3	39	12	3	9	182
2007	83	56	13	6	8	55	33	14	11	279
2008	78	46	30	6	11	55	28	15	8	277
2009	54	24	11	5	8	58	28	8	6	202
2010	78	40	19	5	13	69	40	20	13	297
2011	56	29	15	5	7	51	23	17	7	210

注：按照机构类型统计总共 604 家，缺少 12 家机构数据。

从表 8.7 可以看出，各个地域的联合投资总体呈现逐年递增态势，2003 年至 2008 年各个地域的联合投资事件都明显增加。主要是因为 2004 年中小板成立，为中小高新技术企业上市提供了平台。由于受到金融危机的影响，2008 年到 2009 年各地域的联合投资事件数都大幅下降，但随着经济的复苏，2010 年北京地区联合投资事件数又有显著的增加。在投资金额方面，2008 年虽然投资事件数减少了，但是各个地区联合投资金额呈递增状态，在 2009 年达到顶峰，后出现下降趋势随后又显著上升。这主要是因为 2008 年国家先后出台了《关于创业投资引导基金规范设立与运作指导意见的通知》、《关于小额贷款公司试点的指导意见》和《科技型中小企业创业投资引导基金管理暂行办法规定》等相关政策，降低了创业投资基金的税负，拓宽了融资渠道，对创业投资引导基金进行了规范。这些政策的实施促进了2008年、2009年风险投资金额的增加。

北京的投资事件数和投资金额数都是增加最快的，主要是因为北京是经济、政治、文化的中心，经济、科技技术发展迅速，而且风险投资发展相对成熟。上海的联合投资事件数和投资金额数波动比较大，在2007年达到最大值后，就显著下降。华东地区联合投资发展较快，投资事件数呈持续增长态势，但是投资金额出现了下降。这说明，华东地区联合投资对每个事件的投资金额较小。这主要是由于华东地区经济呈现快速发展状态，新兴的中小企业较多。

三、小结

上述统计分析表明，无论从联合投资的事件数、风险资本投资金额，还是从机构数量来看，中国联合投资主要集中在北京、上海、华东和深圳、中南等地，这是由许多因素促成的。

1. 从风险投资角度来讲：第一，三市两地是中国主要的经济发展区，经济增长强劲，经济规模迅速扩大。其中前四个地区更是靠近沿海，经济发达，对投资的需求极其庞大，为风险投资提供了良好的土壤；而中南地区以武汉、重庆、成都为核心、经济迅猛发展，风险投资发展迅速。第二，风险投资典型的经营模式是对初创科技型企业进行投资，待企业发展成熟后，投资机构出卖股票或转让股权获得收益。而北京、上海、深圳、华东地区证券交易市场发展比较成熟，可以降低风险投资基地内部的交易成本，减少交易风险，提高经营效率，进而提高风险投资的投资绩效。第三，上述地区拥有全国知名的大学、研究机构，科技创新能力强。并且，政府不断出台相应的政策措施，完善风险投资的法律、法规，为风险投资提供了良好的环境，加大了对风险投资的扶持和引导。这些都为风险投资在这些地区的发展起到了巨大的促进作用，同样也促进了联合投资的发展。

2. 从联合投资自身来讲：第一，联合投资指的是两家或者是多家投资机构共同投资于一家企业，而投资机构主要集中在北京、上海、深圳、华东等地，处于方便对被投资企业进行管理和监督，被投资的企业也应主要集中在这些地区。第二，联合投资机构在投资后，可以彼此学习相关的经验，增加信息流的传递，因而联合投资呈现地域聚集性分布。

联合投资地区发展趋势为：2004 年以后各地区联合投资都呈现快速发展的形式。其中，北京、华东、上海地区发展最为迅猛。2008 年经济危机以后，联合投资事件数迅速下降，到 2010 年又逐渐回升。

第三节　不同的机构类型对联合投资的影响

表 8.8 给出了不同类型的投资机构参与联合投资的情况：

表 8.8　不同类型投资机构联合投资情况

	机构类型	总数	百分比	事件数	百分比
按照投资机构性质	PE	164	27.15%	7542	31.30%
	VC	352	58.28%	8209	34.07%
	PE/VC	88	14.57%	8343	34.63%
	总计	604	100.00%	24094	100.00%
按照资本来源	中资	360	58.44%	8425	34.47%
	外资	196	31.82%	8415	34.43%
	中 / 外资	60	9.74%	7603	31.11%
	总计	616	100.00%	24443	100.00%
按照活跃度	特别活跃机构（>=20)	116	18.83%	8413	33.42%
	一般活跃机构（>=6)	160	25.97%	8347	33.16%
	不活跃机构 (<6)	340	55.19%	8415	33.43%
总计		616	100.00%	25175	100.00%

注：按照机构类型统计总共 604 家，缺少 12 家机构数据。

在联合投资中，VC 机构占的比例最大，为 58%，其次是 PE 机构(27%)，PE/VC 机构站的比例最小（15%）。在联合投资的事件中，三者基本持平。可见，VC 类机构更倾向于联合投资。这与 VC 机构的投资性质有关，VC 投资除为企业提供资金支持外，还要全程参与受资企业的监管，在这种情况下，VC 性质的机构对于联合投资的需求显然是更为强烈。

从资本类型来看，资本来源于中资的联合投资比例最大，达到 58%，资本来源于外资的机构（32%）明显多于中 / 外资机构（10%）。从投资事件看联合投资中，三者投资事件数量相互持平基本都占到 1/3。

按照活跃程度来看，特别活跃的机构联合投资所占的比例最小，为 19%；不活跃的机构联合投资事件占据的比例最大，为 55%。

从 PE，VC，PE/VC 机构类型看，VC 类机构更倾向于进行联合投资。但 VC 的联合投资事件数和 VC，PE/VC 持平。

从资本来源看，资本源于中资的机构更倾向于联合投资。同样，其联合投资事件数和外资、中 / 外资类机构持平。

从机构活跃程度看，联合投资中活跃机构比例最低，但其投资事件数也与一般活跃机构和不活跃机构持平。

这些统计结果中有一个现象：虽然资本来自外资和中 / 外资的进行联合投资的数量少，但是他们的投资事件数量却是较多的；类似的，尽管不活跃机构在联合投资中占比很大，但实际发生的联合投资事件数比例却并不高。这主要是因为外资和中 / 外资类或是较为活跃的风险投资机构发展相对成熟和稳定，选择联合投资主要是出于降低风险和互补资源的考虑；而近年来风险投资业的发展引发了中资机构的爆发性增长，这些机构同时也是不活跃机构的主要构成群体，这些羽翼未丰的机构在成立之初为了能提升自己的声誉和业绩而选择了作为跟随机构参与联合投资，以求在风险投资市场中站稳脚跟。

第四节　联合投资网络特征研究

一、相关理论分析

（一）联合投资网络定义

联合投资网络是创投机构通过联合投资共同参与创业企业管理所形成

的关系网。从节点属性来看，联合投资网络是基于竞争对手间形成的横向网络；从关联属性来看，联合投资网络是基于正式契约形成的关联网络。考虑到不同学者在网络层次论述上的差异，我们通过图 8.3 以进一步明确网络定义。

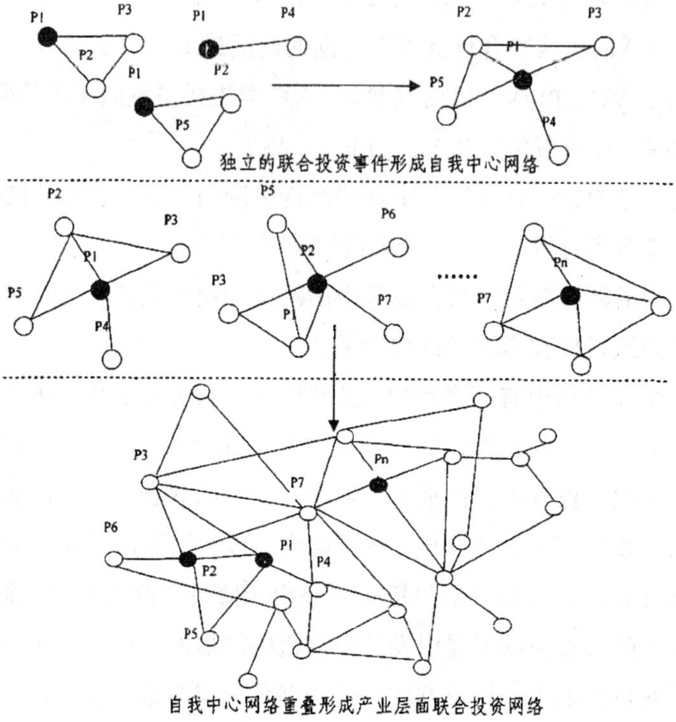

图 8.3　联合投资相关网络层次图

在图 8.3 中，P1 到 Pn 均为创投机构。其中 P1、P2 和 P3，P1、P2 和 P5，P1 和 P4 分别存在联合投资事件。通过联合投资，P1 嵌入了与 P2、P3、P4 和 P5 关联的自我中心网络，同样的 P2 也形成了与 P1、P3、P5、P6 和 P7 关联的自我中心网络。而不同创投机构之间关联的重叠性形成了产业层面的联合投资网络。在本研究中，关注的是创投机构在整个产业层面联合投资网络中的地位和影响力。

（二）联合投资网络中心性与结构洞的概念

中心性是指网络结构的等级次序，衡量了企业在网络中的地位，中心性越高，个体地位越高。占据高地位的行动者，其声誉和知名度更高，能为企业进一步创造出富含收益的通过网络获取资源的途径。此外，中心性代表的是一种权力以及影响和控制他人行为甚至思想的可能性。位高权重的个体可以通过阻断信息流动或者在信息传递中扭曲信息的内容，来实现这一目的。

结构洞强调网络利用的效率。博特（Burt，1992）认为网络关系作为一种投资，需要有更高的效率，具体体现在两个方面：一是信息非冗余，二是在关系建构中，打通主信息源[3]。结构洞概念将基于双边关系（强关系与弱关系）的一种讨论与网络整体结构进行了结合，大大降低了双边关系在网络中应用的局限性。如图 8.4，个体 E-1 连接了 A-1、A-2 以及 A-3 等众多分散节点处于结构洞位置。而 E-2 并没有占据结构洞的位置，在它所处的网络中所有个体都存在关联。

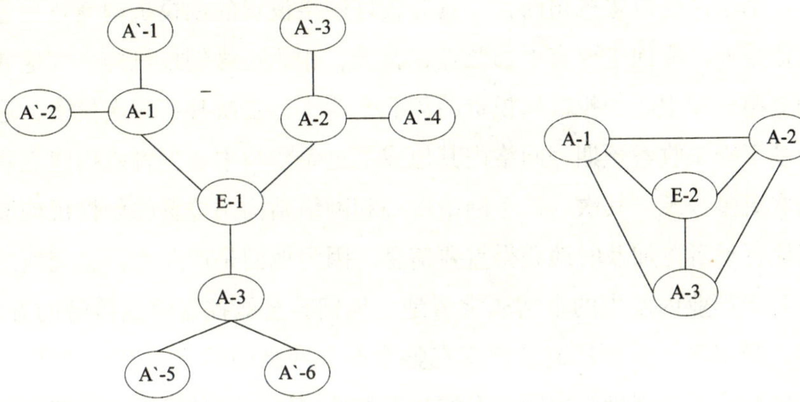

图 8.4　结构洞概念

（三）联合投资网络对创投机构的影响

1. 基于网络关系视角而言，与熟悉的伙伴合作会增加投资绩效。因为这种关系可以改善其可靠性和特定能力，增强所交换知识的数量和质量，帮助减少监督成本[4][5]。此外，创投机构对创业企业享有很高的控制权，能够以较低价格进行投资从而更容易获得高绩效。迪莫夫和克勒克(Dimov and Clercq，2007）认为随着联合投资伙伴数量的增加，创业企业失败的概率也会增加[6]。这主要是由于承诺续扩和社会懈怠两种作用的存在，随着创投机构数量的增加，对经营不善的企业承诺续扩的概率大幅下降，同时作为联合投资中的一分子，创业投资家对企业的监管积极性也有所下降，不太乐意提供增值服务，尤其是对面临困难的企业。

其中，联合投资网络规模对投资绩效的积极影响在于：首先，随着规模增大，不同创投机构可以参与到决策中，投资机构之间所保持的亲密关系，可以降低联合投资的成本。其次，创投机构获得的知识也更加丰富，可以带来更多有关运营和战略发展的知识，从而使得对潜在投资机会的选择更有效率，可以选择更高质量的投资项目。但是随着网络规模的扩大，一方面，每个投资伙伴对焦点投资企业的知识贡献会减少；另一方面，负面影响也会凸现，比如搭便车[7]。换言之，随着外部伙伴数量增加，出于监督伙伴机会主义行为的需求，企业进行合作的成本也随之提高，同时当管理关系的规则变得模糊时缺乏适当的协调。

2. 基于网络位置视角而言，具有较好网络位置的创投机构绩效显著好于其他企业。原因主要有下面几点，首先，相比边缘创投机构，其他创投机构更愿意和中心创投机构投资的创业企业进行二次甚至多次投资，这是因为基于未来收益预期，网络内其他成员更希望与中心创投机构建立联系以获取更多资源。其次，处于网络中心和网络结构洞位置的创投机构能够比其他行动者更加及时地获得重要信息。因为他们是产业内信息交换的枢纽，对于产业内发生的事情非常清楚，他们甚至能控制信息传递的方向、内容、频率等，从而影响到信息在整个产业网络中的流动 [8]。最后，处于结构洞位置的创投机构所嵌入的是开放性网络，这种网络有着较强的包容性 [9]。在开放性网络下，创投机构投入少，相互间关联成本低，因而具有很强的延展性，能够形成范围较广的连接。而封闭性网络存在较强的排他性，网络内成员会限制新成员的进入，如果某个机构违反规则和新伙伴进行合作，将受到其他机构长达数年的严厉惩罚。显而易见，期望与义务所引发的制度压力大大减低了创投机构探索网络外部资源的效率，提高了与网络外部伙伴交往的成本[10]。

二、联合投资网络特征分析

（一）基于 CVSource 数据库的联合投资网络概况

我们采用最新的 UCINet6.0 版本分析网络位置，在收集好数据后，我们进一步建立起 $N \times N$ 阶矩阵，用于网络结构的分析，其中行和列均为创投机构，X_{ij} 为第 i 个创投机构和第 j 个创投机构观察期内联合投资的项目数量。

采用 UCINET6.0 中的 NetDraw 软件绘制的联合投资网络拓扑图如图 8.5 至图 8.8 所示（其中，2011 年数据截至 2011 年 9 月 24 日）。

从以上四年联合投资的网络图可以看到，以几家经验丰富的风险投资企业（均为外资）为核心的网络几乎连接起所有的风险投资企业，形成了结构特征明显的社会网络。2008 年有 274 个联合投资事件，334 家投资机构进行过联合投资。深创投、赛富基金、高盛、德同资本、IDG 为主要的联合投资网络中心。2009 年有 199 个联合投资事件，295 家投资机构。从上图中可以看到金融危机以后联合投资网络密度减小，其中，网络中心主要是大的投资机构，如深创投、天堂硅谷、联想投资、达晨创投和红杉中国等比较大和活跃的投资机构。随着经济的复苏，2010 年联合投资机构网络密度明显增加，活跃投资机构数量也明显增多，有 292 个联合投资事件，337 家投资机构。其中，IDG 资本、深创投、红杉中国和天堂硅谷等投资机构成为 2010 年联合投资网络图的中心。2011 年联合投资网络密集度进一步加大，活跃投资机构数量也进一步明显增多。截至 2011 年 9 月 24 日，已有 206 个联合投资事件，340 家投资机构，活跃投资机构除了 IDG、深创投外，还有经纬创投、德同资本、江苏瑞华等投资机构。

（二）联合投资网络特征：网络中心性与结构洞

网络的中心性包括三个测量指标，分别是度数中心度（Ddegree）、中间中心度（Betweenness Centrality）和接近中心度（Closeness Centrality）。

行动者 X 的度数中心度可以分为绝对中心度和相对中心度。绝对中心度是指与 X 点直接相连的点数。如果某点具有最高的度数，则称该点居于中心，很可能拥有最大的权利。相对中心度是指点的绝对中心度与图

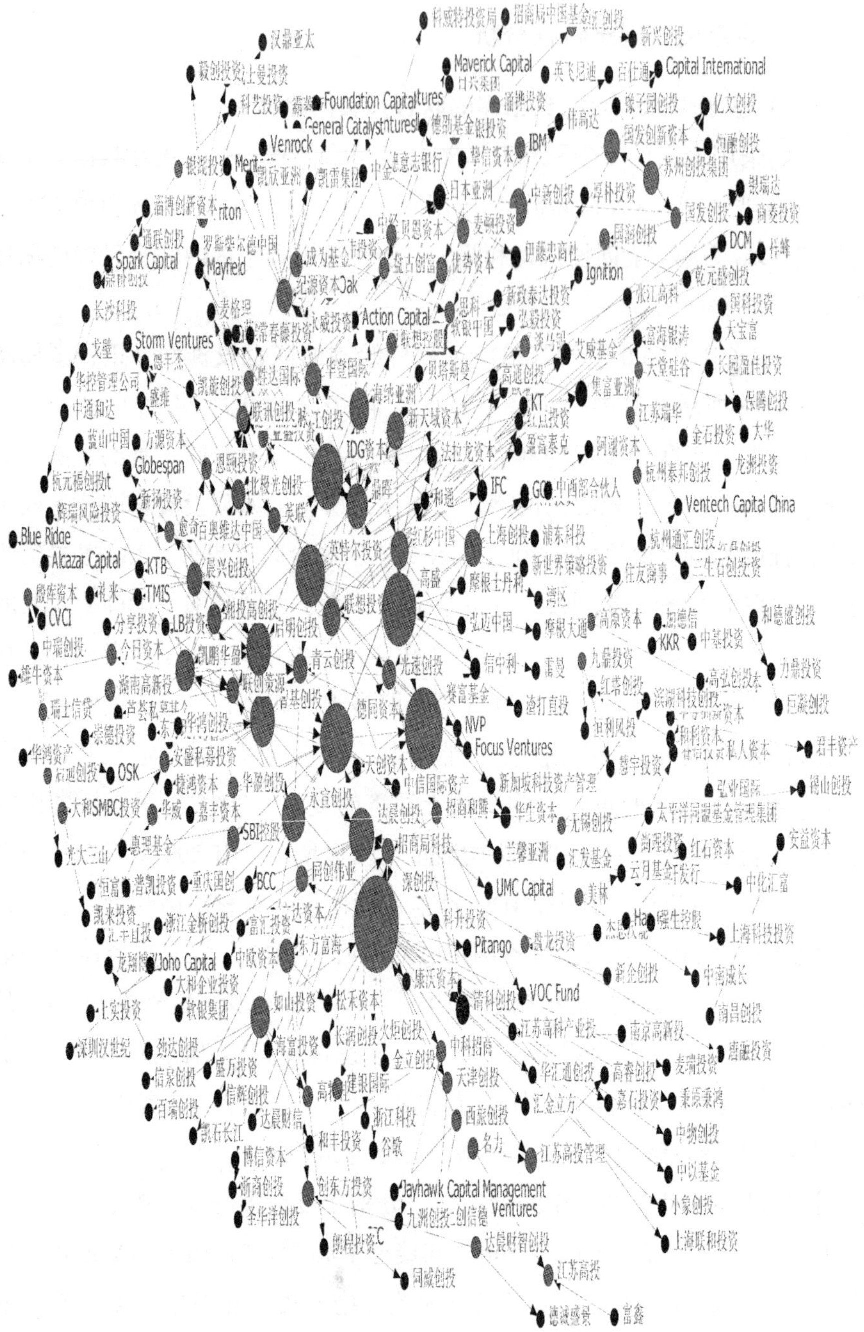

图 8.5　2008 年联合投资网络图

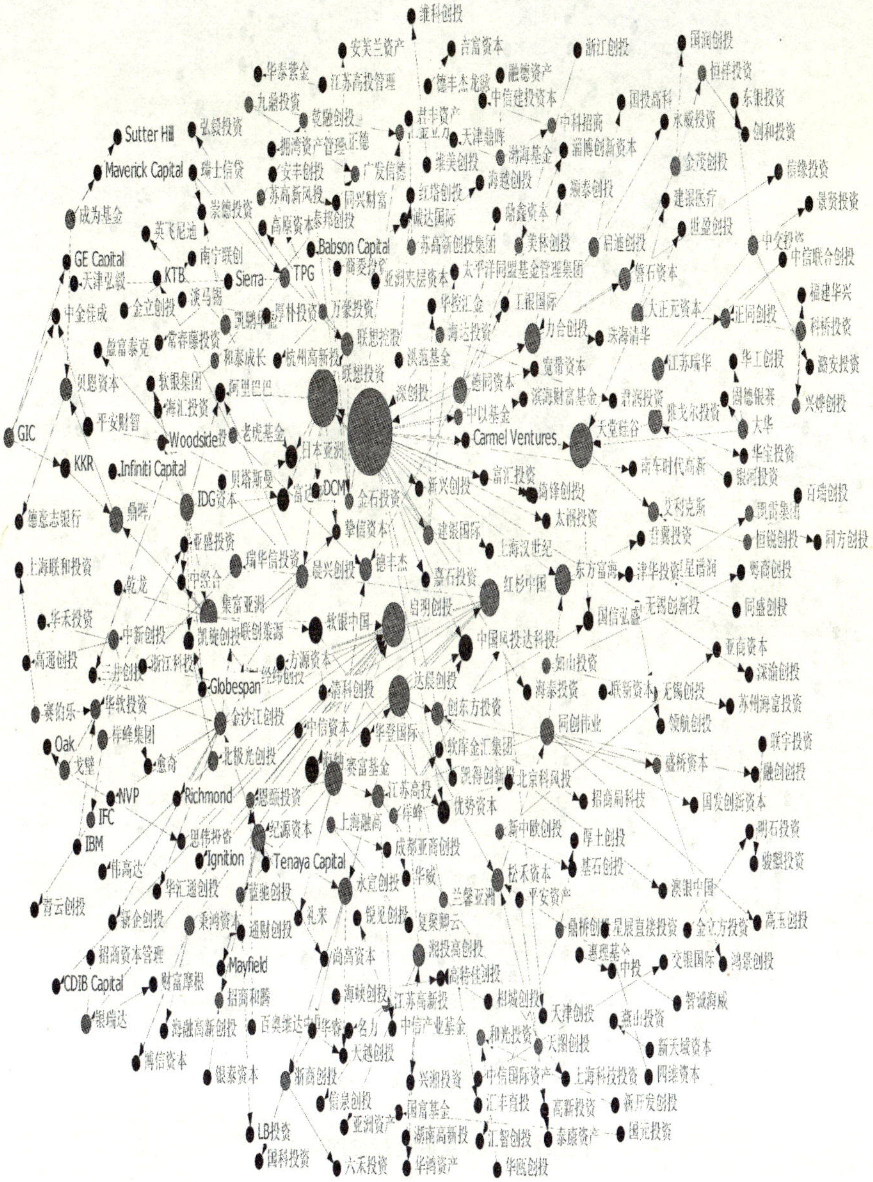

图 8.6　2009 年联合投资网络图

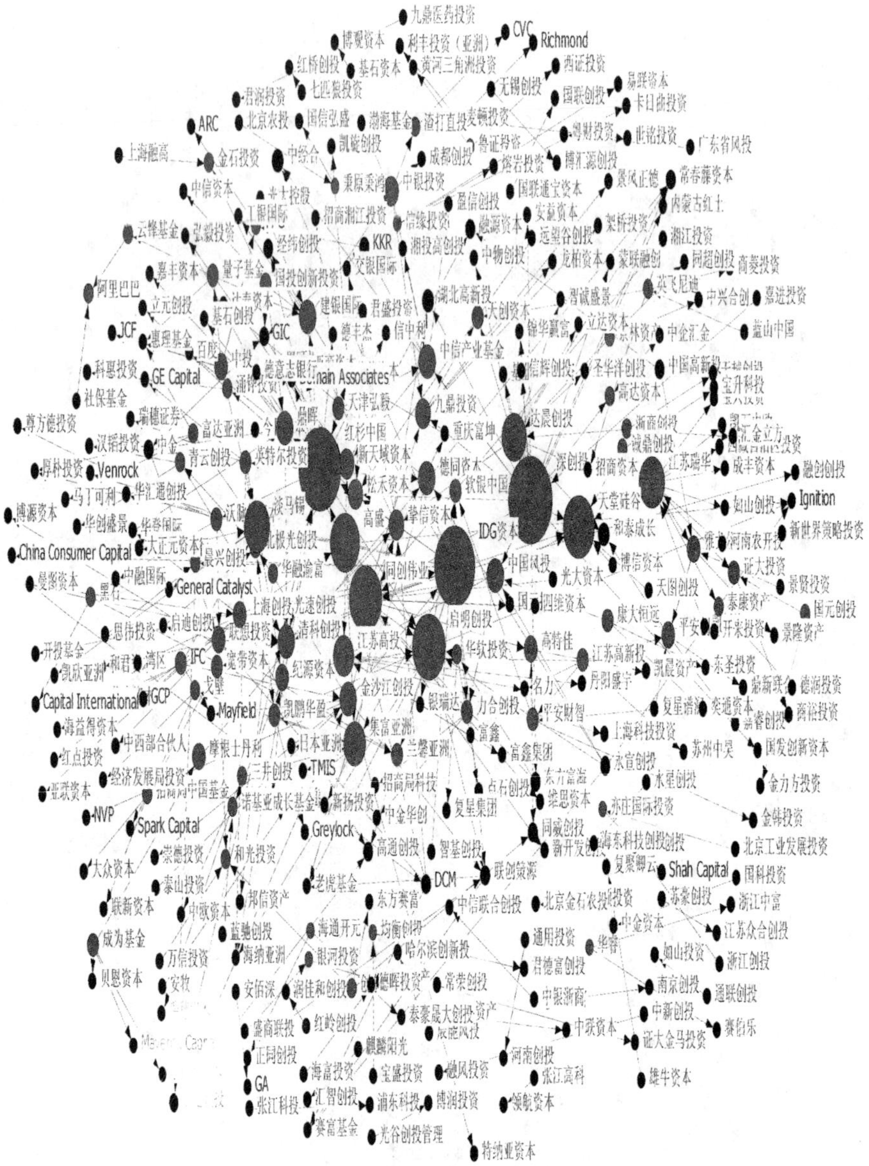

图 8.7　2010 年联合投资网络图

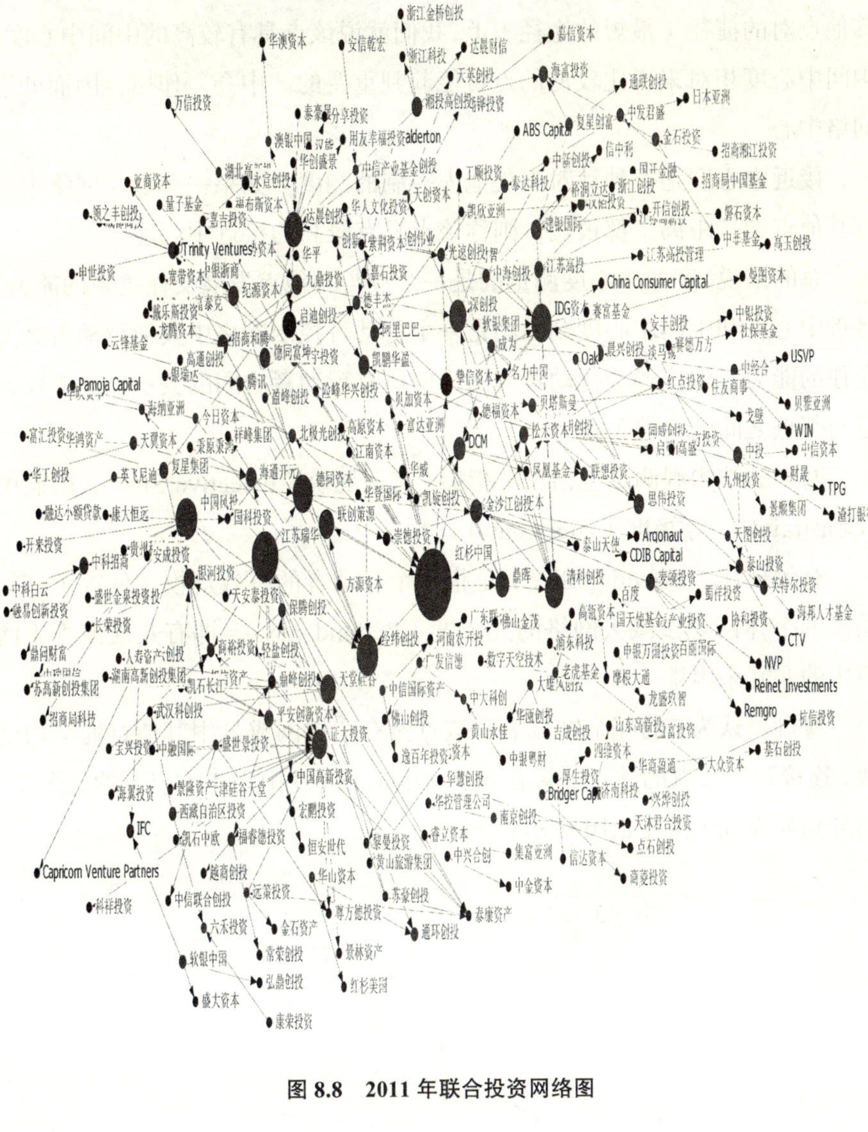

图 8.8　2011 年联合投资网络图

中点的最大可能度数之比。例如，在一个 n 点图中，任何一点的最大可能的度数一定是 $n-1$。因此，在一个有 10 个点的图中，度数为 6 就意味着相对中心度为 6/（10−1）=0.66。

中间中心度测量的是行动者对资源的控制程度。如果一个点处于许多其他点对的捷径（最短的途径）上，我们就说该点具有较高的中间中心度。中间中心度相对来说比较低的点可能起到重要的“中介”作用，因而处于网络中心。

接近中心度是一种针对不受他人控制的测度。如果一个点与网络中所有其他点的“距离”都很短，则称该点具有较高的接近中心度。

总的来说，度数中心度测量的是一个点与其他点发展交往关系的能力。接近中心度和中间中心度刻画的是一个行动者控制网络中其他行动者之间交往的能力，他依赖于行动者与网络中所有行动者之间的关系，而不仅仅是与邻点之间的直接关系。

网络的结构洞测量包括三个指标：有效规模（Effective Size）、限制度（Constraint）、等级度（Hierarchy）。

有效规模（Effective Size）是指一个行动者的有效规模。他等于该行动者的个体网规模减去网络的冗余度（Redundancy），即有效规模等于网络中的非冗余因素。

薄伽提认为 i 的冗余度就等于该点所有个体网成员中其他点的平均度数（连接到中心点的线不计算在内）。例如，图 8.9 中点 1 和点 5 的冗余度，则分别如表 8.9 和表 8.10 所示：

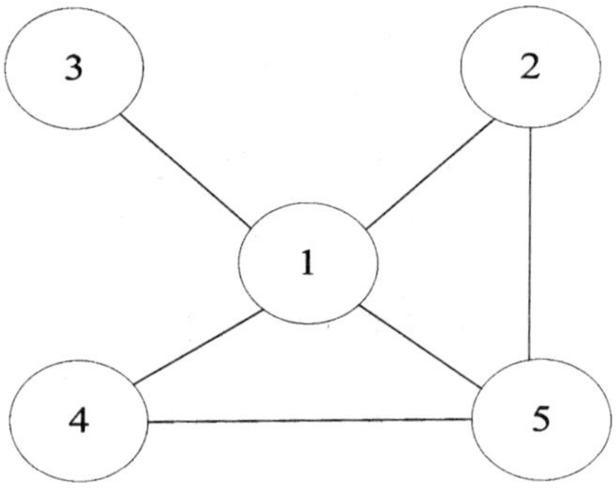

图 8.9　五点网络图

如表 8.9 所示，点 1 的冗余度是 1，有效规模是 4–1=3。

表 8.9　　　　　　点 1 的网络成员及密度

点 1 的个体网成员	2	3	4	5	均值
度数	1	0	1	2	4/4=1

如表 8.10 所示，点 5 的冗余度是 1.33，有效规模是 3–1.33=1.67。

表 8.10　　　　　　点 5 的网络成员及密度

点 5 的个体网成员	1	2	4	均值
度数	2	1	1	4/3=1.33

限制度指的是行动者在自己的网络中拥有的运用结构洞的能力。通常来说，j 所在群体的结构洞数目越多，j 对其网络外的 i 的限制力越小。

等级度指的是限制度在多大程度上集中在一个行动者身上。当一个行动者的每个联络人的限制度都一样时，该测度达到最小值为 0。反之，当所有的限制都集中于一个行动者时，该值就达到最大值 1。换言之，一个点的等级度越大，说明该点越受到限制。

表 8.11 至表 8.14 是 2008~2011 年各年度中间中心度最高的前 6 个联合投资机构的中心性和结构洞指标。

表 8.11　　2008 年联合投资中主要投资机构的中心性和结构洞指标

投资机构	中心性指标			结构洞指标		
	度数中心度	中间中心度	接近中心度	有效规模	限制度	等级度
深创投	26.00	7728.32	27109.00	25.85	0.04	0.01
赛富基金	7.00	6268.80	26988.00	6.71	0.15	0.00
高盛	14.00	5430.82	26988.00	13.77	0.08	0.05
德同资本	16.00	5047.09	27009.00	15.25	0.08	0.01
IDG	17.00	4794.20	27057.00	15.81	0.09	0.06
英特尔投资	17.00	4317.33	27017.00	16.44	0.07	0.01
均值	16.17	5597.76	27028.00	15.64	0.09	0.02

表 8.12　2009 年联合投资中主要投资机构的中心性和结构洞指标

投资机构	中心性指标			结构洞指标		
	度数中心度	中间中心度	接近中心度	有效规模	限制度	等级度
深创投	23.00	10284.90	27545.00	22.91	0.05	0.00
联想投资	10.00	6320.46	27566.00	9.60	0.12	0.01
天堂硅谷	6.00	4134.73	27693.00	6.00	0.17	0.00
启明创投	13.00	3898.40	27711.00	12.87	0.09	0.07
达晨创投	8.00	3652.52	27639.00	7.75	0.14	0.01
红杉中国	9.00	3336.08	27613.00	9.00	0.12	0.08
均值	11.50	5271.18	27627.83	11.36	0.11	0.03

表 8.13　2010 年联合投资中主要投资机构的中心性和结构洞指标

投资机构	中心性指标			结构洞指标		
	度数中心度	中间中心度	接近中心度	有效规模	限制度	等级度
深创投	21.00	7547.54	28966.00	20.52	0.06	0.02
红杉中国	23.00	7308.51	28946.00	22.60	0.05	0.04
IDG 资本	17.00	6735.31	28946.00	16.67	0.07	0.05
启明创投	14.00	5362.87	28935.00	13.39	0.10	0.01
同创伟业	15.00	5263.40	28976.00	14.47	0.08	0.03
天堂硅谷	7.00	5067.01	29052.00	6.71	0.15	0.00
均值	16.17	6214.11	28970.17	15.73	0.08	0.03

表 8.14　2011 年联合投资中主要投资机构的中心性和结构洞指标

投资机构	中心性指标			结构洞指标		
	度数中心度	中间中心度	接近中心度	有效规模	限制度	等级度
红杉中国	18.00	10368.71	15984.00	18.00	0.06	0.07
江苏瑞华	13.00	6656.53	16108.00	11.04	0.16	0.15
经纬创投	9.00	5369.83	16087.00	9.00	0.11	0.00
IDG 资本	13.00	4607.06	16129.00	13.00	0.08	0.00
德同资本	6.00	4435.62	16145.00	6.00	0.17	0.00
深创投	8.00	3415.27	16147.00	7.75	0.14	0.00
均值	11.17	5808.84	16100.00	10.80	0.12	0.04

从上述 4 个表可以看出，2008 ～ 2011 年间，深创投、IDG、红杉中国的中心性指标都是较高的，说明深创投、IDG、红杉中国与其他机构的交往能力及控制资源的能力都是很高的。这也和深创投、IDG、红杉中国处在联合投资网络图中心的情况相符合。2008 年各机构中心性指标明显高于其他三年中心性指标，说明 2008 年各主要机构与其他机构交往联系更频繁，控制资源的能力更强。

在结构洞指标中，可以看到 2008 年主要投资机构有效规模的平均值最高，为 15.64。其次是 2010 年，为 15.73。而 2009 年、2011 年有效规模平均值则偏小。而限制度指标则是 2011 年最高，为 0.12。2009 年的限制度和 2011 年相差不大，为 0.11。2008 年、2010 年的限制度较小，分别为 0.09 和 0.08。2011 年等级度指标平均值最大，为 0.04。2008 年等级度指标平均值最小，为 0.02。从上述指标中看到，2008 年、2010 年结构洞指标明显好于其他两年的指标。说明 2008 年和 2010 年主要投资机构获取信息能力更强，更容易和其他机构进行联合投资。

总之，深创投、IDG、红杉中国等投资机构的中心性指标和结构洞指标都是较好的。说明了在每年的联合投资中，这些机构是中心机构，和其他机构联系、共同投资的较多，并且控制资源、获取信息的能力较强。另外，2008 年、2010 年联合投资网络中心性指标和结构洞指标明显好于 2009 年。说明联合投资网络受到了金融危机的影响。随着经济的复苏，相信在未来几年联合投资网络中心性和结构洞指标会更好。

三、小结

联合投资机构进行联合投资时呈网络状分布，并且网络密度总体呈现逐年增大的趋势，说明更多投资机构倾向联合投资。其中 IDG、深创投、红杉中国等大型投资机构是网络中心。这主要是因为这些投资机构成立较早，投资项目经验较丰富，规模较大，资本雄厚。因而与之进行联合投资的机构较多，也就成为联合投资网络的中心。

金融危机后联合投资的网络密度变小，如 2009 年的网络密度明显小于 2008 年的，并且此时网络中心投资机构较少，只有深创投、IDG 资本等几家大型的机构。但是 2010 年以后随着经济的回暖联合投资的网络密度逐渐加大。网络中心的投资机构数也加大，这说明联合投资的网络密度和网络中心机构数是受到金融危机的影响的。随着经济复苏，未来几年内联合投资网络密度和网络中心投资机构数目还将不断地增加。

第五节 研究结论

联合投资在风险投资中占有很重要的地位。在总的风险投资事件中，联合投资事件占到 1/4 以上，投资机构数量将近达到一半。这主要是因为有效的联合风险投资不但能聚积风险资金、分担风险和避免相互压价的恶性竞争，还能发挥协同管理作用，通过合作各方互补性增值服务产生价值溢出。通过对联合投资地域聚集性、投资机构类型对联合投资的影响、联合投资的偏好及联合投资网络特征的研究，得到如下的结论：

1. 无论从联合投资的事件数、风险资本投资金额，还是从机构数量来看，中国联合投资主要集中在北京、上海、华东和深圳、中南等地。联合投资地区发展趋势为：2004 年以后各地区联合投资都呈现快速发展的形式。其中，北京、华东、上海地区发展最为迅猛。2008 年经济危机以后，联合投资事件数迅速下降，2010 年又回升。

2. 从 PE，VC，PE/VC 机构类型看，VC 类机构更倾向于进行联合投资，但 VC 的联合投资事件数和 PE，PE/VC 持平。从资本来源看，资本来源自中资的机构更倾向于联合投资。同样，他的联合投资事件数和外资、中 / 外资类机构持平。从机构活跃程度看，活跃机构更倾向于进行联合投资。联合投资中活跃机构比例最低，但其投资事件数和一般活跃机构和不活跃机构持平。

3. 联合投资机构在进行联合投资时呈网络状分布，并且网络密度逐年增大，说明更多的机构倾向于联合投资。其中 IDG、深创投、红杉中国等大型投资机构成为网络中心。这主要是因为这些投资机构成立较早，投资项目经验较丰富，规模较大，资本雄厚。因而与之进行联合投资的机构较多，也就成为联合投资网络的中心。

参考文献

[1] Subhash K B. Geography of Venture Capital Financing in Canada [J].The Journal of Private Equity,2007,9（4）:13-28.

[2] Chen K, Marchioni M. Spatial Clustering of Venture Capital-financed Biotechnology Firms In the U.S[J].Industrial Geographer,2008,5（2）:19-38.

[3] Burt,R.S.Structural Holes[M].Cambridge:Harvard University Press,1992.

[4] Gulati R?.Social structure and alliance formation patterns:A longitudinal Analysis[J]. Administrative science quarterly,1995,40,（4）:619-652.

[5] Granovetter,M.Economic action and social structure: the problem of embeddedness[J]. American journal of sociology,?1985,?91（3）:?481-510

[6] Dimov,D.Shepherd,D.A.,Sutcliffe.K.M.,Requisite Expertise,Firm Reputation and Ststus in Venture Captial Investment Allocation Decisions[J]. Journal of Business Venturing,2007,8（3）:481-502.

[7] Mike Wright, Andy Lochett. The structure and management of alliances: syndication in the venture capital industry[J].Journal of management studies,2003,40（8）: 2073–2102

[8] 吴剑峰、吕振艳 . 资源依赖网络中心度与多方联盟构建——基于产业电子商务平台的实证研究 [J]. 管理学报 ,2007,4（7）:509-519.

[9] 李林艳 . 社会空间的另一种想象——社会网络分析的结构视野 [J]. 社会学研究，2004，3:64-75.

[10] 姜翰，金占明 . 关系成员企业管理者社会资本水平与其机会主义行为间关系的实证研究 [J]. 南开管理评论 ,2008,11（4）:34-42.

第九章

风险投资策略案例研究

中国的风险投资业从 1984 年开始，经历了萌芽，低谷和高潮，如今已进入一个蓬勃发展的新阶段，迎来了中国风险投资发展的“黄金十年”。尽管相较于成熟的风险投资市场而言，中国的风险投资仍存在诸多问题，但整体上风险投资机构的投资项目数和投资金额在近几年都呈现逐年上涨的趋势。

在近三十年的发展过程中，中国风险投资演化成为两大阵营：本土风险投资机构（管理人民币基金）和国际风险投资机构（管理美元基金），两类机构在资本来源、投资规模、组织形式、人力资源、投资策略等方面都存在着显著不同。总体上看，两类机构的绩效表现也有明显的差异。从清科公司和中国风险投资研究院两大研究机构发布的“中国风险投资 50 强”排名可以直观地看出，国际风险投资机构占据了榜单上的大部分名额。中国的风险投资表现出主体多样化、东西方文化交融以及转型经济的特点。

那么，本土和海外投资机构在中国究竟执行着怎样的投资策略，各自倾向于投资什么样的行业、阶段或地域，参与联合投资、进行多轮次投资策略的情况如何？本土和外资机构在特性上的差异使得有必要对于其在投资行为上所表现出来的差异进行研究。

本章选择了包括本土和外资机构在内的 9 个最具代表性的风险投资机构，来探究和比较各机构对于投资行业、阶段、地域以及联合投资、多轮次投资等各项投资策略的选择情况。

第一节　案例样本概述

一、样本描述

本章以风险投资机构为研究对象，采用多重个案研究的方法，通过CVSource数据库，按照机构投资事件数目进行筛选，选择历年来投资事件较多、投资金额较大、影响程度大、知名度高的风险投资机构。因为只有通过相对充足的投资事件数，才能够在一定程度上反映该机构的投资策略。

为研究本土及海外投资机构的投资策略，作者共选取9家风险投资机构，其中4家本土机构：深创投、天堂硅谷、达晨创投、君联资本；5家海外机构：IDG资本、红杉中国、英特尔投资、北极光创投、海纳亚洲。相关材料均来自其官网。本章主要涉及各投资机构已投资企业的行业、阶段、地域以及进行联合投资、分阶段投资情况等。

深创投：全称深圳市创新投资集团有限公司，中资，2002年10月成立，是以资本为主要联结纽带、母子公司为主体的大型投资企业集团的核心企业，其前身为深圳市政府于1999年8月26日发起设立的深圳市创新科技投资有限公司，主要从事创业投资、股权投资与增值服务、基金管理等业务，目前管理资金总额为200亿元。其机构总部以及办公室均设在深圳。

天堂硅谷：全称浙江天堂硅谷股权投资管理集团，中资，2000年11月11日成立，是由省政府牵头组建的一家专门从事股权投资和资产管理的企业，经历了十年的实践探索后，已发展成国内知名、省内第一、获浙江省知名商号的投资和资产管理集团。截至2011年6月底，天堂硅谷已发起设立各类基金49支，实际到位资本近51亿元，投资和资产管理项目共计85个（16家已上市），管理资产超过83亿元人民币。其机构总部以及办公室均设在杭州。

达晨创投：全称深圳达晨创业投资有限公司，中资，2000年4月19

日成立，是第一批按市场化运作设立的内资创业投资机构，管理资金总额为105亿元人民币，投资企业累计140家，其中19家企业成功IPO，6家企业通过企业并购或回购退出。在北京、上海、广州、长沙设有办公室，总部设在深圳。

君联资本（联想投资）：全称君联资本，中资，成立于2001年4月，前身为联想投资，是联想控股旗下独立的专业风险投资机构，拥有一支包括14位合伙人在内的由50余位专业人员组成的投资团队，管理资金规模逾130亿元人民币。总部设在北京，并且在北京、上海设有办公室。

IDG资本：全称国际数据集团（IDG）资本，外资，1992年进入中国，作为最早进入中国市场的国际投资基金之一，是专注于中国市场的专业投资基金，目前管理的基金总规模为38亿美元。在香港、北京、上海、广州、深圳、硅谷、波士顿等地设有办事处，投资近200家各行业的优秀企业。

红杉中国：全称红杉资本中国，外资，成立于2005年9月，目前管理基金总额约26亿美元用于投资中国的高成长企业。红杉资本创始于1972年，拥有近100亿美元总管理资本。在北京、上海、香港设有办公室，总部在北京。

英特尔投资：全称英特尔投资，外资，1991年5月成立，在中国拥有一支专业团队，在北京、上海、香港分别设有办事机构。目前管理基金总额为7亿美元，1998年开始第一笔战略投资，至今已向中国大陆和香港地区11个城市的50多家中国公司投入了资金。总部设在美国，在北京和上海设有办公室。

北极光创投：全称北极光风险投资，外资，创立于2005年，伴随着高速发展的中国经济快速成长。目前，管理资产总额10亿美元，北极光先后投资了60多家公司，在北京、上海、苏州和美国加利福尼亚州门洛帕克设有办事处，总部设在香港。

海纳亚洲：全称海纳亚洲创投基金，外资，是海纳国际集团（SIG）在上海设立的全资境外企业，成立于2004年，主要从事SIG在中国的风险投资和私募股权投资。目前，管理基金总额为5亿美元，共有70多起投资事件。在北京和上海设有办公室，其机构总部设在美国。

二、资料处理

本章主要从各投资机构的官方网站及 CV source 数据库中提取相关信息，主要涉及机构投资事件所投资的行业、阶段、地域以及联合投资事件、多轮次投资事件等，并以此为基础，进一步进行整理和归纳。

截至 2012 年 5 月，深创投共计发生 350 起投资事件、天堂硅谷 106 起投资事件、达晨创投 149 起投资事件、君联资本 140 起投资事件、IDG 资本 334 起投资事件、红杉中国 163 起投资事件、英特尔投资 97 起投资事件、北极光创投 78 起投资事件、海纳亚洲 73 起投资事件，纳入研究的投资事件共计 1490 起，其中本土机构投资事件数为 745 起，海外机构为 745 起。

第二节　案例研究结果

一、投资行业

本土风险投资机构的投资行业较分散，既涉及高新技术行业还包括传统行业；海外风险投资机构基本聚焦于高新技术行业，其专业化程度较高。分散化投资是众所周知的降低非系统性风险的方法，然而，拜格雷夫（Bygrave）等学者通过研究则认为进行高度的专业化投资有利于控制风险、构建关系网络并在此过程中积累信息和获取新的交易流。

如表 9.1 所示，本土机构的投资行业主要集中于 IT、制造业、医疗健康、互联网、能源及矿业、化学工业等，行业较为分散，其并不只追求高新技术行业，只要具有投资机会及获利机会就会介入。相较而言，海外风险投资机构的投资行业分布较集中，主要是互联网、电信及增值、IT 等行业，基本聚焦在高新技术行业。

风险资本非常重视投资行业的成长性，选择高成长性的行业，一方面是因为，机构投资者通常都仅把自己的一小部分资金作为高风险资本，但他们却期望在其投资期内每年有超过平均利润率几倍的投资回报率。另一方面是因为，选择超过市场平均盈利水平的产业进行投资，可以将投资的系统性风险降到最低，而留下的实际风险就是被投资公司的管理者是否有足够的管理能力。

表 9.1　　　　风险投资机构投资行业分布

投资行业	深创投	天堂硅谷	达晨创投	联想投资	IDG资本	红杉中国	英特尔投资	北极光创投	海纳亚洲
互联网	√		√	√	√	√	√	√	√
电信及增值			√	√	√	√	√	√	√
IT	√	√	√	√	√	√	√	√	√
能源及矿业	√	√	√				√	√	
制造业	√	√	√	√					
化学工业	√	√	√						
建筑建材		√							
交通运输									√
汽车行业	√								
农林牧渔	√					√			√
金融									
医疗健康	√	√	√	√	√	√			√
连锁经营				√		√		√	√
食品饮料				√					
文化传媒		√			√	√		√	√
教育及人力资源			√	√					
旅游业									
房地产									
公用事业									
综合		√	√						
总计	8	8	9	8	5	7	4	6	8

众所周知，一个公司在高速成长的产业里发展肯定要比在低成长或负增长的产业里发展容易得多。实际上，风险资本总是投资那些比整个市场的平均利润水平高的产业，而不在乎这个产业是不是高新技术产业，这和

我们许多人的认识是不同的。例如，制造业和文化传媒行业分别是本土投资机构和海外投资机构投资传统行业的关注点。中国“十一五”和“十二五”规划重点提出了对传统产业的更新改造，要将高新技术融入传统产业，使其焕发生机。本土投资机构基于中国政策的导向，投向该领域的风险资本急速增加。而在中国文化传媒行业风险投资活动中，海外投资机构唱主角，本土机构投资较少，这主要和中外的意识形态相关。中国更偏向于实体经济，对文化价值的感知能力较海外相对弱些，此外，其市场前景、媒介环境、技术更替等一系列的不确定性使得本土投资机构对其相对冷淡。

本土投资机构中，达晨创投的主要投资行业范围更是高达 9 个，涉及高新技术行业中的互联网、电信及增值、IT、能源及矿业、医疗健康；传统行业中的制造业、化学工业、教育及人力资源以及综合等，其行业相关性较低，分散程度很高。

海外投资机构中，英特尔投资主要锁定互联网、电信及增值、IT、能源及矿业四个行业，是行业专业化程度最高的风险投资机构。投资行业的专业化，即一般对被投企业的行业属性有一定的投资偏好，只对自己熟悉的行业内的企业或自己了解的技术领域内的企业进行投资。一方面是由于风险投资机构的资金是有限的，通过集中投资到某一行业容易形成上下游企业或关联企业，从而能够互相支持。最主要的原因则是，只有投资自己熟悉的行业，才能对项目的技术风险进行合理评估和分析。

二、投资阶段

图 9.1 描绘了 9 家机构的投资阶段分布。本土投资机构和海外投资机构均倾向投资于风险企业的中后期阶段，即发展期和扩张期均为风险资本的主要投资阶段。但相较于海外投资机构，本土机构中期投资较多，对于早期阶段的投资明显偏少。

目前，中国风险投资机构对创业企业早期阶段的投资比例仍然较低，这主要是由于早期企业的不确定程度高、投资风险大，进而失败的可能较大。早期阶段的企业处于技术的开发与试制阶段，或者是商业创意的酝酿与筹备阶段。此时，企业主要面临三大风险：技术风险、产品的市场风险

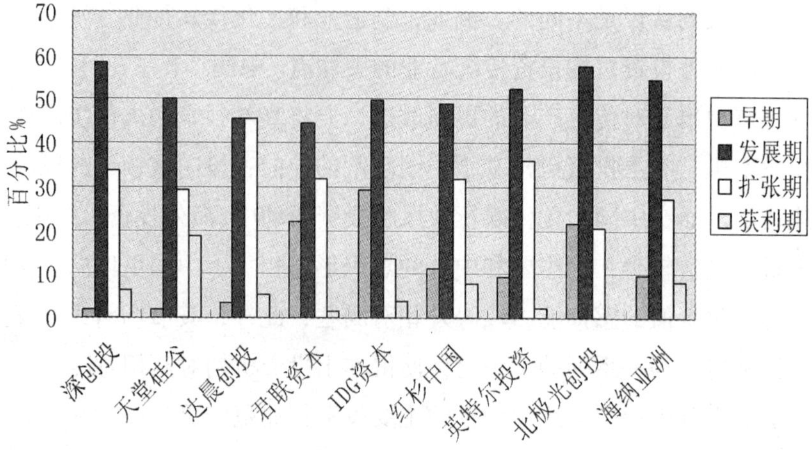

图 9.1　风险投资机构投资阶段

以及代理风险，每个风险都可能成为企业发展过程中致命的打击。技术风险，即技术开发方面的各种不确定因素，如技术难度、技术成熟度、商品化程度、开发周期与技术寿命周期等。技术风险是中小企业面临的最大的风险；市场风险，即因相关产业或相关市场发生严重变化而造成的风险；代理风险指企业家为实现自身利益而损害风险投资者利益的行为。在市场风险方面，处于早期的企业很难对其产品的市场需求做出预测，特别是在企业处于新兴市场的情况下，企业本身对市场所知甚少，市场风险更为明显；在技术风险方面，很多初期企业尚不能提供可操作的技术样品，难以规划技术的未来发展；在代理风险方面，早期企业信息不对称程度高，且企业管理者和风险投资家在企业发展战略决策上可能会产生意见分歧。目前，中国风险投资业还处于起步发展的阶段，市场经济明朗程度还有待加强，加之投资时规避风险、提高收益的心理偏好促使投资机构对于早期阶段投资程度较低。

在我们的案例中，IDG 资本、君联资本投资早期发展阶段程度较高。IDG 资本具有全球服务网络及长期丰富的本土投资经验，至今已走过了 30 年的投资历程，由专业人士组成管理团队，通过深度市场调查和细致分析做出投资判断。君联资本的合伙人多具有产业和企业的工作经验，在被投企业的董事会中能够发挥积极作用。同时，君联资本设立了专门的内部顾问团队，将在人力资源管理、财务运营管理、业务流程管理以及法务等专业方面为被投企业提供辅导和帮助，充实了被投企业创业团队的管理能力；同时，君联资本在投资业界拥有广泛的人脉和合作网络基础，与其他同行共同投资，提高自身的抗风险能力。

三、投资地域

表 9.2 给出了 9 家机构的投资地域分布。从表 9.2 可以看出，本土风险投资机构的投资地域较广泛，海外机构投资地理范围相对较小。

本土机构具有地理优势，对各地区的宏观政策以及地理自然环境等较熟悉，能够有效地降低因地理位置而引发的相关风险，这就拓宽了机构在投资地域方面的选择性。相对来说，海外机构进驻中国，其相关的资源及关系范围相对狭窄，出于自身资源及风险的考虑，其可选择或者偏好范围较固定。

在本书调研的风险投资机构中，深创投投资地域最广，延伸到全国 25 个省。其总部和办公室均设在广东深圳市，是以资本为主要联结纽带的母子公司为主体的大型投资企业集团，其管理资金规模达 200 亿元，在调研机构中基金规模最大。深创投管理基金的种类有：区域性政府引导基金；中外合作 / 合资基金；商业化基金和战略合作基金等，其基金来源较广，并且跟政府部门取得合作，这在拓宽投资地域范围上占有一定的优势。

IDG 资本在海外机构中投资地理范围最广，涉及 18 个省。其成立于 1992 年，是最早进入中国市场的国际投资基金之一，管理基金总规模为 38 亿美元。截至 2012 年 5 月，共计发生 334 起投资事件。总部设在北京，在北京、上海、广州、深圳、香港均有办公室，并实现用人本土化。并且，到目前，其联合投资事件高达 150 多件，拓展了地理位置上的关系资源。总之，IDG 资本成立年限早、管理基金规模大、办公室设立多、用人本土化、进行联合投资等因素促使其具有较广的投资地域选择。

四、联合投资

图 9.2 给出了 9 家投资机构的联合投资情况。海外风险投资机构的联

表 9.2　　风险投资机构投资地域分布

地域	深创投	天堂硅谷	达晨创投	联想投资	IDG资本	红杉中国	英特尔投资	英特尔投资	海纳亚洲
安徽	√	√		√	√		√	√	
北京	√	√	√	√	√	√	√	√	√
福建	√	√	√	√	√	√			√
甘肃		√							
广东	√	√	√	√	√	√	√	√	√
广西	√	√	√						
贵州		√			√				
海南		√		√	√	√			
河北	√	√	√						
河南	√		√						
黑龙江	√				√	√			
湖北	√	√	√	√	√		√		
湖南	√	√	√			√			
吉林	√	√	√				√		
江苏	√	√	√	√	√	√	√		√
江西	√	√	√						
辽宁	√		√		√	√	√		√
内蒙古	√							√	
山东	√	√	√	√	√	√	√		
山西	√		√			√			
陕西	√		√		√	√			√
上海	√	√	√	√	√	√	√	√	√
四川	√	√	√	√	√	√	√	√	√
天津	√		√		√	√		√	
新疆	√		√						
云南	√	√		√	√				
浙江	√	√	√	√	√	√	√	√	
重庆	√			√	√	√		√	√
香港				√	√	√	√		√
共计	25	19	20	14	19	18	12	9	10

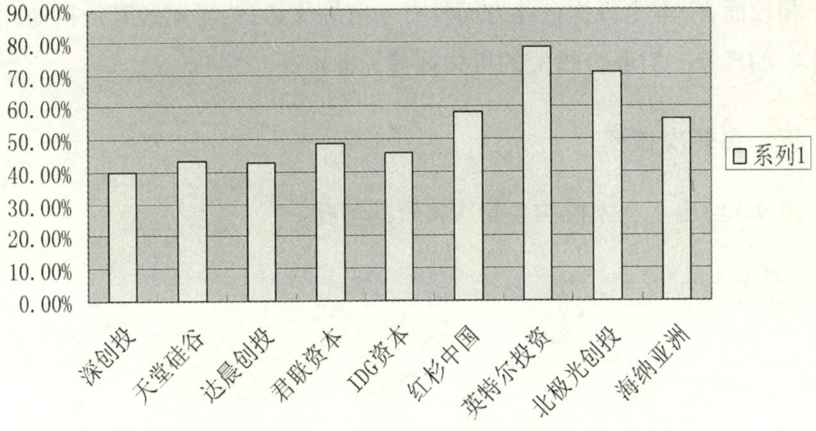

图 9.2 风险投资机构联合投资情况

合投资程度较高，本土机构则相对较低。

风险投资联合投资的动机，主要如下：首先，风险投资投资金额需求庞大，加上它固有的高风险和收益的不确定性，使得单个风险投资公司在有些大项目上显得力量薄弱，只能寻求与其他风险投资公司联合投资；其次，由于风险投资中存在委托—代理关系，会引发因信息不对称产生的企业经理人或者高层管理团队的道德风险，通过几家投资机构的联合，能够有效地对该企业进行监控，有利于企业绩效的提升；再次，由于地域的局限性、投资机构的专业能力及知识技能有限，某些投资机构不能有效地对被投企业提供管理咨询及相关的后续指导工作，而联合投资能够弥补这一缺陷。

根据资源基础理论的观点，多家机构的合作充实了整体的知识和资源，能够为受资企业的发展带来更大益处。也就是说，由于机构间资源和能力的异质性，参与联合投资的机构越多，所掌握的资源多样性程度也越高，相应地看，能够为企业提供有效的信息和建议的可能性也就越高。因此，海外风险投资机构由于意识形态、国家政策、经济环境有别于中国，为了能够更好地进行本土投资，需要利用其网络关系和社会资源，有效地降低非系统性风险，整合其他投资机构的优势资源，提升投资绩效，创造互利共赢的局面。

相较而言，本土机构在此方面具有一定的优势，为了避免其他机构“搭便车”的现象，对联合投资的机构选择标准较高。

五、多轮次投资

图 9.3 给出了 9 家机构各轮次投资的情况。

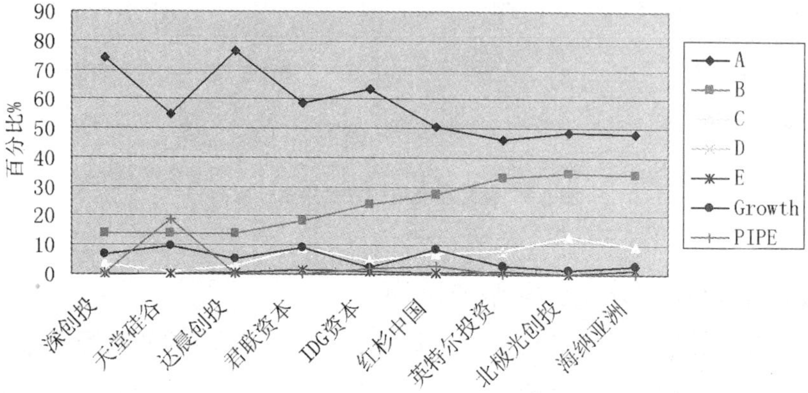

图 9.3　风险投资机构多轮次投资情况

从纵向来看，投资机构均倾向于 A 轮投资；横向来看，本土风险投资机构 A 轮投资比例较高，而海外投资机构在 B 轮投资明显比本土机构高。

国外学者从不同角度对风险资本的多轮次投资进行了大量研究，表明了多轮次注入资本是控制风险的一种有效途径。风险资本家在资本分次注入的过程中能够更为充分的收集信息、更好的监控企业发展进程并约束企业行为、保持定期退出低质投资项目的选择权，这有效降低了因企业运营风险、信息不对称而引发的道德风险以及由此而可能产生的潜在损失，以此达到提高预期收益的目的。

多轮次投资在其为投资机构提供相关保障的同时也需要一定的代价。风险投资机构认为，他们收集的信息资料及为企业提供的服务与注入企业的资本同样重要。在实际的投资行为中，风险投资机构对企业监控与注资是要花费成本的，监控成本包括风险投资机构投入的人力、知识资本以及投资其他更好的项目的机会成本。

因此，风险投资机构进行多轮次投资的时更偏重 A 轮投资。本土机构由于具有地域上的优势，对于中国的投资环境及宏观政策等比较熟悉，加之其捕获投资项目较方便、对项目的考察较便利、信息掌握较全面，进而A轮投资较海外投资机构中所占的比例高。海外投资机构在考察、观望被投企业后，发现投资机会，在B轮进入的概率相比较而言略高。

达晨创投在A轮投资中表现突出，几乎占到总投资轮次的80%。其管理基金总额105亿元，其总部设在深圳市，在深圳市、北京西城区、上海浦发新区、湖南长沙市、广州市均设有办公室，便于对投资项目的考察；并且，达晨创投的投资行业主要集中在传统行业，其风险系数相对较小，故在首轮进入的比例相对较高。

第三节　研究结论

通过对9家在中国风险投资市场上最为活跃、最具代表性的风险投资机构的投资策略进行案例研究，发现本土和外资风险投资机构在投资策略上表现出较为明显的差异，总结如下：

1. 在投资行业方面，本土风险投资机构投资行业较分散，既涉及高新技术行业投资，也有对诸如制造业一类传统行业进行的投资；而海外风险投资机构基本聚焦于高新技术行业，其专业化程度较高。

2. 在投资阶段方面，本土和外资机构的投资多集中在发展期和扩张期，即风险企业的中后期阶段；相较于海外投资机构，本土机构对于企业的中期阶段投资较多，而海外机构对于早期企业的投资要明显多于本土机构。

3. 在投资地域方面，本土机构的投资地域较广泛，海外机构则相对较聚集。

4. 在联合投资方面，海外风险投资机构联合投资程度较本土机构高。

5. 在多轮次投资方面，本土及海外投资机构在首轮投资中的投资比例最高，但就其程度来说，本土投资机构较海外投资机构高；外资机构参与B轮次投资的比例明显要高于本土机构。

第十章

人力资本、投资策略与投资绩效

与西方成熟的风险投资市场相比，中国风险投资表现出主体多样化、东西方文化交融以及转型经济的特点。在这种中国特有的风险投资情境下，对于风险投资机构主体的投资行为、机构增值能力以及增值效应的实现途径等问题的研究对建立中国风险投资运作的理论方法和促进中国风险投资发展具有重要意义。目前，国外学者从风险投资机构层面已经进行了一系列研究，但所得结论并不一致，且结果也不一定适用于中国的特殊环境；而受到发展和数据的制约，国内对于风险投资的实证研究尚在初期，在机构层面更是鲜有研究。

本章将结合人力资本理论、高层梯队理论与资源基础理论，对风险投资机构高层管理团队人力资本、风险投资策略与投资绩效三大要素之间的关系进行分析和验证。具体来讲，本章结合中国风险投资情境和风险投资运作过程将人力资本进行一般和特殊维度的细分、对风险投资策略进行归纳并划分为筛选和监管策略，最终发展出本章的研究模型和假设。本章以活跃在中国的124家风险投资机构为样本，采用实证研究的方法，利用SPSS、AMOS软件工具进行数据分析和假设检验，最终试图回答以下问题：（1）风险投资机构高管团队的人力资本对于投资绩效具有怎样的直接影响？（2）高管团队的人力资本如何影响风险投资机构的投资策略的选择？（3）风险投资机构的投资策略对机构的投资绩效具有怎样影响？

第一节　理论基础及研究假设

一、理论基础

人力资本的价值和内涵在人力资本理论中已经得到明确。而根据对现有风险投资相关文献的总结，所有关于人力资本能够影响投资绩效的假设都无一例外的依据高层梯队理论和公司资源基础理论[1][2]。高层梯队理论的一个基本观点是高层管理团队的人力资本对绩效具有一定影响。而根据资源基础理论，风险投资家获得能够提升投资绩效的“特殊”人力资本的能力不同，进而会导致投资机构绩效的差异。

（一）人力资本理论

人力资本概念的产生由来已久。亚当·斯密（Adam Smith）在《国富论》中提出了早期的人力资本概念。他认为，“全体国民后天取得的有用能力，都应被视为资本的一部分”。人力资本投资与其他投资一样，可以由私人以追求利益为目的而进行的投资行为来完成。他建议由国家“推动、鼓励、甚至强制全体国民接受最基本的教育”。尽管这段论述并没有明确提出人力资本的概念，但其内容已经表现出了后期人力资本理论所提出的一些基本特征。但是由于当时人力资本的作用和地位并未引起人们的注意，因此斯密的理论没有引起学者们足够的重视。

阿尔弗雷德·马歇尔（Alfred Marshall）也指出了知识的重要性及其内在的资本属性。他指出，知识和组织是资本的重要组成部分。其中，知识被认为是最有力的生产引擎，它能够帮助人类征服自然[3]。马歇尔还特别指出，所有资本中最具价值的投资是对人的投资，对儿童的早期教育和培养进行的投资具有经济效应。从这些论断中可以看出马歇尔在当时已经清楚地认识到人力资本的价值。

美国经济学家欧文·费雪（Irving Fisher）第一次提出了人力资本的概念。他在其1906年出版的《资本的性质和收入》一书中首次提出了人力资本的概念，并将其纳入了经济学框架中。在此之后，美国经济学家沃尔什（J.R.Walsh）在费雪的基础上测定了正规教育对人进行投资的收益率，首次实现运用人力资本概念进行经济分析。

古典和新古典经济学认为资本和劳动具有同质性，资本和劳动的报酬取决于其边际生产率。然而，这一传统的资本理论曾经面临着许多无法解释的经济之谜。第一，按照传统经济学理论，国民收入的增加应该伴随着净资本的增长，然而在对美国资本形成的研究中发现，经济增长的同时，传统资本形成的速度却不升反降；第二，传统经济学理论认为，工人的实际收入是不大可能提高的，而美国和西方工人实际收入水平却表现出了普遍的大幅提高；第三，“里昂惕夫之谜”（Leontief Paradox）。沃西里·里昂惕夫（Wassily Leontief）对美国1947年贸易要素和机构的研究数据表明美国出口的大部分产品不是资本密集型产品，而是劳动密集型产品。这与当时流行的比较利益贸易理论恰恰相反。上述种种经济之谜使得一些学者开始重视对人力资本的系统研究。关于人力资本投资的研究在20世纪五六十年代形成了一个高峰。

西奥多·舒尔茨（Theodore Schultz）对人力资本的研究就源于他对这些经济增长之谜的探索[4]。他认为之所以会出现这些“悖论”是因为在研究中可能遗漏了某些重要的生产要素，这个要素就是人力资本。他认为，只要把人力资本纳入传统资本范畴，并重视人力资本质量的提高对出口结构和收入分配变化产生的影响，就能够解开上述经济之谜。当然，舒尔茨的人力资本理论也存在一定的缺陷，他没有从对人力资本的微观考察，没有从产权角度探讨企业中人力资本的权利配置。

加里·贝克尔（Garys Becker）与西奥多·舒尔茨（Theodore Schultz）于1964年出版的著作《人力资本》[5]被认为是“经济思想史中的人力资本投资革命的起点”，因此两位学者一起并列为西方人力资本理论的创始人。该书用现代经济学的方法对人类行为做出了普遍分析，对人力资本问题进行了开创性的研究。与之前的研究相比，贝克尔对人力资本理论的研究更注重微观分析，较好地将人力资本投资理论与收入分配结合起来。但由于他继续沿用了舒尔茨关于人力资本的概念，缺乏对人力资本本质的分析和全面研究。

与此同时，美国经济学家雅各布·明塞尔（Jacob Mincer）也对人力资本理论的研究和发展做出了较为突出的贡献[6]。他于1958年发表的《人力资本投资与个人收入分配》一文首次建立了个人收入与其所接受培训量之间关系的经济数学模型。

20世纪80年代，以保罗·罗默尔（Paul Romer）的《收益递增和长期增长》和罗伯特·卢卡斯（Robert Lucas）的《论经济发展机制》两文为标志的新增长理论为人力资本理论增添了新的内容。他们的研究修改了古典模型中的生产函数，并在其中加入了对知识和人力资本投入的考虑。其中，罗默尔的研究直接将技术内生化，而卢卡斯则是把原来外生的技术进步因素转化为人力资本进行研究，即实现了人力资本的内生化。卢卡斯将新经济增长理论与人力资本理论进行了有机的结合，是对现实更为准确的解释，提供了发展的新思路。研究强调对特殊知识和生产所需专业化人力资本的分析，为人们在实践中正确认识人力资本在经济增长中的作用提供了新的方法。

（二）资源基础理论

资源基础理论最早可以追溯到塞尔兹尼克（Selznick，1957）[7]提出的组织独特能力。塞尔兹尼克认为由于不同的组织间具有不同的组织成熟度与组织环境，因此各组织具有一些与众不同的能力。他还提出了组织领导者具有“建构和维持组织持久竞争优势责任”的观点，这些观点都揭示了“各企业所具有的资源都是具有异质性的”。彭罗斯（Penrose，1959）[8]在其所著的《企业成长理论》中，首先利用经济理论探讨了企业资源与企业成长的关系，提出企业是资源的集合体，并认为资源和能力是构成企业经济效益的稳固基础。彭罗斯的著作使得该理论不再只停留在观念上的争论，而是有了经济理论的支持。沃纳菲尔特（Wernerfelt）于1984年在美国《战略管理杂志》上发表了《企业资源观》一文，认为企业内部的组织能力、知识和资源的积累是解释企业获取超额收益和保持竞争优势的关键[9]。

至此，一些战略管理学者也开始思考资源基础理论是否是一个新的厂商理论。格兰特（Grant，1991）[10]首次将资源基础观以理论的形式提出。

此外，康纳（Conner，1991）等学者[11]也都认为资源基础理论是融汇了战略管理在过去四十年的研究精华后得到的成果。之后很多管理学家开始着重研究企业资源并取得了一定的研究成果，由此形成了企业资源学派。

巴尼（Barney，1991）[12]将资源定义为由企业所控制的，并能够为企业所用来制定和执行战略、提高效率和绩效的资产、信息、知识、能力、组织和企业特性。作为阐述企业竞争优势来源的理论，资源基础理论因在解释企业内部资源方面极富洞察力而迅速成为 20 世纪 90 年代以来战略管理的主流理论之一。

然而，并非所有的资源都可以成为企业竞争优势的源泉，只有那些有价值的、稀有的、难以模仿的和替代的资源才可以为企业带来持续的竞争优势。巴尼（Barney，2007）[13]提出了 VRIO 框架来帮助判断企业特定的资源能否成为可持续竞争优势的来源。价值问题（Value）、稀缺性问题（Rarity）、不可模仿问题（Inimitability）以及组织问题（Organization）放在一起，可以构成一个理解与利用企业的各种资源相关的回报潜力的框架。如果企业所控制的资源没有价值，那么这一资源就不能成为企业用以选择或者实施利用环境、机遇的战略能力。如果资源是有价值的，但却不是稀缺的，那么将这些资源用于构思和实施战略将会产生对等竞争和正常的经济绩效。如果资源是有价值并且稀缺的，但是模仿成本不高，那么企业利用这一资源就能够产生暂时的竞争优势和高于正常的经济利润。如果企业的资源同时具备了有价值、稀缺性以及模仿成本高昂的特点，那么利用这一资源就可以产生持续的竞争优势和高于正常的经济利润。最后，组织如同调节器一样实现可持续竞争优势和潜在的高于正常的收益。在企业运营的竞争形势发生不可预期的变化时，企业需要具备快速、低成本地改变方向的能力。制定战略决策所处的环境越是不确定，保持灵活性的重要性就越大；若不确定性越小，保持灵活性的重要性就越小。随着企业的发展，对于资源和能力的界定也是不断发展变化的。资源基础理论所指的资源和能力是指具有战略灵活性的资源和能力，一些在传统意义上不能被纳入资源基础理论范畴的资源和能力也会随着经济社会的发展而逐渐符合资源基础理论所认定的特征而成为企业竞争优势的来源。

企业资源理论强调资源具有差异性和不完全流动性，即许多企业的资源并非能够在市场上进行随意买卖。例如像组织才能这类复杂的、具有较强关联性的资源，它们以“惯例”为衡量尺度，有可能比机器设备这类有形的实物资源能够更加成功的在市场上形成长期竞争优势。然而这两者所不同的是，机器可以通过市场交易获取，而组织才能却很难为企业所拥有，因为它无法从市场上购买。当一家企业拥有的某种资源是其竞争对手所不具有的特殊资源时，那么这种特殊资源就很有可能为这家企业带来潜在的比较优势。也就是说，企业能否取得竞争优势地位和良好的绩效表现主要取决于其相对于竞争对手是否具备资源比较优势。企业通常被视为有差异的、不完全流动的资源的综合体。在信息不完全和获取信息的成本高昂的情况下，每家企业在时间与空间上都是相对独立的实体。企业由于具有获取和利用资源这种独特的“路径依赖”，因此与其竞争对手形成了差异化。如果服务于某些细分市场的企业拥有其竞争对手所不能模仿、替代或超越的资源比较优势时，那么这些资源条件将帮助企业在目标市场上拥有持续的竞争优势。

（三）高层梯队理论

蒋建武和赵曙明（2007）[14]将高层管理团队称为“联合企业家资源”，也就是说高层管理团队（Top Management Team，以下简称 TMT）是企业家资源的一部分。高层管理团队（TMT）这个术语也是 1980 年左右开始在学术研究中出现，现已被学术界和企业界广泛接受和使用。对于 TMT 的研究一直受到学者们的广泛关注。组织行为学家皮蓬（Pfeffer,1983）[15]曾提出利用社会学中的背景特征模型来研究高管团队稳定性的想法。该学者认为，根据人际交往中“相似相吸”的原则，个体会选择加入与自己某些背景特征相似的团队，即使在正式成为团队成员之后，也会通过比较自己与团队其他成员在背景特征上的差异作为衡量满意度的重要标准。在皮蓬研究的基础上，汉布里克（Hambrick）与梅森（Mason）对此进行了重要扩展[16]，指出 TMT 成员的背景特征不仅能够直接对企业绩效产生影响，而且还可能通过影响战略选择行为，进而对企业绩效产生间接影响。

在二十多年来的高层管理团队理论的发展过程中，汉布里克和梅森（Hambrick and Mason，1984）提出的高层梯队理论（Upper Echelons Theory）为 TMT 对企业绩效影响机制的实证研究提供了理论依据[16]。H&M 关于高层梯队理论的论文已经成为了学者关于高层管理团队研究的重要参考依据和研究基础，而且随后陆续有不少学者对该文模型使用不同国家地区和不同行业的数据进行实证验证并不断修正完善[17-20]，可谓是高管团队研究之经典。总的来说，高层梯队理论的基本观点是：高管成员具有不同的认知能力，这些特质的作用过程会影响组织的战略决策和组织绩效。由于在研究过程中，认知基础、价值观、洞察力等特质是难以测量的，高层梯队理论借鉴了关于团队背景特征的已有研究，将团队人员的背景特征来对上述特质进行描述，并进一步推断这些统计特征将会影响团队的稳定性、企业战略的实施以及企业的绩效表现。

崔松和胡蓓（2007）[21]认为该理论所隐含的基本假设为：（1）TMT 心理结构决定了战略决策的过程；（2）TMT 心理结构具有有限理性；（3）TMT 背景特征可以表示高层管理团队的心理结构；（4）TMT 能够如一个团队一样进行运作；（5）TMT 背景特征最终会影响到组织的业绩等。通过上述的逻辑关系和假设，H&M 建立了 TMT 统计特征、战略产出、组织绩效三者基本的联系，而此后的大量研究都是围绕着 TMT 统计特征与战略选择、TMT 统计特征与组织绩效之间的关系而展开的。

TMT 理论对企业绩效的解释力比单个管理者要好得多。时至今日，国际上各学者的研究取得了丰硕的研究成果，这些成果为后续研究提供了依据，其中 TMT 的异质性一直是研究的重点[22]。另外，鉴于高管团队的认知基础、感知能力及价值观无法直接观测，而背景特征如管理者的年龄、教育背景、从业经验等可客观测量的管理者特征与管理者的认知能力和价值观具有非常密切的关系。因此，通过观察背景特征可以客观地研究 TMT 与企业绩效之间的关系问题，甚至可以预测企业的产出水平[23]。班特尔（Bantel，1989）[24]在之后的实证研究中证实了这种联系的存在。但是由于高层梯队理论对于高管背景特征与企业战略选择和绩效之间可能存在的中间变量缺乏考虑，这导致后来以此为基础的实证研究结果存在严重分歧，学者们对于高管团队和企业绩效间关系的认识上并未得出一致的结论，也未能说明高管团队是如何影响组织绩效的[25]。这也激发研究者们开始寻求新的证据来解释高管团队背景特征与企业绩效之间的关系。

从理论上讲，汉布里克和梅森所提出的高层梯队理论在TMT研究方面具有里程碑式的意义。近二十年来，为进一步探索TMT特征与企业绩效相关影响作用，很多学者开始通过引入环境变量和团队特征等可能影响绩效的中介变量来重新考量TMT背景特征与组织绩效的关系[26-28]，这些研究成果在一定程度上弥补了传统理论的不足，也为后续研究提供了新的方向。但是也有部分学者指出以高管成员背景特征为基础的传统TMT理论存在着根本性缺陷，TMT理论更应该注重考察管理者的感知与判断能力、态度与兴趣等一些更具实质意义的特征，而非仅是背景特征[29]。相对于国外学术界对于这一问题的热烈讨论，中国学者对于企业管理团队的研究更多的还是集中于企业家或领导者个人的行为理论，较少从团队角度研究TMT与业绩之间的关系[30]。

二、本章理论模型的提出

随着人力资本理论、资源基础理论和高层梯队理论的相继提出，对于人力资本影响投资绩效的关系模型也随之得到充实和细化。我们对人力资本影响投资绩效的关系从个体层面到团队层面的演进进行阐述，并结合风险投资情境提出了本文的概念模型。

早期研究认为高层管理团队的背景特征与企业绩效存在直接的相关性，而近年来研究发现高管团队背景特征对企业绩效的影响可能并非只是简单的直接相关，更有可能受到一些中间变量的影响和调节，这也激发研究者们从团队运作过程着手，研究TMT背景特征影响企业战略与绩效的问题。但是到目前为止，对于人力资本通过影响企业战略的形成进而影响绩效的作用途径和影响机理始终缺乏更为深入的研究。综合资源基础理论和高层梯队理论的观点，人力资本影响绩效的途径应该包括直接影响和间接影响两条基本路径：一方面，人力资本对组织绩效具有直接的影响效应；另一方面，人力资本通过企业战略决策的制定来实现对组织绩效的间接影响。

基于上述分析，本章结合风险投资的特定背景，以风险投资的运作过程及原理为依据提出基本的内在联系：风险资本运作的主体为风险投资家，其运作过程主要包括前期筛选评估、后期监管以及最终的风险资本退出。进一步的，本研究对这一过程进行了提炼和抽象，将风险资本的运作过程提炼为风险投资家的绩效增值过程，并最终形成了本章关于风险投资机构高层管理团队人力资本对机构投资绩效具有直接影响和间接影响的基本概念模型。其中，风险投资机构高管团队人力资本对机构投资绩效的间接影响是通过风险投资策略的中间作用实现的，这个中间作用可能是通过风险投资策略实现的中介作用，也可能是对人力资本与投资绩效关系产生的调节作用。另外，根据古普塔（Gupta）等学者的研究，风险投资各项策略之间也存在着一定影响关系[31]。由于涉及多项风险投资策略以及多个维度的人力资本要素，因此其中的作用机理较为复杂，需要在后面进一步的分析和验证。图 10.1 为风险投资机构人力资本影响绩效的基本概念模型。

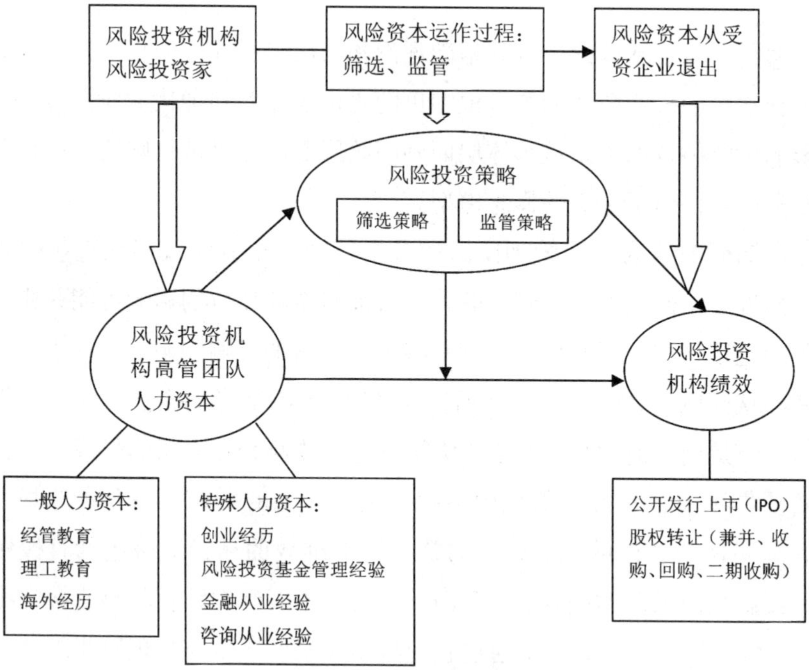

图 10.1　概念模型

三、主要研究变量的界定

（一）高层管理团队风险投资家人力资本的界定

1. 对于高层管理团队成员范围的界定。在传统理论中，高层管理团队（TMT）成员的界定范围为具有首席执行官、总裁或者总经理头衔的高级管理人员，以及具有副总裁、副总经理、总会计师或者首席财务总监等头衔的高级管理人员。但在近几年的研究中，德怀尔（Dwyer，2003）[32]等学者对传统高管团队认定的构成提出了质疑，他们认为中层经理在企业战略决策以及决策实现过程中同样起着关键性的作用。因此，在管理团队的研究中应增加对于中层经理等其他中级职员的考虑[33]。

马彩凤（2006）[34]认为TMT是指公司高层经理形成的群体，主要包括CEO、总经理、副总经理以及直接向他们汇报工作的高级经理。TMT成员位于企业最高层，属于企业战略的制定与执行层，负责整个企业的组织、协调与运作管理，对企业经营管理拥有很大的决策权与控制权。当然，并不是所有高层管理者组成的集合都可称其为团队，高层管理团队主要是指那些能够进行良性互动、拥有共同目标、具有资源整合优化能力以及高效能的领导班子。

张平（2006）[35]则认为在实证研究中，TMT成员的多少决定了自变量数据的收集范围，变量测量是否准确，最终影响研究结果的科学性。在现有的研究中，为获得更为稳定且具有说服力的表现TMT特征的数据，研究者们选择了不同的方法来界定TMT成员的范围，具体有以下三种方法：第一种是直接向CEO发放问卷进行调查，由CEO来确定其公司TMT的人员构成[36,37]，而问卷内容又可分为由CEO确认参与公司战略决策的成员或是直接向他汇报的高级经理两种；第二种是研究人员通过与CEO进行深度访谈，确认参与公司具体战略决策的高级经理，以此确定TMT的成员构成[23, 25]；第三种是根据上市公司年报、企业官方信息等文献资料中所提供的管理者资料、所处管理层级来决定其是否属于TMT的成员构成[38, 22,39]。

综合上述研究可以发现，在高层管理团队研究中，学者们对于高层管理团队定义的范围大小不一。小至专门聚焦于对顶层管理者甚至对公司CEO一人的研究，大至将副总裁、董事乃至非执行董事会成员也纳入高层管理团队的考虑范围[6]。由于企业的战略决策往往是由少数的几个人制定的，因此将董事和非执行董事会成员也纳入考虑则显得不够恰当。

本章的研究认为同时考虑顶层管理者和公司重要决策层是较为恰当，在现有的诸多研究中，如蒂哈尼（Tihany，2000）[40]，这种定义受到了较为广泛的认可。特别是对于风险投资机构这样一种较为特殊的组织形式，将机构内所有的高级管理人员，即有资格参与公司董事会及总裁办公会等涉及公司战略制定及日常经营决策的会议并有权参与表决的所有人员共同纳入高层管理团队的范围进行研究能够更为准确全面的刻画风险投资机构投资行为的行为主体。

2. 风险投资家人力资本。风险投资家所处地位之所以如此重要，是与风险投资家所拥有的人力资本密不可分的，可以说，风险投资家人力资本的价值在很大程度上决定着风险投资的成败。风险投资的过程就是风险投资家人力资本价值大量沉淀到投资项目中的过程，在这个过程中风险资本也得到不断的增值。

基于前面对于人力资本相关研究的回顾，本章对风险投资家人力资本做出如下定义：风险投资家人力资本是指通过教育、培训和工作获得的技能和生产知识的存量和质量，这些知识和技能对风险资本具有增值作用，并且能够为风险投资家自身带来收入。

风险投资家人力资本与一般性的企业家人力资本之间既具有一致性，也存在显著不同。人力资本理论认为企业家人力资本是整个人力资本体系中层次最高、最具有活力和创造力的人力资本。鉴于风险投资机构的特殊性，本研究认为风险投资家是特殊的企业家。首先，风险投资家必须具备企业家所具备的所有才能和企业家精神，在风险资本提供者和风险投资家之间构成的委托代理关系里，作为风险资本提供者的代理人，风险投资家要以被代理人的利益最大化为前提来经营和管理风险资本。其次，在风险投资家和被投资风险企业的委托代理关系中，他还要作为受资企业的积极参与者（通常担任风险企业董事）来帮助管理风险企业，是风险企业管理层成员之一。

风险投资家人力资本与一般性企业家人力资本的区别主要表现为：首先，风险投资家人力资本的存量和质量的水平都远高于企业家人力资本。相较于企业家人力资本，风险投资家人力资本具有更强的稀缺性和复杂性。此外，风险投资家人力资本的专用性、专有性、特质性、交易性和实践性也都更强。其次，虽然企业家也属于敢于冒险和承担风险的特殊群体，但在对待风险的态度和风险控制问题上，风险投资家更是风险偏好者，对高风险有更强的承受能力。另外，风险投资家在驾驭和控制风险的技巧方面的能力也显著强于一般的企业家。

根据文献综述中对人力资本相关研究的总结，本章结合风险投资的行业特点，最终通过以下要素来对高层管理团队风险投资家的人力资本进行考量：

第一，风险投资有相当大的一部分投资是针对技术行业的，用于鼓励技术创新、促进技术繁荣。因此本研究将接受理工类学科教育、参与技术行业科研工作视为反映风险投资家人力资本的关键要素。

第二，风险投资的运作过程包括前期融资、中期监管以及后期的资本退出。这其中，融资和退出的活动涉及大量的资本运作行为，而与资本运作关系最为密切的无疑是金融行业；风险投资机构需要进行企业运营管理、管理者招募、发展建议等对风险企业实施监管，经济管理教育背景、管理咨询工作经验、风险投资行业工作经验可以说是其中所需知识和技能的重要来源。

第三，风险投资面对的服务对象是创业企业，因此拥有创业经验为风险投资机构和创业企业搭建了沟通的桥梁。

第四，风险投资业最初诞生在美国，其发展程度及规模要远远高于中国的风险投资发展水平，因此，接受海外教育进而吸取国外的先进理念和创新思想对于本国的风险投资发展有所裨益。

本章参考扎如特斯克（Zarutskie）对于人力资本维度的划分方法，将人力资本划分为工作相关特殊人力资本、行业相关特殊人力资本和一般人力资本，并基于专用性角度对各维度人力资本进行进一步细分[41]。尽管本文对于人力资本的设定与其他研究有所不同，但所验证的假设均是基于现有的关于人力资本理论的研究所提出的。综合上述考虑，本研究对人力资本进行如表 10.1 所示的划分。

表 10.1　　本章对风险投资家人力资本划分

维度		细分变量
一般人力资本		经济管理类教育背景 理工教育背景 海外经历
特殊人力资本	行业相关特殊人力资本	金融工作经验 咨询工作经验 科研工作经验
	工作相关特殊人力资本	创业经验 风险投资基金管理经验

（二）风险投资策略的界定

尽管学者们对于风险投资策略形成及影响进行了大量研究，但是到目前为止，国内外并没有研究将风险投资策略进行全面总结，并将其作为一个整体进行全面分析。根据对相关文献的梳理和归纳，风险投资机构在投资过程中所涉及的风险投资策略无外乎以下几种：

1. 对于受资企业所处发展阶段的选择。根据《中国风险投资年鉴》对中国风险企业发展阶段的划分方法，风险企业的发展包括早期、发展期、扩张期和成熟期四个阶段。在这四个阶段中，对于早期投资的研究最受关注。这一方面是由于风险投资的本意就是扶持创业企业的发展，即早期投资；另一方面是因为早期投资因不确定性极高、投入成本较低而成为典型的高风险、高收益投资。

2. 投资地域的选择。风险投资机构既可以选择在一个特定的地域范围内进行投资，也可以进行全国范围乃至海外的投资。前者被称之为地域专业化投资，而后者被称作地域分散化投资，不同的选择存在着不同的风险和优势。

3. 投向行业的选择。风险投资发展的最初主要是针对高新技术行业，而随着风险投资业的发展，投向行业的类别也随之不断增加。与投资地域的选择类似，风险投资机构在投向行业上的选择也可以表现为专业化投资和多样化投资，即针对特定行业的专门投资和涉足各类行业的分散投资。

4. 联合投资。联合投资是指在同一投资轮次，有至少两家以上的风险投资机构对同一家风险企业进行投资。在风险投资融资中，风险投资机构参与联合投资是获取资金和管理资源的常用途径。

5. 分阶段投资。分阶段投资是指风险投资机构逐步的向受资企业注入资金，当企业没有达到预期目标时，机构可以选择停止向企业继续注资。因此在机构面临高度不确定的情况下，分阶段投资是避免代理问题、提高决策效率的有效途径。

事实上，这些策略的选择和实施具有共同的目的，也具有各自的针对性，甚至在这些策略之间也存在着相互影响。派策尔特（Patzelt）等学者（2009）[42] 在对风险投资策略的研究中，将投资阶段、投资行业和投资地域统称为投资组合策略，由于风险投资基金往往投资于多家创业企业而形成一个投资组合，因此这种划分方法是从基金的角度出发的。本章的研究是基于风险投资机构层面，根据鲍姆和西尔弗曼（Baum and Silverman, 2004）的研究 [43]，风险投资机构在风险投资过程扮演着两个角色，它作为“侦察者”发挥着筛选的作用，而作为“教练”则起到监管的作用。延续这一思路，本研究重新审视各项风险投资策略，以策略实施的目的为划分标准将风险投资策略分为筛选策略和监管策略，如表 10.2 所示。

表 10.2　　本章对风险投资策略的划分

维度	细分变量
筛选策略	投资阶段选择策略 投资行业选择策略 投资地域选择策略
监管策略	联合投资策略 分阶段投资策略

（三）风险投资机构绩效的界定

风险投资机构的绩效是在风险资本退出时实现的。风险投资的退出方式一般分为四种：IPO、回购、兼并收购和清算。目前关于风险投资绩效的研究普遍将 IPO 和股权转让视为成功的退出方式。

风险投资的最大收益是通过 IPOs 实现的[44]。IPO 为创业企业带来了巨额收益，同时也为企业提供了一个从投资人处回购股权的机会。对于投资人而言，IPO 为其提供了极具吸引力的资产退出机制。对于投资者而言，IPO代表着极具吸引力的退出机制以及投资基金极大的上涨潜质[45]。对此，很多学者进行了相关研究。迪莫夫（Dimov）和谢泼德（Shepherd）[46]认为几乎所有的创业投资基金收益都是通过创业企业上市获得的。霍赫贝格（Hochberg）和郎奎外斯特（Ljungqvist）[47]从退出收益、退出成本以及内部控制激励等方面进行比较研究，认为 IPO 是最理想的退出方式。类似的，萨尔曼（Sahlman）[48]研究认为几乎所有的风险投资基金收益都是通过受资企业的上市而实现的。尽管只有一部分风险投资受资企业最终会实现 IPO，但投资人的绝大多数收益都是在这一过程中所创造出来的。因此，本研究可以认为 IPO 对于风险投资机构而言是最佳的退出方式。

此外，尽管 IPO 是风险投资机构实现收益最大化的方式，但以回购、并购等股权转让形式退出的价值也被诸多学者所认可。安德斯（Anders）[49]研究发现，尽管在瑞典 IPO 是首选的退出方式，但是政府资助的创业投资机构仍然采取动态退出行为，并不是把退出方式仅限于 IPO，股权转让也是非常重要的甚至是优先考虑的形式。科克伦（Cochrane，2005）[50]也指出，在多种退出方式中，同业买卖通常被认为是第二种能够为投资者带来可观收益的退出方式。李文丽[51]认为创业投资退出的主要方式中，首次公开发行股票上市是收益和风险最大的退出方式，股权转让在股票上市不畅时是最值得考虑的方式。

基于上述分析，本章将以 IPO 和股权转让退出都视为成功的退出方式，用于描述和度量风险投资机构绩效。

四、研究假设

（一）风险投资机构人力资本与投资绩效

迪莫夫（Dimov，2005）[46]的研究指出，对于风险、收益、机会和威胁的认知对风险投资家的投资决策存在潜在影响并进一步影响着风险投资机构的绩效。在这种关系确立后，需要明确的问题就是什么因素决定了机构间这种认知的差异。锡特金和巴勃罗（Sitkin and Pablo，1992）[36] 指出，决定风险认知的一个关键要素是对于所处领域的熟悉度，他们认为面对熟悉的领域所感知到的风险要远远小于陌生领域。类似的，在对收益的感知中，风险投资家也会根据自己对于目标企业价值的认识和见解来进行评判。在对于机会和威胁的认知中，风险投资家根据其对潜在的得与失的认知、对当前形势的判断力以及是否掌握着关键资源来做出判断 [52]。这些学者的研究都说明对于风险、收益、机会和威胁能够做出准确认知的关键在于拥有相应的知识储备。

风险投资机构往往投资于新兴产业，对于风险、收益、机会和威胁的认知也与对新领域知识的掌握程度有关，相应的也就取决于现有的知识储备 [53]。这些知识储备既来自于通过教育所获得的显性知识，也包括个人在某些特定领域的工作经历中所积累的隐性知识，而这两方面的知识则构成了人力资本的概念。尽管所有的知识都具有显性的一面，但个人所具有的知识也很自然的表现出隐性的特质，它反映了个人独有的社会背景和过往经历。组织机构的人力资本和绩效之间的关系可以用公司资源基础理论来解释，该理论认为企业的良好绩效表现与其所拥有的稀缺、不可复制以及不可替代的资源有关。知识就是符合这些条件的资源，它不均匀的分布于各个企业内，并因此造成了企业间的绩效差异 [52]。然而，并不是所有的知识都能够使一个企业出类拔萃，只有那些与企业社会背景紧密结合的知识才能使企业具有持久的竞争优势。

在评估各种人力资本的主要构成对于风险投资机构绩效的影响时，需要对一般和特殊人力资本的划分。一般人力资本是指整体的教育和实践经验，而特殊人力资本则是指应用于某一特定行为或背景下的教育和实践经验 [54,55]。本章针对工作相关、行业相关和一般人力资本对于风险投资基金绩效的影响提出假设。

具体来讲，工作相关人力资本通过风险投资市场中的两项主要工作来描述，即管理一只风险投资基金和创建一个企业。根据吉本斯（Gibbons）和瓦尔德曼（Waldman）的研究 [56]，本研究认为风险投资基金管理团队在这两项工作中的经验可能帮助其更好的管理风险基金。拥有基金管理经验的基金经理在基金运作过程中所掌握的技能是通过其他工作或接受教育很难获得的。他们善于进行优劣企业的判断与筛选、投资组合的构建以及对投资的灵活管理。同样的，由于风险投资家在选择受资企业时需要识别优质的创业企业和管理者甚至需要在投资后帮助受资企业选择管理者，因此具有运作和管理创业企业的经验能够帮助风险投资基金经理优化基金绩效。在创业过程中的一些成功或失败的经验能够帮助他们获得通过其他渠道所无法获得的技能。

假设 1：关于工作相关特殊人力资本，风险投资基金管理团队中具有：（a）风险投资基金管理的经验；（b）创业经验的人员比例越高，则机构成功退出受资企业的比例就越大。

第二类特殊人力资本为行业相关特殊人力资本，根据吉本斯和瓦尔德曼（Gibbons and Waldman，1999）[56]、拉齐尔（Lazear，1995）[57]、克莱兹（Kletzer，1989）[58]、尼尔（Neal，1995）[59] 等学者的观点，在某一特定行业或工作中所积累的经验能够提升从业者的工作效率。行业相关特殊人力资本对于基金绩效的影响是通过基金经理在以往工作行业中所获得的经验来实现的。本章所选择与风险投资最密切相关的三个行业，即管理咨询、金融以及科研工作经验来描述行业相关特殊人力资本。尽管这三个行业与风险投资的关系最为密切，但每个行业影响基金绩效的方式并不相同。具体而言，管理咨询行业相关经验可能使基金经理在商业管理和战略决策方面的能力更为突出；而金融行业的工作经验则使得风险基金经理更善于帮助受资企业获取融资来源；此外，在理工类行业的特定工作经验则具有筛选和辅助高科技企业并参与研发新产品的能力。据此，提出以下假设：

假设 2：关于行业相关特殊人力资本，风险投资基金管理团队中具有：（a）管理咨询；（b）金融；（c）工程师或科研工作经验的人员比例越高，则机构成功退出受资企业的比例越大。

风险投资市场非常适合用来研究行业相关特殊人力资本所起到的作用，因为风险投资家需要参与受资企业的管理和战略决策的制定，帮助企业寻找适当的管理者，是非常活跃的投资人，其所从事的工作跨越多个行业。事实上，以往的研究归纳了风险投资家的一些增值行为[60-63]。如假设2中所提出的观点，由于多数风险投资家都是从其他行业进入风险投资行业的，因此这些过往的从业经验也很有可能对风险投资基金管理的工作相关。解决企业管理过程中出现的各种问题的能力多来自于管理咨询的工作经历。而企业在发展过程中经常需要融资，成熟后需要上市或并购，具有金融从业经验的基金经理在帮助企业寻找融资渠道和银行承销商或潜在受让人等退出渠道方面具有更强的能力。另外，作为工程师或科研人员的从业经历对于风险基金经理进行高科技企业投资更有帮助。

相对于适应范围较广的管理咨询行业而言，金融行业和科研工作的从业经历对于特定类型的投资，如金融工作经验更针对中后期投资、科研工作经验更针对高新技术行业投资，因此针对这两项特殊人力资本提出以下假设：

假设 3a：管理团队中具有金融从业经验的人员比例越高，机构在投资中后期企业时成功退出的比例则越大；

假设 3b：管理团队中具有科研工作经历的人员比例越高，机构在投资高新技术行业时成功退出的概率越大。

本研究用理工、经管两个领域的教育背景来描述一般人力资本，这两个领域的教育与风险投资行业的关系最为密切，但相对于更具有针对性的工作经历而言，这些教育变量对人力资本的度量比较泛泛，针对性较弱。理工类学科的相关知识能够帮助风险投资经理更好的了解产品和关键技术，以此对高新技术行业的受资企业进行筛选并提供辅助建议。经济管理类学科的相关知识能够帮助风险基金经理更好的筛选和辅助受资企业。此外，由于风险投资在中国的发展时间相对较短，相对于成熟的欧美国家风险投资市场而言仍然存在很多不完善之处，因此海外的先进思想和技术对于促进本国风险投资的良性运作会产生积极影响。

假设 4：关于一般人力资本，风险投资基金管理团队中具有：（a）理工；（b）经济管理；（c）海外留学教育背景的人员比例越高，则机构成功退出受资企业的概率越大

（二）风险投资机构人力资本与投资策略

1. 风险认知与风险分析。风险投资机构间之所以会形成不同的投资策略，主要原因在于机构具有异质性。决定机构异质性的因素有很多，例如机构特性层面的所有权结构、机构规模等。而根据高层梯队理论，作为决策主体的人的异质性对于投资策略的制定更为重要。汉布里克和梅森（Hambrick and Mason，1984）[1] 提出的高层梯队理论认为：高层管理团队诸如教育背景和工作经历等人口统计特征能够反映其价值观和认知水平，并且不同的人口统计特征及其作用过程能够影响公司层面的战略决策。由此可知，产生策略差异的关键在于高管团队成员的教育背景和经历中所包含知识的异质性。

综合上述分析，高层管理团队的认知水平决定了管理者如何感知企业的任务环境并利用这种认知调节客观环境对战略决策的影响。高层管理团队的认知水平在一定程度上取决于对团队成员可观测属性的统计，一般采用教育背景和经历两个经典的人力资本要素，因为教育背景和经历会影响高管人员对信息的获取和过滤以及对过滤所得信息的理解和把握。基于这种思路，本研究认为教育背景和经历能够在一定程度上体现机构中高管的认知水平并以此做出战略决策。

如前所述，本研究将机构高管团队的认知分析视为人力资本影响投资策略的途径。风险投资家的认知包括对机会、威胁、风险和收益的认知，在这些构成风险投资家认知模型的各种认知中，对于风险的认知是和战略决策密切相关的。由于新创企业面临着很大的不确定性，失败率较高，而且失败的投资会为风险投资者带来相当大的损失，因此在对风险投资决策行为的研究中不能忽视对风险认知水平的考虑。

对于风险投资机构而言，其高管制定投资策略的依据是如何更好地协调风险和收益[64]，而对于风险大小的判断在一定程度上是由高管成员自身对于风险的认知程度决定的。欲通过风险认知判断高层管理团队人力资本对决策的影响，本研究首先必须理解个人如何评估或者察觉风险。市场、技术和代理风险都有可能对风险投资机构高层的战略决策产生影响，而个人在面对这些风险时的态度也有所不同。每个人所关注的范围是有限的，因此个体获得的信息是不完备的，而且关注点也往往和个人所掌握的知识与过往经历有关，这种个体背景的差异决定了每个人对信息解读的能力也存在着差异，有可能导致了个体认知的不同。因此，风险投资机构的高管成员进行投资决策是基于对各类风险的认知，而这种认知的程度是与其背景经历密切相关的。

风险投资机构面临的风险来自多个方面，而受到学者广泛关注的主要有市场风险、技术风险和代理风险，因此本文主要关注管理层对市场、技术和代理三方面风险的认知。其中，市场风险指市场上不可预知的竞争态势；技术风险是指受资企业现有技术无法满足产品开发需求或有更好的技术出现；代理风险指企业家为实现自身利益而损害风险投资者利益的行为。

投资阶段——创业企业的发展阶段包括：早期、发展期、扩张期和成熟期。由于投资早期企业的成本相对较低，相应的，若实现成功退出则能获得相对更高的收益。然而，早期企业也存在着更大的风险。首先是较高的市场风险，处于早期的企业很难对其产品的市场需求做出预测，特别是在企业处于新兴市场的情况下，企业本身对市场所知甚少，市场风险更为明显。其次是技术风险，很多初期企业尚不能提供可操作的技术样品，难以规划技术的未来发展。再次是代理风险，早期企业信息不对称程度高，且企业管理者和风险投资家在企业发展战略决策上可能会产生意见分歧。

投向行业——风险投资机构投资行业多样化或专业性的程度影响着投资决策的市场和技术风险。根据马科维茨（Markowitz）投资组合理论，通过多样化的将资产投资于不同的市场能够降低非系统性风险。对于经常以新兴市场为目标的风险投资机构，一个多样化的投资组合能够弥补市场前景难料的问题，进而抵制市场风险。然而，人力资本的配置并不一定能够满足多样化投资的需求，陌生领域的投资往往会降低风险投资家的评估和判断能力。相反，投资行业的专业化使得风险投资家能够积累专一领域的专业知识和经验，这些知识和经验能够帮助他们更好的判断受资企业的技术前景进而降低技术风险。

投资地域——扩大投资地域能够促使机构产生更大的交易流并获得更

好的投资机会，但同时也产生了市场和代理风险。首先，投资地域广极易引起社会资本的不足，这种社会资本的缺失使投资机构难以获得充分的市场信息来制定相应的策略，此外，中国有一些风险投资机构投资海外企业，法律、文化、制度环境的不同使各国的市场情况有所差异进而产生市场风险。其次，有效地监管需要企业家和风险投资家进行面对面的交流互动，而投资于距机构所在地较远的地区增大了风险投资机构监管受资企业的难度，代理风险也随之增加。

2. 研究假设 。根据前面的分析，本研究认为风险投资机构高层管理团队的人力资本对投资决策的制定具有一定影响，而这一影响的形成是由人力资本风险认知差异决定的。对此，本研究分别从机构高管成员的教育背景和经验两个维度进行分析并提出假设。

具有经济管理教育背景的风险投资家不具有技术方面的细节性知识，一般无法有效感知技术风险，而是对市场和代理风险有更多考虑。

在投资阶段的选择上，首先，商科教育侧重于使用统计分析方法评估某个产品或项目的市场吸引力和发展前景，市场风险被认为是可以控制和计算的[65]。因此，具有此类背景的人往往偏爱行为和决策结果在可控范围之内的经济环境，而对于高风险和损失率高的情况存在抵触情绪。受资企业在早期阶段研发产品的失败率高使得市场风险难以控制，提高了风险投资家对市场风险的认知。第二，企业管理和经济法的相关知识使风险投资家知道如何更好地制定契约和薪酬机制、注重潜在的代理风险。企业在早期阶段的信息不对称程度高，很难制定出恰当的契约和薪酬机制来约束并激励企业家行为，因此风险投资家对代理风险的认知度也相应提高。

在投向行业的选择上，经管类教育使风险投资家对不同行业市场的知识有一定了解，投资组合理论更强化了其分散风险的意识；此外，经管类教育中的许多知识例如会计、市场学、管理学等都具有很广泛的行业适用性，因此对行业多样化投资风险的认知度较低。

在投资地域方面，随着全球化的进程，经管类教育对国际经济一体化、国际商务等方面的知识有所侧重，使得风险投资家能够更好地判断国外市场情况并预测市场动向和新产品的市场认可度，对市场风险的认知度较低。

此外，接受经管类教育的风险投资家较注重对企业文化的了解，企业文化能够反映企业家的价值观和态度，这些信息能够帮助风险投资家更好地预测企业家的行为，并制定更符合双方利益的契约，在一定程度上减少信息不对称程度，降低对代理风险的认知。基于此，本研究提出以下假设：

假设 5：风险投资机构中高管成员的经管教育背景对投资策略的选择具有一定影响

假设 5a：高管团队中具有经管类教育背景的成员比例越大，该机构投资于企业早期阶段的可能性越小

假设 5b：高管团队中具有经管类教育背景的成员比例越大，该机构进行行业多样化投资的可能性越大。

假设 5c：高管团队中具有经管类教育背景的成员比例越大，该机构投资地域范围越广泛。

理工类教育和科研工作经验更多的是涉及技术方面的知识，因此，有此类背景的风险投资家主要凭借其对受资企业技术发展前景和风险的认知做出评估。

在投资阶段的选择上，很多处于早期阶段的风险企业具有可能会打破现有技术范式乃至改变整个行业结构的新技术，理工科教育致力于创新，因此有此类背景的风险投资家在制定投资策略时更多的是注重技术本身的突破性和前景而非投成败。此外，凭借专业知识，风险投资家可能会参与产品研发并对研发过程所需的时间、成本和人力做出估计。这些能够提高他们对于使用何种资源和策略能够以推动技术投放市场的判断力和对技术风险的承受力。

在投资行业的选择上，理工类教育和科研工作经验能够使风险投资家更好的理解和评估与自己专业领域相关的新技术，并判断其经济潜力。同时，具有理工类教育背景的风险投资家对投资行业的偏好可以用塔弗尔和蒂默（Tajfel and Tumer，1985）的社会认同理论来解释。社会认同理论认为个体通过社会分类对自己的群体产生认同，并产生内群体偏好和外群体偏见[66]。根据这一理论，风险投资家作为科学家或工程师的社会群体认同感使其更专注于投资与自己专业知识相关的行业领域。

在投资地域的选择上，古普塔（Gupta）和萨皮恩扎（Sapienza）指出，有效的监管需要企业家和风险投资家进行面对面的交流互动[67]，具有理工科背景的风险投资家需要从技术的角度对受资企业进行投资前评估和投资后监管，这往往对投资地域有更高的要求，而远距离投资则大大增加了参与技术研发与评估的难度，对技术风险的认知度也相应增加。基于此，本研究提出以下假设：

假设 6：风险投资机构中高管成员的理工类教育背景对投资策略的选择具有一定影响

假设 6a：高管团队中具有理工类教育背景的成员比例越大，该机构投资于企业早期阶段的可能性越大。

假设 6b：高管团队中具有理工类教育背景的成员比例越大，该机构进行行业专业化投资的可能性越大。

假设 6c：高管团队中具有理工类教育背景的成员比例越大，该机构投资地域范围越集中。

假设 7：风险投资机构中高管成员的科研工作经验对投资策略的选择具有一定影响

假设 7a：高管团队中具有科研工作经验的成员比例越大，该机构投资于企业早期阶段的可能性越大。

假设 7b：高管团队中具有科研工作经验的成员比例越大，该机构进行行业专业化投资的可能性越大。

假设 7c：高管团队中具有科研工作经验的成员比例越大，该机构投资地域范围越集中。

创业经验对投资风险的认知具有一定的针对性，创业精神集中体现于创业企业发展的早期阶段，因此创业经验对于风险的感知主要体现在投资早期企业上。

具有创业经验的风险投资家会对潜在的竞争以及市场前景、市场准入有所了解，并对来自新兴市场的风险具有更强的控制能力和承受力[68]。此外，他们会更好的判断企业家的机会主义行为和即将做出的决策[69]，通过制定更合理的契约等措施予以应对。同时，根据社会认同理论，具有创业经验的风险投资家保留着对企业家身份的认同，从而更为支持处于早期创业阶段的企业家，对初创企业的发展前景过度乐观[70]，对市场和代理风险的承受力相应提高。基于此，本研究提出以下假设：

假设 8：风险投资机构高管团队中具有创业经历的成员比例越大，该机构投资于企业早期阶段的可能性越大。

海外的工作经验有助于引入成熟市场经验以及掌握地域上的资源优势，因此海外经验对于风险的感知主要体现在投资阶段和投资地域上。

对于投资阶段的选择要考虑中国目前风险投资行业的发展水平。中国的风险投资发展尚处于不成熟阶段，经验的缺乏使得风险投资机构为减小风险而投资于企业的后期阶段。而事实上，欧美等成熟市场的风险投资多针对早期创业企业。因此，通过海外的工作或学习，风险投资家能够更多的吸收成熟市场的经验，对于投资企业早期阶段存在的市场和代理风险的认知度也相对较低。

在投资地域的选择上，海外经历能够提升管理者对外国客户、竞争者、文化以及雇员的了解和认识。海外经历使风险投资家更为关注远距离投资所产生的市场和代理风险，并且视这类风险为可以控制和管理的，这种认知使他们更倾向于在一个广泛的地域范围内投资。除此之外，国外的生活使风险投资家们有机会与当地的个人或机构建立联系，从而掌握一定的海外人力资本，这也能进一步的降低风险投资家对于国外市场和代理风险的认知。基于此，本研究提出以下假设：

假设 9：风险投资机构中高管成员的海外经历对投资策略的选择具有一定影响。

假设 9a：高管团队中具有海外经历的成员比例越大，该机构投资于企业早期阶段的可能性越大。

假设 9b：高管团队中具有海外经历的成员比例越大，该机构进行投资的地域范围越广。

风险投资领域涉及资本运作以及企业运营管理等实际问题，因此在具体运作过程中，金融和咨询行业的相关背景成为机构高管团队极具价值的资源。

在投资阶段的选择上，金融行业经验的作用主要体现在帮助企业家进行融资以及在企业进入成熟期后面退出时的资本运作。早期阶段的创业企业由于不确定性高而具有较大的风险，精于计算的金融从业者对早期企业存在的市场风险的认知度较高；相对于早期介入，其对后期退出时的资本运作环节更为熟悉和擅长。咨询行业相关经验则使投资者具备了发现受资企业存在问题并制定解决方案以及与企业高管沟通建议的能力，这一方面提高了其面对早期阶段诸多问题时的应变能力和风险承受能力，另一方面，在契约订立阶段需要风险投资家与企业家进行多次谈判，咨询行业经验能够促进二者间更为有效的沟通，这有利于契约的制定，同时也降低了代理风险。

在投资行业的选择上，金融行业的资本运作经验和咨询行业的管理咨询经验都具有较为广泛的适用性，在各类行业中都能发挥其应有的作用，且金融和咨询行业经验对于特定行业的专业知识较为缺乏，因此分散化的投资能够较好的分散市场风险。

在投资地域的选择上，拥有金融从业经验的投资家在长期的资本运作与投资过程中掌握了遍及全国乃至海外的人脉资源及关系网络，这种风险投资领域的黄金资源能够帮助投资家在进行远距离投资时更好的了解当地市场并实现有效沟通，从而降低市场和代理风险。基于此，本研究提出以下假设：

假设 10：金融工作的特定从业经验对投资策略的选择具有一定影响。

假设 10a：高管团队中具有金融工作经验的成员比例越高，该机构集中投资于企业早期阶段的可能性越小。

假设 10b：高管团队中具有金融工作经验的成员比例越高，该机构在投资行业上的专业化程度越低。

假设 10c：高管团队中具有金融工作经验的成员比例越大，该机构在投资地域上的集中程度越低。

假设 11：咨询工作的特定从业经验对投资策略的选择具有一定影响。

假设 11a：高管团队中具有咨询工作经验的成员比例越高，该机构集中投资于企业早期阶段的可能性越大。

假设 11b：高管团队中具有咨询工作经验的成员比例越高，该机构在投资行业上的专业化程度越低。

风险投资基金管理经验是在过往的风险资本运作中所积累的管理经验，因此在所有的人力资本要素中，对于风投基金的管理经验具有较高的价值。在过往的风险投资基金管理工作中，风险投资家已经在特定的行业和地区积累了较为丰富的经验、知识以及人脉资源，降低了对相关领域存在的市场风险的认知。因此，这些风险投资家的投资行业和地域已经具有了自己的特点，将已经积累的经验再次应用在相关的行业上，在同一地域内更好地发挥其已经掌握的人脉资源优势。

假设 12：风险投资机构高层管理团队的风险投资基金管理经验对投资策略的选择具有一定影响。

假设 12a：高管团队中具有风险投资基金管理经验的成员比例越高，该机构在投资行业上的专业化程度越高。

假设 12b：高管团队中具有风险投资基金管理经验的成员比例越高，该机构在投资地域上的集中程度越高。

（三）风险投资机构人力资本与投资策略

风险投资机构的“教练”角色为很多学者所强调[43]。创业企业的成功经常归因于风险投资机构通过分阶段投资、出席董事会、参与对企业管理层人员的招募等途径来管理其受资企业的能力。一些研究更是细化到风险投资家在投资后所起到的作用。例如，风险投资家被区分为三类，不活跃投资者、活跃的提供建议者以及手把手管理的投资者[71]。其中第三类风险投资家对风险企业的辅助行为最为重要（例如寻求额外投资、组建管理团队、制定管理计划以及为企业家提供建议等等）。另外的一些研究将风险投资机构在与受资企业的关系中扮演着战略角色、管理角色以及个人角色[72,73]。

尽管投资后管理的有效性部分地归因于风险投资机构的能力，风险投资机构究竟需要多大程度的参与受资企业仍存在一个战略决策的问题。风险投资机构的目标是实现利润最大化，缺乏对企业的监管则可能无法未来较高的回报，而是转向“半死不活”（living-dead）的境地[74]。以往的研究显示风险投资家经常在那些能够为其带来巨大收益的项目上尽可能多的投放精力[48,73]。吉福德（Gifford，1997）[75]还指出由于需要同时监管多个受资企业，募集新的基金，落实新的交易项目，因此风险投资家投放在每个项目上的精力非常有限。因此，机构往往会挑选出重点项目进行管理和优化，与此同时也会减少对其他一些受资企业的监管。因此，当风险投资机构做出取舍之时，一些受资企业也命运堪忧。

在很大程度上而言，有效进行投资后管理难度的根源在于风险投资机构选择投资项目时面临的不确定性。很多学者对于风险投资机构采用不同策略来控制这个不确定性的问题进行研究。具体而言，他们会将专业化投资、联合投资或分阶段投资策略作为降低不确定性和代理风险并提高增值能力的方法。本研究据此认为投后管理的程度和有效性都与这些策略的执行程度有关。因此，下面将讨论这各项策略对于投资绩效的影响效应。

1. 专业化投资策略和成功率。迪莫夫和谢泼德（Dimov and Shepherd，2005）[46]的研究表明风险投资机构高层管理团队在过往投资中积累的经验对其受资企业的绩效具有积极影响。另外，当一个机构在已有知识结构的基础上增加了与之相关的新知识时，学习效果也会相应提升[53]。这说明过往投资所学能够更为有效的帮助风险投资机构提升管理受资企业的专业技能。

以往的研究指出风险投资机构可能通过专门投资于特定类型的风险企业来平衡其在受资企业组合中知识和技能的应用[67,76]。风险投资机构的专业化投资策略可以通过其在风险投资发展阶段、投向行业和地域方面的专业化选择来表示。

专业化投资为机构管理和控制受资企业提供了便利，这使得机构能够更好的监控企业的绩效变化，从而及时采取相应措施予以应对。

从投资阶段和行业的角度，专业化投资能够加强机构对特定行业或阶段情况的了解，进而更有效的运用于同领域投资管理[77]。根据阿工特（Argote，1996）[78]的研究，失败率会随着经验曲线的累积而降低。一个机构避免失败的能力来自于从相似的投资经历中吸取的经验。具体而言，风险投资机构若持续投资于特定类型的企业，就会通过知识和经验的积累使得从学习效应曲线中获益达到最大进而提高投资成功的概率。从投资地域的角度，尽管在广泛的地域范围内进行投资可能获得更大的交易流，但同时，面对地域、文化等方面的差异，社会资本的缺失会使得机构难以获得充分的市场信息，进而监管难度增加。相反，投资地域的集中能够帮助机构积累一定的社会资本，拓宽地区关系网络和资源，为投资成功提供重要保障。据此提出假设：

假设 14：风险投资机构专业化投资的程度越高：（a）投资阶段集中；（b）投向行业集中；（c）投资地域集中，则机构投资受资企业的成功率越高。

2. 联合投资策略与投资成功率。以往的研究表明，在为风险企业筹集资本时，很多风险投资家会选择与其他投资者共同进行投资 [42,79]。联合投资是指在同一投资轮次，有至少两家以上的风险投资机构对同一家风险企业进行投资。根据联合投资的特点，其对投资绩效产生的影响需要从正反两面予以考虑。

根据资源基础理论的观点，多家机构的合作充实了整体的知识和资源，能够为受资企业的发展带来更大益处。也就是说，由于机构间资源和能力的异质性，参与联合投资的机构越多，所掌握的资源多样性程度也越高，相应地讲，能够为企业提供有效的信息和建议的可能性也就越高。例如，由于每个参与联合投资的机构都可能具备不同的增值能力（管理和运营能力，发展潜在客户、高层管理者或投资者的能力），联合投资增强了机构对企业增值能力的，提升了机构筛选受资企业的效率。此外，多家机构的参与也起到信号传递的作用，吸引更多的机构参与同一家企业的投资，这将进一步扩充投资方的整体实力，对企业生存发展产生积极影响。萨皮恩扎（Sapienza，1992）[72] 的研究证实，风险投资机构对企业的知识投入量与参与投资的机构数量成正比。最后，对于接受联合投资的受资企业，其绩效的下滑由于受到多方监控更容易被发现，从而能够及时采取挽救措施。

如果抛开联合投资的资源多样性优势，从联合投资各方的内部冲突角度考虑，联合投资也可能对企业生存起到反作用。内部冲突具体表现为责任感缺失而造成的毁约和社会惰化现象。

以往的研究表明，在企业无法兑现高额回报时，风险投资机构会从企业撤出，使企业陷入“半死不活”（living dead）的境地[74]。然而，对于面临失败的受资企业，如果风险投资机构能够抱着最终获得良好绩效的希望继续履行契约，即使出现了绩效下滑的信号，机构还是会帮助企业进行运营以延迟可能发生的破产或清算，寻求绩效逆转的机会。在绩效下滑的情况下能否继续履约是机构个体责任感的体现[80]。然而，相对于个体决策而言，群体决策过程中所表现出来的个体责任感大大降低[81]。这说明，对于单个机构，其在受资企业面临失败时表现出较强的责任感；而当机构参与联合投资时，责任感降低，毁约率上升，各机构都希望能挽回一些损失而最终将企业推向破产境地。伯明翰（Birmingham，2003）[80]的研究证实，在首轮参与联合投资的机构数量越多，这些机构在后续投资中毁约的概率越大。

联合投资策略对绩效的负面影响还可以通过社会惰化现象来解释。社会惰化现象是指个人处于群体中时所付出的努力要比单独时偏少[82]。同理，风险投资机构在参与联合投资时所付出的努力也会减少，因此在各成员间决策和参与投后管理的协调过程中存在较大的代理成本。考虑到各机构分配给受资企业的时间和精力有限，本研究有理由认为，当联合投资的受资企业存在失败迹象时，各机构所投放精力会大大降低，最终导致企业走向破产。

基于上述分析，本研究有理由认为联合投资策略与风险投资绩效之间存在的曲线关系，因此，出对二者之间可能存在的线性影响关系进行提出假设外，本研究也对二者之间可能存在的曲线关系进行假设。

假设 15：风险投资机构联合投资的程度与机构投资受资企业的成功率具有线性影响关系。

假设 15a：风险投资机构联合投资的程度对机构投资受资企业的成功率具有积极影响。

假设 15b：风险投资机构联合投资的程度对机构投资受资企业的成功率具有消极影响。

假设 16：风险投资机构联合投资的程度与机构投资受资企业的成功率具有曲线影响关系。

3. 分阶段投资策略与投资绩效。分阶段投资是指风险投资机构逐步的向受资企业注入资金，当企业没有达到预期目标时，机构可以选择停止向企业继续注资。因此在机构面临高度不确定的情况下，分阶段投资是避免代理问题、提高决策效率的有效途径[83]。分阶段投资能够有效地约束企业家行为。一旦风险投资家发现任何有关未来回报的负面信息，下一阶段的融资可能被终止，风险企业家的人力资本价值也就无法实现，这种方式也减少了风险企业家试图对企业剩余索取权进行重新谈判的机会主义行为。同时，资金的分批注入也削弱了企业家离开企业的动机，从而避免了人员动荡对企业发展的不利影响。

可以说，分阶段投资策略的积极影响是存在的。但同时，分阶段投资也意味着投资成本的增加。对此，萨尔曼（Sahlman，1990）[48]、勒纳（Lerner，1995）[84]、开普兰和斯特龙伯格（Kaplan and Str?mberg，2003）[85]、博塔齐（Bottazzi，2008）[62] 等学者提出了监管假说来解释分阶段投资对于投资绩效的影响。监管假说认为分阶段投资策略在一定程度上能够代替风险投资家对受资企业的监管。如果受资企业所处位置与风险投资机构所在地距离较近，那么风险投资家就可以较低的成本对受资企业实施监管；从机构层面讲，当风险投资机构在投资地域的选择上采取了专业化投资策略时，投资地域上的集中同样会降低风险投资家对受资企业的监管成本。那么此时，减少分阶段投资策略的应用将对后续的投资绩效产生积极影响。这是因为较少的分阶段投资行为削弱了创业企业家为获取下一轮融资而弄虚作假的动机，同时也使企业能够实现规模经济并尽早获得市场准入。这些优势的存在能够帮助提升风险投资机构的监管效率进而提升投资绩效。另一方面，如果受资企业与风险投资机构所在地相距较远或者机构采取了地域分散化的投资策略，风险投资家实施有效监管的成本会大幅提高。那么风险投资家就需要增加分阶段投资策略的应用来迫使创业企业家时刻绷紧神经。因此，分阶段投资将会帮助规范创业企业家的行为进而提升投资绩效。本文的研究是基于风险投资机构层面，因此，监管假说关于分阶段投资对绩效的影响可以归结如下：

假设 17：风险投资机构总部所在地与其受资企业所在地距离较远的

情况下，机构进行分阶段投资的比例越高，则受资企业成功退出的比例越高。

第二节 样本选取、变量描述及数据检验

一、样本选取

（一）风险投资机构筛选方法

本章基于 CVSource 投资数据库搜集研究所需的风险投资数据信息。截至 2013 年 1 月 17 日，数据库中有记录的机构共计 2000 家。对于这些机构本研究做出如下筛选：

1. 为更好地反映风险投资机构的投资行为和投资特点，研究选择活跃的风险投资机构进行研究，即在选择风险投资机构组成研究样本时要求风险投资机构已经进行了足够数量的投资。根据对数据库中机构已发生的投资事件数和退出事件数的比较，本研究将活跃风险投资机构定义为自机构成立以来至少进行过 10 次投资。对于投资事件数不符合这一条件的机构予以剔除。

2. 风险投资业中有两种形式的投资具有一定的相似性，即风险投资（Venture Capital，简称 VC）和私募股权投资（Private Equity，简称 PE）。这两种投资都是通过私募形式对非上市企业进行的权益性投资，然后通过上市、并购或管理层回购等方式，出售持股获利。尽管二者具有很高的相似性，甚至在国内的一些机构调研报告中将这两个概念统一为风险投资的通用表述，但由于风险投资的投资阶段相对较早（不排除中后期的投资），而私募股权投资的投资对象主要为拟上市公司，这一投资阶段的划分使得它们在投资理念、规模上都不尽相同。在投资规模方面，私募股权投资由于投资对象的特点，单个项目投资规模一般比较大，而风险投资则视项目需求和投资机构而定。在投资理念方面，风险投资强调高风险高收益，既可以长期进行股权投资并协助管理，也可短期投资寻找机会将股权进行出

售，而私募股权投资一般是协助投资对象完成上市然后套现退出。本文的研究是专门针对风险投资机构的研究，因此对于数据库中性质界定为私募股权投资的机构要予以剔除。另外，由于在现在的中国资本市场上，很多传统上的风险投资机构现在也介入私募股权投资业务，而许多传统上被认为专做私募股权投资业务的机构也参与风险投资项目。二者在实际业务中的界限越来越模糊。因此，对于数据库中定义为 VC/PE 的机构，若其投资事件中有至少 50% 以上的事件性质为风险投资且风险投资事件数也在 10 件以上，则纳入研究样本，否则予以剔除。

3. 根据亚斯克莱宁（Jaaskelainen）等学者（2006）[86] 的研究，从首次投资到最终风险资本的成功退出所需要的时间平均为 4.18 年；而扎如斯克（Zarutskie，2010）[41] 的研究则指出风险投资基金的跨度一般为 10 年。根据对中国风险投资机构发展情况的统计，中国风险投资机构从 1997 年到 2001 年底经历了一段时间的蓬勃发展，而进入 2002 年，在全球经济发展减速和国际风险投资退潮的影响下，中国的风险投资业也随之进入了调整期，直至 2006 年开始又进入了一个新的发展阶段，无论从投资事件还是投资金额上都呈现出井喷式的增长。通过对 CVSource 风险投资数据库中机构投资信息的统计，截止到数据搜集时间（2013 年 1 月 17 日），发生在 2008 年之前的投资事件基本上都产生了投资结果。因此，本章选取了各机构自成立以来到 2008 年 12 月 31 日的投资事件进行研究。

（二）数据的收集、筛选及清理

本研究需要收集的数据包括风险投资机构高层管理团队人力资本数据、机构投资策略数据以及机构投资绩效数据以及一些必要的机构特性数据。CVSource 数据库提供了中国风险投资市场的风险投资机构、投资人、投资事件、受资企业以及退出事件等数据信息。从风险投资机构投资事件的信息中可以提取出机构投资阶段、投向行业、投资地域以及分阶段投资的相关数据；从退出事件的信息中可以提取风险投资机构投资绩效的相关数据；从受资企业信息中可以总结出机构联合投资的情况；从机构基本信息中可以提取本研究所需的反映机构特性的数据。

高层管理团队成员的信息则主要数据库和从机构官方网站两个渠道获

取。由于各机构组织结构的差异，本章最终将高层管理团队成员统计的范围确定为：创始合伙人、普通合伙人、合伙人、董事长、执行董事、董事总经理、总裁、副总裁、总经理。

另外，受到数据的限制，部分机构不具有本研究所需的完整信息，对于这部分机构也予以剔除。

最终获得的风险投资机构样本共计 124 家，高层管理团队成员 847 名，平均每家机构高管团队规模为 6.8 人，迪莫夫和谢泼德（Dimov and Shepherd，2005）[46]、派策尔特（Patzelt，2009）[87] 曾分别对对美国和欧洲的风险投资机构人力资本状况进行研究，研究样本分别为 116 家机构、749 名高管成员（平均规模为 6.7）和 136 家机构、799 名高管成员（平均规模为 5.9）。虽然本研究的样本数相较于国外对于风险投资机构的研究水平相当，但样本选取的方法略有不同。由于成熟风险投资市场的交易活跃的风险投资机构多达数百家，在进行研究时采取了随机抽取的方法构成样本。而本研究的样本囊括了中国风险投资市场上有信息披露的所有活跃机构，对于该样本的分析也能够反应中国当前风险投资的发展现状。

二、变量描述及度量方法

（一）变量定义及度量

1. 风险投资机构人力资本变量的描述及度量。如前文对人力资本的界定和分类，本研究基于专用性角度将人力资本划分为一般人力资本和特殊人力资本，其中根据细分人力资本要素的特点及形成又将其划分为工作相关特殊人力资本和行业相关特殊人力资本。由于很多风险投资家在不同阶段接受了不同学科类型的教育，因此对于教育变量的定义允许拥有双重教育背景的存在，例如，一个人同时具有工学博士学位和 MBA，这两种教育背景可能会同时对该管理者的风险偏好产生一定影响。对于变量的定义和描述如表 10.3 所示。

各人力资本变量的计算方法：首先，根据各风险投资机构官方网站和 CVSource 数据库提供的管理团队信息统计机构高层管理团队成员总数；其次，根据各成员简历提取其教育及相关经验的信息并转化为数据（以对

表 10.3　　　　人力资本变量定义及描述

维度	变量	变量名称	定义
一般人力资本	经济管理类教育背景	经管	具有工商管理、经济学或商务工程类学士、硕士或者博士学位或 MBA 学位
	理工类教育背景	理工	具有与生化、医学、计算机、环境、通信行业相关的学士、硕士或者博士学位
	海外经验	海外	曾经在海外金融、咨询机构工作或从事技术研发[①]
工作相关特殊人力资本	创业经验	创业	在进入机构之前至少创建过一个公司
	风险投资基金管理经验	VC	在进入机构之前具有风险投资基金管理经验
行业相关特殊人力资本	金融工作经验	金融	在进入机构前公募和私募市场的所有商业、投资、商业银行、投资基金管理，财务管理从业经验
	咨询工作经验	咨询	在进入机构前在咨询公司提供管理咨询服务或充当技术行业顾问
	科研工作经验	科研	在进入机构前担任工程师或从事科研工作

高管成员的风险投资基金管理经验为例：若成员具有风险投资基金管理经验则记为 1，否则为 0）；最后，求得机构中具有某项人力资本要素的成员比例。

计算公式如下：

$$\text{经管} = \text{机构 } i \text{ 具有管理教育背景的成员数} / \text{机构 } i \text{ 高管团队总人数}$$

2. 风险投资机构投资策略变量描述及度量。根据前文对于风险投资策略的界定和分类，本研究以风险投资策略制定目的为依据将风险投资策略划分为筛选策略和监管策略。其中，筛选策略包括对于投资阶段、投向行业以及投资地域的选择，监管策略包括联合投资策略和分阶段投资策略。对于各策略变量的定义和度量方法如表 10.4 所示。

① 理工类教育背景或技术研发工作经历的判断标准根据风险投资行业分类确定，本章采用 CVsource 数据库的 CV 行业分类标准，技术相关行业大类包括：互联网、医疗健康、电信及增值、能源以及 IT 业。

表 10.4　　投资策略变量定义及度量

变量类别		变量名称	变量描述	计量方法
筛选策略	投资阶段	早期阶段	受资企业发展阶段分为早期、发展期、扩张期和成熟期，其中对于早期企业的投资是风险投资中投资阶段研究的重点，该变量描述机构在投资阶段选择上专注于早期投资的比例	本研究选用二值变量 *Early stage* 描述风险投资机构投资企业发展阶段的偏好，根据中国风险投资机构的投资特点，本章将投资企业早期阶段定义为：（1）投资于早期企业的事件数占机构投资事件总数的比例大于 25%；（2）投资于早期和发展期企业的事件数占机构投资事件总数的比例大于 50%。满足上述条件之一，则 *Early stage*=1，否则为 0
	投向行业	行业集中	投向行业为受资企业所属行业[①]，该变量描述机构在投向行业选择上的集中度	本章利用 HHI（Herfindahl-Hirschman Index）指数来计算各集中度变量，该指数最初用于对产业市场集中度的测量，计算公式如下：$HHI=\sum P_i^2$ 其中，P_i 为机构在各行业 / 地区进行投资的投资事件比例
	投资地域	地域集中	投资地域为受资企业所处地区或省份[②]，该变量描述机构在投资地域上的集中度	
监管策略	联合投资	联合投资程度	风险投资机构参与联合投资的程度。目前，国内多数机构的大部分交易都采用了联合投资的形式，因此单纯通过机构参与联合投资事件数的比例无法有效表现出机构联合投资行为的差异	本研究通过机构在首轮投资中参与联合投资事件的合作机构数来描述联合投资的程度。*Syndic*= 机构 *i* 联合投资事件中参与合作的机构数 / 机构 *i* 联合投资事件数
	分阶段投资	分阶段投资	风险投资机构进行分阶段投资的投资事件比例	*Stg_Fin*= 机构进行分阶段投资的投资事件数 / 机构投资事件总数

① 本章参考 Cvsource 数据库的 CV 行业分类标准，将风险投资投向行业分为化学工业、农林牧渔、互联网、医疗健康、能源、电信及增值、金融、IT、房地产、食品饮料、汽车、家居建材、投资行业、研究咨询、传媒娱乐、教育行业、物流、旅游、制造业及连锁经营，共计 20 个行业类别。

② 本章参考《中国风险投资年鉴》对于风险投资地域的划分，将投资地域划分为北京、上海、深圳、东北地区（辽宁、黑龙江、吉林）、华北地区（天津、河北、山西、内蒙古）、华东地区（山东、江苏、安徽、浙江、江西、福建）、中南地区（河南、湖北、湖南、广东、广西、海南）、西部地区（山西、新疆、重庆、四川、贵州、甘肃、青海、宁夏、云南、西藏）、其他地区（香港、台湾、海外各国）。

3. 风险投资机构投资绩效变量描述及度量。风险投资的退出方式包括：首次公开发行（IPO）、回购和兼并收购、清算和破产。其中IPO被公认为风险投资最理想的退出渠道，而回购和兼并收购则是在上市不畅的情况下最值得考虑的退出方式。因此，本章将以上述任一种方式退出都视为投资获得成功。事实上，对于风险投资机构绩效的度量的最佳方式是以风险投资基金收益率来衡量。由于受到数据方面的限制，本研究无法获得大部分机构真实的收益数据，因此，目前对于风险投资机构绩效的研究都是通过计算成功率来实现的[88,89]。基于此，本章也通过风险投资机构的投资成功率来描述投资绩效，对变量的描述和度量方法如表10.5所示。其中，为确保实证结果更为严谨，本章分别通过增加IPO比例和股权转让比例权重的方式增设成功率2和成功率3两个变量来参与回归，作为对绩效变量成功率1回归结果的稳健性检验。

表10.5　投资绩效变量定义及描述表

变量名称	变量描述	计量方法
成功率1	风险投资机构以IPO、回购或兼并收购任一种方式成功退出受资企业的投资事件比例	成功率1=机构IPO事件数+回购、兼并收购事件数/机构投资事件总数
成功率2	考虑到以IPO方式退出最为成功，在计算中增大IPO退出事件的权重，计算方法参考海格（Hege,2009）对于风险投资绩效的计算[21]	成功率2=机构IPO事件数×2+回购、兼并收购事件数/机构投资事件总数
成功率3	考虑到以回归或兼并收购等股权转让的方式退出受资企业目前仍是中国风险资本退出的主要方式（张俊芳，2010）[210]，在计算中增大股权转让退出事件的权重	成功率3=机构回购、兼并收购事件数×2+回购、兼并收购事件数/机构投资事件总数

4. 控制变量的描述及度量。在研究过程中，可能有一些因素会对研究结果产生影响，对此，本章在实证分析中对这些因素进行控制。对于人力资本、投资策略与投资绩效关系的每部分研究中，参与回归的控制变量也有所不同。其中，风险投资机构特性对研究结果可能产生的影响在每部分研究中都是存在的。反映机构特性的变量主要包括机构规模、机构成立年限以及资本来源。

首先，根据迪莫夫（Dimov，2005）[46]、派策尔特（Patzelt，2009）[87]

等学者的研究，机构规模和成立年限可能对机构的决策和绩效产生影响。机构的规模越大，其在人力资本、资金等方面的实力相对越强；机构的成立年限越长，其积累的经验和资源就相对越多就，这些因素都可能影响机构高层管理团队的决策以及最终的机构绩效，因此我们将风险投资机构的规模以及成立年限设为控制变量。对于这两个变量，我们均使用对数刻度来说明其有偏分布。

另外，中国目前的风险投资机构的资本来源主要分为中资、外资和中外合资，由于其中存在着文化、风险投资发展成熟度差异等方面的差异，因此资本来源不同而产生的机构性质的差异也可能对机构的投资策略和投资绩效产生一定影响。对此，我们将资本来源也作为控制变量参与分析，赋值方法为：中资 =1、外资 =2、中外合资 =3。

此外，对于人力资本、投资策略与投资绩效关系的每部分研究还有一些特定的因素需要纳入考虑，以控制其对研究结果可能产生的影响。

（1）在风险投资机构人力资本与投资绩效的研究中，需对以下变量进行控制，各控制变量的描述及度量方法如表 10.6 所示。

（2）在风险投资机构人力资本与投资策略策略的研究中，我们还需要考虑所选的投资策略变量是否相互独立，因此，在每个模型中，当一个投资策略变量为因变量时，另外两个策略变量都设为控制变量。

（3）在风险投资机构投资策略与投资绩效的研究中，机构对于技术行业的投资比例可能对投资绩效产生影响，因为处于技术行业的受资企业失败率可能更大（Dimov, 2007）[90]。因此需对该变量进行控制，计算方法为：技术行业 = 机构 i 投资于高科技行业的事件数 / 机构 i 投资事件总数；

另外，由于研究需要，在投资策略与投资绩效的实证研究中加入了一个交互变量参与回归，与分阶段投资比例构成交互变量的是机构总部所在地或中国办公室所在地与受资企业所在地之间距离的变量。对于每个风险投资机构，我们对各机构所有参与研究的分阶段投资事件所在地与机构所在地之间的距离进行统计和加总，并取其平均值。为说明该距离变量的有偏分布，参考蒂昂（Tian，2011）[91] 的度量方法，我们对距离变量的计算方法为：

表 10.6　　控制变量的定义及描述

变量类别	变量名称	变量描述	计量方法
联合投资	联合投资比例	两个以上机构共同投资一个创业企业，资源的汇聚可能对结果产生一定影响	机构 i 进行联合投资的事件数 / 机构 i 投资事件总数
早期阶段	早期比例	创业企业包含四个发展阶段：早期、发展期、扩张期、成熟期，投资初创企业的风险更大，中后期企业面临再融资需求	机构 i 投资于早期和发展期企业的投资事件数 / 机构 i 投资事件总数
中后期阶段	中后期比例		机构 i 投资于扩张期和成熟期企业的投资事件数 / 机构 i 投资事件总数
行业集中度	行业集中	机构在投向行业上的集中程度，集中投资有利于资源和经验的积累，利用 HHI 指数进行计算，该指数最初用于对产业市场集中度的测量	$HHI = \sum P_n^2$ 其中，P_n 为机构在行业 n 进行投资的投资事件比例
技术行业	技术行业	部分风险资本投向高科技行业，具体包括互联网、生物医药、能源、电信以及 IT 行业①	机构 i 投资于高科技行业的事件数 / 机构 i 投资事件总数

（二）变量的描述性统计分析

1. 风险投资机构人力资本统计特征描述。表 10.7 是对各人力资本变量的描述性统计。

从均值水平来看，高层管理团队中具有经管类教育背景的平均比例为 73%，具有理工类教育背景的比例为 46%，这说明中国风险投资机构高管团队成员的平均学历层次较高，特别是在各机构中具有经管类教育背景的情况是较为普遍的。与派策尔特等人（Patzelt et al.,2009）[87] 和迪莫夫等人（Dimov et al.，2005）[46] 分别对欧洲和美国风险投资机构高管团队构成水平的统计结果相比较，中国目前的高管构成在教育水平方面与风险投资成熟市场水平。相当具有海外经验的成员比例为 35%，这是考虑到中国风险投资发展特点特设的一个指标，这一指标中既包含了具有海外经验的中国籍管理者，也包括在大陆工作的外籍人士。具有创业经验的

① 高科技行业的分类参考 CVSource 数据库针对创业投资市场制定的 CV 行业分类标准。

表 10.7　　风险投资机构人力资本变量描述性统计（n=124）

变量名称	均 值	标准差	最大值	最小值
一般人力资本				
经管	0.73	0.23	1.00	0.25
理工	0.46	0.33	1.00	0.00
海外	0.35	0.39	1.00	0.00
工作相关特殊人力资本				
创业	0.14	0.12	0.67	0.00
VC	0.12	0.08	0.33	0.00
行业相关特殊人力资本				
金融	0.67	0.19	1.00	0.25
咨询	0.19	0.16	0.60	0.00
科研	0.13	0.06	0.58	0.00

比例为 14%，远低于派策尔特等学者（2009）[87] 对欧洲风险投资市场人力资本水平的统计结果（34.7%）。具有风险投资基金管理经验的比例为 12%，由于中国目前风险投资发展时间仍然较短，虽然已经出现了风险投资机构间的人员流动，但目前这一比例仍然较低。具有金融从业经验的比例为 67%，具有咨询从业经验的比例为 19%，具有科研工作经验的比例为 13%。与扎如斯克（2010）[41] 和迪莫夫等人（2005）[46] 对美国风险投资机构高管团队构成水平的统计结果相比较，中国目前的高管构成在金融、咨询行业经验方面都与风险投资成熟市场水平相当，但具有科研工作经验的成员比例相对较低。

2. 风险投资策略统计特征描述。表 10.8 是对各策略变量的描述性统计。

投资行业集中度仅为 0.28，行业分散化化程度比较高，根据迪莫夫等人 [46] 对美国风险投资市场该项指标的统计，中国风险投资行业集中度远低于美国的水平（0.58）。分阶段投资的平均轮次为 2.89，这说明整体上中国风险投资机构在采取分阶段投资策略时的投资轮次数较少。控制变量早期比例是对中国投资于真正意义上的早期企业比例的统计，均值显示投资于早期企业的比例仅为 11%，这主要是由于投资早期企业存在高风险，该指标远低于海格（Hege）[92] 对欧洲（38%）和美国（50%）的统计，这

表 10.8　　风险投资策略变量描述性统计（n=124）

类别	变量名称	Mean	Std. D	min	max
筛选策略	早期阶段	0.40	0.29	0.27	0.87
	行业集中	0.28	0.15	0.12	0.86
	地域集中	0.59	0.18	0.19	1.00
监管策略	联合投资程度	3.81	2.11	2.78	5.21
	分阶段投资	0.21	0.13	0.00	0.43
	联合投资比例	0.49	0.24	0.00	1.00
控制变量	早期比例	0.11	0.08	0.00	0.53
	中后期比例	0.47	0.21	0.27	0.73
	技术行业	0.72	0.17	0.27	1.00

也体现出中国与成熟市场的差距。筛选策略变量中的早期策略变量实际上是对早期和发展期企业投资情况的统计，在加入发展期后的早期投资比例达到了 40%。

3. 风险投资绩效统计特征描述。表 10.9 为对风险投资绩效的描述性统计。从均值来看，样本机构的投资成功率平均为 19%，这与国际上成熟风险投资市场的水平相当。

表 10.9　　风险投资绩效变量描述性统计（n=124）

变量名称	Mean	Std. D	min	max
成功率 1	0.19	0.14	0.00	0.69
成功率 2	0.34	0.25	0.00	1.19
成功率 3	0.52	0.19	0.00	1.21

三、数据检验

（一）相关性分析与共线性检验

在进行回归分析前，我们对样本数据进行一系列检验。表 10.10 为对各变量之间的 Pearson 相关性检验结果。

进行相关性分析的目的有二：首先，通过变量间的相关系数和显著性初步对变量间的关系有所掌握，在解释变量和被解释变量之间呈现出一定的相关性后可进一步进行多元回归分析对模型的整体性进行分析和检验；其次，通过相关性检验的结果对解释变量之间的相关系数及显著性进行观察，初步判断解释变量间是否存在多重共线性问题。

表 10.10　　　　变量间相关性分析

风险投资机构人力资本与投资绩效变量相关性检验										
变量	1	2	3	4	5	6	7	8		
1. 成功率 1	1.000									
2. 经管	-0.083	1.000								
3. 理工	0.238*	-0.021	1.000							
4. 海外	0.133	0.007	0.011	1.000						
5. 创业	0.423**	-0.103	0.162	0.032	1.000					
6.VC	0.391**	0.152	0.137	0.115	0.008	1.000				
7. 金融	0.036	0.205*	0.012	0.002	0.104	0.263*	1.000			
8. 咨询	0.225*	0.015	0.143	0.071	0.127	0.055	0.109	1.000		
9. 科研	0.063	0.003	0.227*	0.029	0.048	0.009	0.003	0.021		
风险投资机构人力资本与投资策略变量相关性检验										
变量	1	2	3	4	5	6	7	8	9	10
1. 经管	1.000									
2. 理工	-.021	1.000								
3. 海外	.007	.011	1.000							
4. 创业	-.103	.162	.032	1.000						
5.VC	.152	.137	.115	.008	1.000					
6. 金融	.205*	.012	.002	.104	.263*	1.000				
7. 咨询	.015	.143	.071	.127	.055	.109	1.000			
8. 科研	.003	.227*	.029	.048	.009	.003	.021	1.000		
9. 早期阶段	-.133	-.042	.202*	.379**	-.001	.382**	.014	.428**	1.000	
10. 行业集中	-.067	.398**	.013	.158	.284*	.131	-.219*	.364**	.292*	1.000
11. 地域集中	.019	.253*	.006	.104	.042	-.227*	-.005	.039	.081	-0.033

续表 10.10

风险投资机构投资策略与投资绩效变量相关性检验									
变量	1	4	5	6	7				
1. 成功率 1	1.000								
4. 早期阶段	-0.028	1.000							
3. 行业集中	0.416**	0.292*	1.000						
6. 地域集中	0.367**	0.081	-0.033	1.000					
7. 联合投资	0.025	-0.176	0.218	-0.453**	1.000				
8. 分阶段投资	0.127	-0.263*	0.116	-0.211	0.462**				

注：*p<0.05,**p<0.01，n=124。

相关性检验的结果显示，自变量间的相关系数普遍比较温和，均小于0.7。由于参与分析的自变量较多，因此尚不能确定变量间不具有多重共线性的情况出现。对此，本章将采用方差扩大因子法（Variance Inflation Factor）进一步检验予以确定，检验结果如表 10.11 所示。

表 10.11　　　　变量间共线性检验

风险投资机构人力资本与投资绩效共线性检验		
变量	Collinearity Statistics	
	Tolerance	VIF
经管	.511	1.955
理工	.825	1.213
海外	.605	1.653
创业	.800	1.250
VC	.460	2.174
金融	.599	1.669
咨询	.749	1.334
科研	.541	1.849

续表 10.11

风险投资机构人力资本与投资策略共线性检验						
变量	Collinearity Statistics					
	早期阶段		行业集中		地域集中	
	Tolerance	VIF	Tolerance	VIF	Tolerance	VIF
经管	.497	2.012	.520	1.923	.521	1.953
理工	.764	1.309	.740	1.351	.744	1.345
海外	.495	2.019	.480	2.085	.462	2.163
创业	.681	1.469	.751	1.331	.814	1.228
VC	.712	1.405	.810	1.234	.675	1.482
金融	.810	1.234	.666	1.502	.793	1.261
咨询	.664	1.505	.793	1.261	.475	2.106
科研	.795	1.258	.476	2.101	.791	1.264

风险投资机构投资策略与投资绩效共线性检验		
变量	Collinearity Statistics	
	Tolerance	VIF
早期阶段	.872	1.147
行业集中	.812	1.232
地域集中	.682	1.467
联合投资程度	.915	1.092
分阶段投资	.897	1.115
联合投资比例	.761	1.314
早期比例	.842	1.277
中后期比例	.773	1.153
技术行业	.851	1.088

从对各组模型的共线性检验结果来看，VIF 值均小于 3，TOL 均大于 0.1，说明本文中参与回归的各组模型中的解释变量间不存在多重共线性。

（二）异方差检验

本文采用残差图形分析法进行异方差检验，通过逐一绘制各解释变量与相应回归模型残差的散点图来判断数据是否存在异方差性。由于本章涉及的变量较多，因此在这里就不将散点图一一画出。在用 SPSS 进行绘图所得到的输出结果中可以发现，在各张图中，残差并没有随着图中解释变量的变化而变化，因此判断本研究数据不存在异方差性。

第三节　研究假设检验

一、风险投资机构人力资本与投资绩效

风险投资机构人力资本对风险投资绩效的回归结果如表 10.12 所示。

表 10.12　　投资成功率回归结果

变量	1-1	1-2	1-3	1-4	1-5
工作相关特殊人力资本					
创业		0.421***			0.394***
VC		0.318***			0.262**
行业相关特殊人力资本					
咨询			0.132*		0.125*
金融			0.026		0.044
科研			0.017		0.010
一般人力资本					
经管				-0.052	-0.041
理工				0.198*	0.161*
海外				-0.036	-0.051
控制变量					
规模	0.232**	0.257**	0.238**	0.255**	0.229**
年龄	0.139*	0.124*	0.129*	0.132*	0.102
联合投资比例	-0.035	-0.052	-0.057	-0.039	-0.050
早期比例	-0.025	-0.016	-0.023	-0.026	-0.015
中后期比例	0.127*	0.135*	0.139*	0.123*	0.114*
行业集中	0.238**	0.253**	0.226**	0.242**	0.219**
技术行业	-0.117*	-0.131*	-0.162*	-0.146*	-0.136*

续表 10.12

变量	1-1	1-2	1-3	1-4	1-5
资本来源					
资本来源（1）	0.002	0.001	0.001	0.003	0.002
资本来源（2）	0.143*	0.127*	0.139*	0.141*	0.122*
常数	1.721***	2.219***	1.670***	2.134***	1.901***
模型汇总					
F 值	8.863***	6.928***	7.375***	7.053***	6.287***
调整 R^2	0.217	0.296	0.272	0.248	0.291

注：*p<0.1,**p<0.05,***p<0.01，n=124。

在特殊人力资本方面，模型 1-2、模型 1-5 的分析结果表明具有风险投资基金管理经验和创业经验的风险投资家能够对风险投资机构成功退出起到促进作用，支持假设 1a 和 1b。模型 1-3、模型 1-5 发现了风险投资家的咨询经验与投资成功率之间的正相关关系，支持假设 2a；然而，研究并未发现金融从业经验、科研工作经验与风险投资成功率之间的相关关系。考虑到假设 3 对这两个变量与绩效的假设关系提出了约束条件，因此将在下面的回归中进一步予以验证。在一般人力资本方面，模型 1-4、模型 1-5 的结果显示只有理工教育背景与投资绩效之间表现出较为微弱的正相关关系，支持假设 4a；结果未发现经管教育背景和海外经历与投资成功率的关系。表 10.12 的分析表明工作和行业相关特殊人力资本变量对于成功率的解释能力要明显强于一般人力资本。

根据假设 3 的分析，金融工作和科研工作经验对风险投资绩效的影响可能与特定类型的风险投资事件相关。对此，研究将科研工作经验与投资于高科技行业的比例两个变量进行交互；研究也对金融从业经验和投资中后期创业企业相关变量进行交互；此外，研究也对理工教育变量与投资于高科技行业的比例进行交互，分析结果如表 10.13 所示。

从结果可以看出，金融从业经验对成功投资中后期创业企业的促进作用较为显著，支持假设 3a；在投资高新技术行业时，科研工作经历与投资成功率表现出正相关关系，支持假设 3b。这证实了金融行业和科研工

表 10.13　　　　引入交互变量的投资成功率回归结果

变量		1-6	1-7	1-8
特殊人力资本	创业		0.452***	0.412***
	VC		0.307***	0.324***
	咨询		0.128*	0.129*
	金融		0.031	0.004
	金融 * 中后期比例		0.148*	0.116*
	科研		0.024	0.015
	科研 * 技术行业		0.229**	0.213**
一般人力资本	经管	-0.042		-0.036
	理工	0.167*		0.153*
	理工 * 技术行业	0.239**		0.231**
	海外	-0.011	-0.013	-0.016
控制变量	规模	0.176*	0.134*	0.115
	年龄	0.135*	0.152*	0.127*
	联合投资比例	-0.037	-0.025	-0.035
	早期比例	-0.032	-0.038	-0.042
	行业集中	0.267 **	0.238**	0.215**
	技术行业	-0.122*	-0.117*	-0.126*
	中后期比例	0.122*	0.124*	0.143*
	资本来源			
	资本来源（1）	0.003	0.004	0.001
	资本来源（2）	0.163*	0.168*	0.191*
	常数	1.824***	1.583***	1.397***
模型汇总	F 值	5.640***	5.323***	4.580***
	调整 R^2	0.253	0.287	0.314

注：$*p<0.1$, $**p<0.05$, $***p<0.01$，$n=124$。

作经验对于特定类型的投资事件意义更大。此外，交互后的理工教育变量与投资成功率的正相关性得到了加强。

下面，本研究将改变因变量投资成功率的度量方法，在计算中分别增大 IPO 形式退出比例和股权转让形式退出比例的权重，形成新的因变量成功率 2 和成功率 3 再次进行多元回归分析。一方面，本次回归将是对上文回归结果的一次稳健性检验；另一方面，回归结果将对影响 IPO 退出率的人力资本要素和影响股权投资退出率的人力资本要素进行适当的区分和辨识。回归结果如表 10.14 所示。

表 10.14　　　　投资成功率回归结果

变量	成功率 2		成功率 3	
	2-1	2-2	3-1	3-2
工作相关特殊人力资本				
创业		0.258**		0.392***
VC		0.220**		0.267**
行业相关特殊人力资本				
咨询		0.152*		0.099
金融		0.021		0.052
科研		0.007		0.011
一般人力资本				
经管		-0.004		-0.006
理工		0.037		0.122*
海外		-0.025		-0.018
控制变量				
规模	0.213**	0.228**	0.242**	0.256**
年龄	0.136*	0.119*	0.143*	0.119*
联合投资	-0.041	-0.052	-0.033	-0.023
早期阶段	-0.002	-0.001	-0.001	-0.005
中后期阶段	0.167*	0.153*	0.126*	0.117*
行业 HHI	0.273**	0.247**	0.255**	0.219**
技术行业	-0.142*	-0.132*	-0.121*	-0.143*
资本来源				
资本来源（1）	0.003	0.002	0.002	0.004
资本来源（2）	0.163*	0.179*	0.157*	0.162*
常数	1.673***	1.812***	1.744***	1.901***
模型汇总				
F 值	8.720***	6.823***	8.533***	5.772***
调整 R^2	0.197	0.262	0.209	0.264

注：*p<0.1,**p<0.05,***p<0.01，n=124。

表 10.15　引入交互变量的创业投资成功率回归结果

变量		成功率 2	成功率 3
		2-3	3-3
特殊人力资本	创业	0.279**	0.351***
	VC	0.241**	0.305***
	咨询	0.124*	0.053
	金融	0.000	0.001
	金融 * 中后期比例	0.143*	0.172*
	科研	0.059	0.126*
	科研 * 技术行业	0.227**	0.276**
一般人力资本	经管	-0.003	-0.001
	理工	0.025	0.113*
	理工 * 技术行业	0.157*	0.198*
	海外	-0.031	-0.038
	规模	0.254**	0.229**
控制变量	规模	0.254**	0.229**
	年龄	0.138*	0.116*
	联合投资比例	-0.035	-0.067
	早期比例	-0.000	-0.004
	行业集中	0.189*	0.211**
	技术行业	-0.069	-0.136*
	中后期比例	0.137*	0.125*
	资本来源		
	资本来源（1）	0.000	0.005
	资本来源（2）	0.145*	0.167*
	常数	1.587***	1.662***
模型汇总	F 值	4.936***	4.283***
	调整 R^2	0.307	0.311

注：*p<0.1,**p<0.05,***p<0.01，n=124。

从表 10.14 和表 10.15 的回归结果中可以看出，更换了因变量后的模型回归结果在整体上与前面的回归保持了一致性，其中个别自变量的显著性发生了改变，发生改变的变量主要集中在风险投资家的特殊人力资本上。

其中，在对增加了 IPO 退出比例权重的因变量成功率 2 的回归中，创业经验对于投资绩效影响的显著性有所下降，而理工教育背景对于投资绩效的影响不再显著；在对增加了股权转让退出比例权重的因变量成功率 3 的回归中，科研工作经验对于投资绩效影响的显著性有所提高，而咨询经验对于投资绩效影响的显著性消失。这些结果说明在中国的风险投资情境下，风险投资机构的风险投资基金管理经验和科研工作经验对机构实现股权转让退出具有更为显著的影响，而与对股权投资方式退出的解释力相比，风险投资机构人力资本要素对 IPO 退出的解释力相对较弱。

二、风险投资机构人力资本与投资策略

表 10.16、表 10.17 及表 10.18 分别显示了以投资阶段、投资行业及投资地域三个投资策略为自变量进行回归的结果。

表 10.16　　二项 Logistic 回归结果——早期阶段

变量	1-1	1-2	1-3	1-4	1-5
一般人力资本					
经管		-0.032			-0.046
理工		-0.019			-0.017
海外		0.273**			0.262**
工作相关特殊人力资本					
VC			0.010		0.009
创业			0.321***		0.334***
行业相关特殊人力资本					
科研				0.298***	0.257**
金融				-0.219**	-0.163*
咨询				0.011	0.009
控制变量					
资本来源					
资本来源（1）	0.010	0.011	0.012	0.011	0.009
资本来源（2）	0.153*	0.162*	0.137*	0.161*	0.147*
年龄	0.126*	0.128*	0.121*	0.117*	0.105

续表 10.16

变量	1-1	1-2	1-3	1-4	1-5
规模	-0.003	-0.002	-0.002	-0.001	-0.000
行业集中	0.013	0.015	0.019	0.016	0.014
地域集中	0.004	0.005	0.005	0.006	0.001
常数	1.875***	1.732***	1.023***	1.301***	1.404***
模型汇总					
x^2	9.761***	11.423***	12.785***	15.266***	18.370***
cox Snell R^2	0.146	0.197	0.192	0.243	0.271
Nagelkerke R^2	0.223	0.235	0.262	0.317	0.351

注：*p<0.1,**p<0.05,***p<0.01，n=124。

表 10.17　　OLS 回归结果——投资行业

变量	2-1	2-2	2-3	2-4	2-5
一般人力资本					
经管		0.007			0.006
理工		0.260**			0.237**
海外		-0.03			-0.07
工作相关特殊人力资本					
创业			0.011		0.008
VC			0.294***		0.256**
行业相关特殊人力资本					
科研				0.198*	0.211**
金融				0.014	0.006
咨询				-0.158*	-0.139*
控制变量					
资本来源					
资本来源（1）	0.011	0.012	0.011	0.017	0.012
资本来源（2）	0.226**	0.251**	0.237**	0.242**	0.233**
年龄	0.005	0.006	0.008	0.007	0.004
规模	0.128*	0.152*	0.156*	0.195*	0.168*
早期阶段	0.239**	0.276**	0.232**	0.295***	0.237**
地域集中	0.007	0.008	0.005	0.006	0.006

续表 10.17

变量	2-1	2-2	2-3	2-4	2-5
常数	-1.102***	-1.714***	-1.037***	-1.709***	-1.625***
模型汇总					
F 值	8.471***	7.643***	7.790***	7.201***	5.568***
调整 R^2	0.195	0.223	0.236	0.278	0.312

注：*p<0.1,**p<0.05,***p<0.01，n=124。

表 10.18　　　　OLS 回归结果——投资地域

变量	3-1	3-2	3-3	3-4	3-5
一般人力资本					
经管		-0.003			-0.001
理工		0.151*			0.178*
海外		-0.016			-0.013
工作相关特殊人力资本					
VC			0.010		0.007
创业			-0.000		-0.002
行业相关特殊人力资本					
科研				0.014	0.013
金融					
咨询				0.126*	0.135*
				0.006	0.007
控制变量					
资本来源					
资本来源（1）	-0.003	-0.005	-0.007	-0.004	-0.006
资本来源（2）	-0.101	-0.106	-0.093	-0.072	-0.077
年龄	-0.178*	-0.157*	-0.162*	-0.193*	-0.160*
规模	-0.296***	-0.258**	-0.261**	-0.257**	-0.266**
行业集中	0.001	0.003	-0.001	0.002	0.001
早期阶段	0.137*	0.138*	0.132*	0.134*	0.136*
常数	0.977***	1.148***	1.012***	0.993***	0.956***
模型汇总					
F 值	8.323***	7.724***	8.156***	7.413***	7.068***
调整 R^2	0.184	0.201	0.176	0.209	0.232

注：*p<0.1,**p<0.05,***p<0.01，n=124。

在假设方面,(1)从对三个投资策略变量的回归结果中均未发现经管类教育背景变量的显著性，结果不支持假设 5。(2)模型 1-2、1-5 的结果表明理工类教育背景与早期投资阶段之间未表现出显著的相关关系，不支持假设 6a；模型 2-2、2-5 的结果表明，理工类教育背景成员比例高的机构在投资行业的选择上更为集中，支持假设 6b；模型 3-2、3-5 的结果发现，理工类教育背景成员在投资地域的选择上更为集中，支持假设 6c。(3)模型 1-4、1-5 的结果表明科研工作经验与早期投资阶段之间呈现正相关关系，支持假设 7a；模型 2-4、2-5 的结果表明，具有科研工作经验的成员比例高的机构在投资行业的选择上更为集中，支持假设 7b；模型 3-4、3-5 的结果发现，科研工作经验与投资地域的选择未表现出显著的相关关系，不支持假设 7c。(4)模型 1-3、1-5 的结果表明具有创业经验的成员比例大的机构更倾向于投资处于早期阶段的企业，支持假设 8。(5)模型 1-1、1-5 的结果反映了海外经验与投资早期企业之间呈现显著的正相关关系，支持假设 9a；模型 3-1、3-5 的结果并未发现风险投资机构高管成员的海外经验与投资地域集中度之间的相关关系，不支持假设 9b。(6)模型 1-4、1-5 的结果证实了金融工作从业经验与早期投资阶段存在负相关关系，支持假设 10a；模型 2-4、2-5 的结果表明，金融从业经验与投资行业集中度未表现出相关关系，不支持假设 10b；金融工作经验与投资地域集中度表现出负相关关系，支持假设 10c。(7)模型 1-4、1-5 的结果并未发现咨询工作经验与早期投资阶段的相关关系，不支持假设 11a；模型 2-4、2-5 还发现了咨询从业经验成员比例高的机构在投资行业的选择上更分散，支持假设 11b。(8)模型 2-3、2-5 的结果显示风险投资机构高管成员的风险投资基金管理经验与投资行业集中度表现出显著的正相关关系，支持假设 12a，但模型 3-3、3-5 的结果并未发现风险投资基金管理经验与投资地域集中度之间的相关关系，不支持假设 12b。

另外，在前文的假设分析中，本研究对风险投资策略间的关系也提出了假设，即认为早期阶段投资策略对投资行业集中度策略和地域集中度策略的形成具有促进作用，这在表 10.17 和表 10.18 对投资行业和投资地域的回归中也分别得到了验证。在表 10.17 的回归结果中，模型 2-1 到模型 2-5

的结果表明，机构在选择早期阶段投资后，在投资行业的选择上更倾向于集中化策略；在表 10.18 的回归分析中，模型 3-1 到 3-5 的结果也证实了机构早期阶段策略对投资地域集中化策略的形成具有积极影响。这些结果恰好验证了本研究关于机构出于成本考虑而在早期投资时选择投资地域和行业集中化的投资策略，支持假设 13a 和假设 13b。

三、风险投资机构投资策略与投资绩效

对投资绩效变量成功率 1 的回归结果如表 10.19、表 10.20 所示。

下面，本研究将改变因变量投资成功率的度量方法，在计算中分别增大 IPO 形式退出比例和股权转让形式退出比例的权重，形成新的因变量成功率 2 和成功率 3 再次进行多元回归分析。一方面，本次回归将是对上文回归结果的一次稳健性检验；另一方面，回归结果将对影响 IPO 退出率的风险投资策略和影响股权投资退出率的风险投资策略进行适当的区分和辨识。回归结果如表 10.21 和表 10.22 所示。

表 10.19　　投资绩效（成功率 1）回归结果

变量	Tobit 回归			
	1-1	1-2	1-3	1-4
监管策略变量				
联合投资程度				0.011
联合投资程度 2				-0.142*
分阶段投资			-0.021	
分阶段投资 ×ln(1+ 距离)			0. 003	
筛选策略变量				
早期阶段		0.001		
行业集中		0.231**		
地域集中		0.152*		
控制变量				
规模	0.218**	0.193**	0.243**	0.252**
年龄	0.161*	0.157*	0.172*	0.154*
资本来源				
资本来源（1）	0.003	0.002	0.001	0.002

续表 10.19

变量	Tobit 回归			
	1-1	1-2	1-3	1-4
资本来源（2）	0.117*	0.078*	0.126*	0.109*
技术行业	-0.193**	-0.209**	-0.216**	-0.194**
常数	1.533***	1.741***	1.026***	1.675***
模型汇总				
F 值	6.723***	4.412***	6.138***	5.266***
调整 R^2	0.212	0.267	0.204	0.235

注：*p<0.1,**p<0.05,***p<0.01，n=124。

表 10.20　投资绩效（成功率 1）回归结果

变量	OLS 回归			
	1-5	1-6	1-7	1-8
监管策略变量				
联合投资程度				0.009
联合投资程度 2				-0.137*
分阶段投资			-0.019	
分阶段投资 ×ln(1+ 距离）			0. 007	
筛选策略变量				
早期阶段		0.011		
行业集中		0.206**		
地域集中		0.144*		
控制变量				
规模	0.207**	0.231**	0.229**	0.247**
年龄	0.113*	0.157*	0.132*	0.087
资本来源				
资本来源（1）	0.008	0.010	0.021	0.017
资本来源（2）	0.079	0.114*	0.106	0.125*
技术行业	-0.223**	-0.241**	-0.236**	-0.207**
常数	0.985***	1.031***	1.126***	1.535***
模型汇总				
F 值	6.683***	4.531***	6.219***	6.067***
调整 R^2	0.223	0.259	0.216	0.241

注：*p<0.1,**p<0.05,***p<0.01，n=124。

表 10.21　　　　投资绩效（成功率 2）回归结果

变量	成功率 2			
	2-1	2-2	2-3	2-4
监管策略变量				
联合投资程度				0.036
联合投资程度 2				-0.162*
分阶段投资			-0.024	
分阶段投资 ×ln(1+ 距离)			0. 005	
筛选策略变量				
早期阶段		0.009		
行业集中		0.271***		
地域集中		0.051		
控制变量				
规模	0.273***	0.221**	0.285***	0.297***
年龄	0.142*	0.130*	0.118*	0.137*
资本来源				
资本来源（1）	0.012	0.019	0.015	0.013
资本来源（2）	0.126*	0.137*	0.118*	0.129*
技术行业	-0.249**	-0.214**	-0.239**	-0.211**
常数	1.164***	1.027***	1.264***	1.381***
模型汇总				
F 值	6.507***	5.336***	6.723***	6.074***
调整 R^2	0.211	0.276	0.215	0.243

注：*p<0.1,**p<0.05,***p<0.01，n=124。

实证结果表明，加入解释变量后模型的解释能力显著提高。对各因变量的回归结果存在相似之处，但也表现出某些差异。模型 1-2、1-6、2-2、3-2 的回归结果一致说明投资行业集中度与投资成功率正相关，支持假设 14b。其中，投资行业集中度与以增加 IPO 退出权重的成功率 2 为因变量时的正相关程度最高，说明投资行业上的集中对于受资企业实现 IPO 的促进作用相对更为明显。模型 1-2、1-6 的回归结果发现了投资地域集中度与投资绩效之间具有一定的正相关关系，支持假设 14c，但从显著性水

表 10.22　　投资绩效（成功率 3）回归结果

变量	成功率 3			
	3-1	3-2	3-3	3-4
监管策略变量				
联合投资程度				0.001
联合投资程度 2				-0.102
分阶段投资			-0.013	
分阶段投资 ×ln(1+ 距离)			0. 001	
筛选策略变量				
早期阶段		0.017		
行业集中		0.203**		
地域集中		0.022		
控制变量				
规模	0.207**	0.231**	0.229**	0.247**
年龄	0.113*	0.157*	0.102*	0.087
资本来源				
资本来源（1）	0.008	0.010	0.021	0.017
资本来源（2）	0.079	0.114*	0.106	0.125*
技术行业	-0.223**	-0.241**	-0.236**	-0.207**
常数	0.985***	1.031***	1.126***	1.535***
模型汇总				
F 值	7.053***	6.291***	7.216***	7.066***
调整 R^2	0.188	0.243	0.207	0.194

注：*p<0.1,**p<0.05,***p<0.01，n=124。

平来看，二者之间的相关程度相对较弱。在对变换了度量方式的因变量成功率 2、成功率 3 的回归中，二者之间的相关性消失。研究并未发现早期投资阶段与投资绩效之间的相关关系，不支持假设 14a。

模型 1-4、1-8、2-4、3-4 的结果并未发现联合投资一次项与投资成功率之间的相关关系，不支持假设 15a 和 15b。模型的实证结果证实了联合投资二次项与投资成功率之间存在负相关关系，对这一关系的解释是：风险投资机构联合投资的程度与机构投资受资企业的成功率具有曲线影响关系，支持假设 16。当参与联合投资的机构数在一定范围之内时，联合投资对投资绩效具有积极影响，而当参与联合投资的机构数超过一定范围时，联合投资对投资绩效则产生消极影响。

模型 1-3、1-7、2-3、3-3 的结果未发现分阶段投资与投资成功率之间的相关关系，不支持假设 17。根据假设，本研究预期风险投资机构的分阶段投资策略在风险投资监管成本较高的情况下（即风险投资机构总部所在地与受资企业所在地相聚较远）表现出对投资绩效的积极影响，但在各模型的回归结果中并未发现这一关系。总之，以目前的度量方法，本研究暂时没有发现分阶段投资对于投资绩效的影响作用。

第四节　实证结果分析及建议

一、实证结果分析

（一）风险投资机构人力资本与投资绩效

本章首次从一般和特殊两个维度对中国风险投资机构人力资本与投资绩效的关系进行研究，结果证实风险投资家人力资本对机构成功退出创业企业具有积极影响。

在特殊人力资本方面，风险投资家的创业投资基金管理经验、创业经验以及咨询行业从业经验对创业投资机构成功退出创业企业具有积极影响；金融行业与科研工作经验对于投资绩效的影响则与投资对象的类型有关，在投资处于中后期发展阶段的创业企业时，风险投资家的金融从业经验对创业投资机构的成功退出率具有促进作用，而科研工作经验则对高新技术行业的投资绩效产生积极影响。这与彭宁斯（Pennings）等学者[93]的发现相吻合，即描述从业经验的人力资本与企业绩效呈正相关关系，并进一步证实了本章关于专属性知识和技能对绩效具有积极影响的观点。

相对于特殊人力资本对于投资绩效较为明显的促进作用而言，一般人力资本的作用微乎其微。只有风险投资家的理工教育背景与创业投资机构的投资成功率表现出较弱的正相关关系，与科研工作经验类似，这种相关性在针对高新技术行业的投资中得到了加强。然而，风险投资家的经管教育背景对创业投资绩效并未显著影响。怀斯特（West）和施文克（Schwenk）[94]曾指出，对于高层管理团队的研究经常会出现变量不具解释力的情况。这说明在更为复杂和专业的创业投资行业中，对个人知识和能力的要求也更具针对性，一般的教育背景对于参与企业运营监管很难起到实质性的作用。

本部分研究的结论与公司资源基础理论的观点相符。拥有风险投资基金管理、创业以及咨询行业经验的风险投资家对绩效具有积极影响的结论说明风险投资行业中对于这类人力资本的获得是比较有限的，属于稀缺资源。同理，经管教育背景不具解释力的结果则说明风险投资行业中拥有经管教育背景的人员比例过大而失去了相对优势。这个结论也为未来风险投资机构对于风险投资家的选择提供依据。

（二）风险投资机构人力资本与投资策略

数据分析结果表明：机构高层管理团队的人力资本构成对机构整体在投资阶段、行业和地域三个方面的投资策略选择偏好的形成具有一定影响。然而，对于本文提出的假设，在一般人力资本方面，经管类教育背景假设组没有得到验证，理工类教育背景假设组中关于投资阶段的假设也不被支持，结果也未发现海外经历与投资地域选择间的相关关系；在特殊人力资本方面，高管成员的科研工作经验与投资地域集中度的关系、咨询工作经验与投资阶段的关系没有得到验证，而高管成员的金融工作经验对投资行业集中度的影响关系并不显著。怀斯特和施文克（West and Schwenk，1996）[94]曾指出，对于高层管理团队的研究经常会出现变量不具解释力的情况。本章试图对该结果做出如下解释：

在特殊人力资本方面，科研工作经验与投资地域集中度之间的正相关关系并不显著。与理工教育背景不同，具有科研工作经验的风险投资家拥有更为具体和实际的科学研究经验，因此可能更为注重项目本身的技术潜质。从这一角度讲，投资地域集中与否并不能影响具有科研工作经验的风险投资家对于优质技术项目的青睐。另外，金融工作经验与投资行业专业化的负相关关系并不显著。在默顿（Merton，1987）[95] 建立的一般化资产定价模型中，由于信息获取固定成本的存在，投资者会更倾向于投资那些已经掌握了较多信息的企业。因此，多样化投资在分散风险的同时所产生的高成本或许成为了具有金融工作经验的风险投资家放弃专业化投资的重要因素之一。

在一般人力资本方面，本研究的结果没有发现经管类教育背景与机构投资企业早期阶段、投资行业多样性以及投资地域的选择之间的相关关系，从这一结果上看，经管类教育背景似乎并不能影响风险投资家的风险感知水平，进而影响其投资决策的形成。谢泼德（Shepherd，2004）[96] 指出，近年来商学院的教育日益强调创业精神以及如何应对创业失败，这可能在一定程度上削弱了风险投资家对于投资阶段和行业的风险感知度，相对于规避投资于早期的风险和通过进行多样性投资来分散风险而言，如何获得更高的利润成为其追逐的目标。而对于投资地域的选择，从商学院获取的国际市场相关知识并不足以应对日益复杂的海外市场情况，具有经管类教育背景的风险投资家对于海外投资的风险感知度依然较高，相对于刻板和更新不及时的书面教育而言，真正通过海外的工作和学习所积累的个人经验才能真正影响其对远距离投资的风险感知度。另外，研究结果也未能证明理工类教育背景与投资企业早期阶段之间的关系。迪莫夫（Dimov，2005）[46] 曾指出，高层管理团队中理科背景的成员比例与创业企业的失败率成正比。根据这一观点，一些创业企业因最终运作失败而不能称其为一次有效的投资事件，即样本存在生存偏差（Survival Bias）。另外，尽管具有理工类教育背景的风险投资家能够参与到技术环节中去，但随着技术的发展以及其他技术人员的加入，其作用力也在相应缩减。从另一角度而言，理工类教育背景与投资企业早期阶段之间的关系不显著也充分反应了中国风险投资的发展现状，中国的风险投资尚不能有效地起到辅助和监督作用，而是趋于私募化，但随着国内风险投资市场的发展，一些机构已开始调整投资策略，并将投资重点向企业早期阶段转移。以本土最活跃的风险投资机构深创投为例，该机构在 2006 年之后开始出现针对企业早期阶段的投资，并呈现出缓慢的上升趋势。

（三）风险投资机构投资策略与投资绩效

1. 专业化投资的影响效应。首先，实证结果没有发现早期投资与投资成功率之间的关系。这可能与本章对于阶段集中度的定位有关。由于风险投资的本意是进行早期投资，因此，本研究着重考察了早期阶段集中度对于投资绩效的影响。从理论上讲，阶段专业化投资能够降低风险投资的不确定性并且能够为受资企业创造潜在价值，但本章的研究并没有得到预期的结果，这可能与对投资绩效的度量方式有关。根据早期投资的特点，由于受资企业在其发展的早期阶段不确定性极高，获得的估值相对较低，机构进行早期投资的成本也相对较低。因此，如果能够成功退出所获得的收益是较高的。在这里，对于绩效的度量是从收益率的角度进行衡量的，而本文受到数据的限制只能用成功退出的比例来描述投资绩效。这可能是导致相关关系不显著的原因之一。

与预期一致的是，机构在投向行业和投资地域上的集中度与受资企业成功率表现出显著的正相关关系。迪莫夫（Dimov，2006）[97] 在对美国风险投资机构的相关研究中发现了投资行业的集中能够降低机构投资失败率关系，本研究的研究结果与该学者的研究是一致的。考虑到阶段集中度与行业集中度两个变量之间较强的相关性（0.49，$p<0.01$），两个要素应该同时对投资成功率产生积极影响，然结果并非如此。这可能是由于处于不同行业的企业会考虑在不同的发展阶段进行风险融资，因此当风险投资机构偏好于某一行业时，其受资企业的发展阶段也会呈现相应的集中，因而表现出一定的相关性。

2. 分阶段投资的影响效应。在分阶段投资策略对投资绩效的回归中，本研究分别用分阶段投资策略变量和与距离的交互变量对风险投资绩效进行回归。但是与预期不一致的是，实证结果没有发现分阶段投资策略与投资绩效之间具有显著的相关关系。分阶段投资在一定程度上能够替代对企业的监管，对受资企业而言既是约束又是激励，这对企业发展本应该产生积极影响。但根据本研究的研究，分阶段投资策略的监管作用并没有体现出来。这可能与本研究对于分阶段投资的度量方式不够准确有关。分阶段投资的主要特点是在每一轮资金注入之前，风险投资家都需要投入时间和精力进行谈判并起草新的契约，这使得分阶段投资表现为一个复杂的过程，涉及资金注入的时机、每轮投资发生的变化等等，具有较强的动态变化。例如，根据对数据库中分阶段投资情况的总结，风险投资机构的分阶段投资往往伴随着联合投资的现象出现，从表10.10的相关性分析中可以看出，分阶段投资和联合投资变量之间的相关系数为0.462，在0.01的水平上显著。也就是说，每一轮资金的注入都可能是几家机构共同参与完成的，由于各机构对于风险和收益的认知程度有所不同，因此可能出现参与下一轮投资的机构发生变动的情况，这时不同机构的特性可能对投资绩效产生不一样的影响。而在本研究的分析中，本研究的研究默认了每轮投资的机构是不发生变化的。总之，根据上述分析并结合本章的实证结果，回归结果不显著可能是由于本研究对于分阶段投资的度量缺乏动态性的考虑和多重因素的综合影响，因此在未来的研究中需要对分阶段投资的度量方法以及模型的设计予以改进。

3. 联合投资的影响效应。研究结果并未发现联合投资一次项与投资成功率之间的关系。事实上，普遍观点认为联合投资对企业利大于弊[98]。与独立投资相比，联合投资能够帮助投资者发现更优的投资项目，并通过信息交换和知识互补来做出更优决策。进一步的，联合投资二次项与投资成功率之间则表现出了负相关关系。

对于这个结果，本研究认为，适度的联合投资规模将对绩效产生积极影响。如果画出关系图，二次项与投资成功率的负相关关系在图中为一条开口向下的抛物线。也就是说，当参与联合投资的机构数在一定范围内时，联合投资由于在资源上实现了机构间的互补而对投资绩效产生了积极影响。而当多个机构同时参与联合投资时，每个机构的履约意识大大降低，这将进一步影响机构对企业在投资后的辅助和增值服务，进而加速企业的衰败。另外，当企业绩效下滑时，联合投资各方都寄希望于合作者的努力而放松对企业的扶持。风险投资家更多的是考虑机构而非企业的利益，因此会把更多的精力放在能够为机构带来可观收益的项目上。当联合投资的受资企业出现问题时，各方参与机构都处于这样的状态，结果势必是陷企业于停滞和衰退中，最终导致投资失败。

二、对风险投资机构和创业企业的管理建议

在鼓励创业却面临融资困境的形势下，风险投资无疑是创业企业的最佳选择。本研究对指导创业投资机构优化自身管理团队结构以及实现创业企业家与机构的有效对接具有一定现实意义。

(一) 专业风险投资经理管理建议

从风险投资机构人力资本细分变量对风险投资绩效和投资策略的影响力来看，与风险投资密切相关的工作及行业经验具有较高的价值。创业投资的关键在于人，中国的创业投资发展尚未成熟，目前创业投资人才的严重匮乏是制约创业投资发展的最大障碍。对于创业投资机构而言，机构应该意识到拥有怎样的管理团队才能使自身在创业投资市场中更具竞争力，风险投资机构应据此积极调整自身组织结构并有针对性加强对于风险投资经理培养，掌握真正具有核心竞争力的优质资源，从而更好的实现绩效的提升。具体来讲，在人员管理方面应从两方面入手：首先，在组建管理团队时应注重考察管理者的过往工作经历，并与机构自身的投资定位和投资方向相对照，尽量确保人力资本与投资相匹配，最大化的进行优势资源转化，以此提高竞争力；其次，机构应当注重对于后备力量的培养，完善培训机制，针对风险资本运营各环节的特点和需求有针对性地进行培训，加强创业投资经理的实践能力。

此外，以描述教育背景为主的一般人力资本变量解释力较弱的结论反映了高等教育存在的问题，理论教育不能等同于实践力，在教育愈发普及的今天，增加学生的实践经历迫在眉睫。崔岫[20]等学者在对人力资本对中国经济贡献率的研究中发现，贡献率呈递减趋势，其中一个重要的原因就是教育体制存在问题。需要明确的是，并非教育无用，而是教学成果亟待转化，金融机构、企业与高校应当加强交流，用理论来支撑实践，用实践来发展理论，才能真正促进整个创业投资行业的提升。

（二）风险投资机构投资策略管理建议

本章的研究表明，一些风险投资策略在中国的风险投资情境下并未发挥其应有的作用。相较于欧美等成熟的风险投资市场，中国风险投资机构在投资策略的应用上可能存在偏差，对此提出以下政策建议：

1. 创业投资兴起的本质是为握有技术、缺乏资金和管理经验的初创企业提供支持。然后，由于中国创业投资发展尚不成熟，面对不确定性程度高、投资风险大的早期企业总是采取回避的态度。这就造成了中国创业投资机构对创业企业早期阶段的投资比例过低，出现 VC 逐渐 PE 化的趋势，偏离了创业投资的本意。本文的结果表明，选择进行早期投资有利于绩效的提升。在这一过程中，风险投资家应提高对早期企业的参与程度，通过对企业的深入了解和加强监管力度来控制风险，逐步实现从中后期投资向早期投资的过度，以此优化投资结构。

2. 鉴于目前中国风险投资机构在专业化人才上的严重匮乏，且在投资行业上的集中度并不高，机构首先应该进一步提高投资的专业化程度，集中在某一阶段或行业进行投资以积累专业知识和技能，从而为受资企业提供更具针对性的增值服务。盲目涉足新的投资领域只会因人力资本的匮乏而无法为企业提供相应的支持，加强行业调查和对专业人才的培养是投资机构实现有效扩张的必然选择。

3. 中国风险投资机构进行分阶段投资的比例较大，但分阶段投资应有的作用却没有体现出来。机构在进行分阶段投资时不能放松对受资企业的监管，加强对企业发展和收益情况的了解才能够对下一轮投资与否、资本进入的时机等重要决策作出准确的判断，从而真正实现分阶段投资策略的约束与激励作用。

4. 联合投资是一把双刃剑，机构在选择进行联合投资时应谨慎。首先，各风险投资机构在参与联合投资时应秉持资源共享、风险共担的原则积极参与对受资企业的监督和管理；其次，机构应该根据投资项目的情况选择恰当的合作机构进行投资，凡参与联合投资的各机构应该严格遵守协议承诺履行职责；最后，联合投资中的主导机构应该注意对参与合作机构数量的控制，只有适度的联合投资规模才能有效实现资源融合下的共同监管，机构间的关系也相对容易调和，过多的机构共同参与投资会导致机构出现过度自信、风险意识降低等问题，反而对投资绩效产生负面影响。

（三）对创业企业的建议

对于创业企业而言，目前中国风险投资机构与创业企业的合作偏离了创业投资的本意，变成了单纯的资金支持。这一方面是由于机构自身创业投资经理能力的缺乏，同时，创业者对于创业投资机构的作用和价值也缺乏足够认识。创业者应在明确自身企业需求的前提下去辨别能为企业发展带来积极影响的创业投资机构，通过了解机构高层人员的背景来锁定能为自己带来最大化收益的机构，从而获得更具针对性的辅助，实现机构和企业的有效对接。

参考文献

[1] Hambrick D C, Mason P A. Upper echelons: the organization as a reflection of its top managers [J], Academy of Management Review, 1984, 9（2）: 193–206.

[2] Finkelstein S, Hambrick D C. Strategic Leadership [M]. Minneapolis/St. Paul: West Publishing Company, 1996. 105-117.

[3] 马歇尔 . 经济学原理（第 1 版）[M], 北京：商务印书馆 , 1965.

[4] 西奥多·舒尔茨 . 论人力资本投资（第 1 版）[M], 北京：北京经济学院出版社，1990.

[5] 加里·贝克尔 . 人力资本（第 1 版）[M]，北京：北京大学出版社，1987.

[6] 雅各布·名塞尔 . 人力资本研究（第 1 版）[M]，北京：中国经济出版社，2001.

[7] Selznick P. Leadership in Administration [M], London: University of California Press Ltd. 1957.

[8] Penrose E T. The theory of the growth of the firm [M], New York: John Wiley, 1959.

[9] Wernerfelt B. A resource-based view of the firm [J]. Strategic Management Journal, 1984, 5（2）: 171-180.

[10] Grant R M. Porter’s competitive advantage of nationals: An assessment [J], Strategic Management Journal, 1991, 12（7）, 535-548.

[11] Conner K R. A historical comparison of resource-based theory and five schools of thought within industrial organization economics: Do we have a new theory of the firms? [J], Journal of Management, 1991, 17（1）, 121-154.

[12] Barney J B. Firm resources and sustained competitive advantage [J], Journal of Management,1986, 17（1）, 99-120.

[13] Barney J B. Gaining and sustaining competitive advantage（3rd ed）[M] Pearson Prentice

Hall: Upper Saddle River, NJ, 2007.
[14] 蒋建武，赵曙明．战略人力资源管理与组织绩效关系研究的新框架：理论整合的视角 [J], 管理学报，2007, 4（6），779-782.
[15] Pfeffer J. Organizational demography [M], Greenwich, CT: JAI Press, 1983, 299-357.
[16] Hambrick D C, Mason P A. Upper echelons: the organization as a reflection of its top managers [J], Academy of Management Review, 1984, 9（2）: 193–206.
[17] Amason A C, Sapienza H J. The effects of top management team size and interaction norms on cognitive and affective conflict [J], Journal of Management, 1997, 23（4），495-516.
[18] Carpenter M A, Gelet kanycz M A, Sanders W G. Upper echelons research revisited: antecedents, elements, and consequences of top management team composition [J], Journal of Management, 2004, 30（6），749-778.
[19] Murray A I. Top management group heterogeneity and firm performance [J], Strategic Management Journal, 1999, 20（3），445-465.
[20] Hambrick D C, Cho T S, Chen Ming-Jer. The influence of top management team heterogeneity on firm' s competitive moves [J], Administrative Science Quarterly, 1996, 41（4），659-684.
[21] 崔松，胡蓓．高层管理团队研究的不足与前瞻 [J], 华东经济管理，2007,21（6）,124-130.
[22] Elron E. Top management teams within multinational corporations: effect of cultural heterogeneity [J], Leadership Quarterly, 1997, 8（4），393-412.
[23] Knight D, Pearce C L, Smith K G, Qlian J D et al. Top management team diversity, group process, and strategic consensus [J], Strategic Management Journal, 1999, 20（3），445-465.
[24] Bantle K A, Jackson S E. Top management and innovations in banking: does the composition of the top team make a difference? [J], Strategic Management Journal, 1989, 10（2），107-124.
[25] Eisenhart K M, Schoonhoven C B. Organizational growth: Linking founding team, strategy, environment, and growth among U.S. semiconductor ventures 1978-1988 [J], Administrative Science Quarterly, 1990, 35（5），504-529.
[26] Peterson R S, Smith D B, Martorana P V, Owens P D. The impact of chief executive officer personality on top management team dynamics: One mechanism by which leadership affects organizational performance [J], Journal of Applied Psychology, 2003, 88, 795-808.
[27] Top management team size, CEO dominance, and firm performance: The moderating roles of environmental turbulence and discretion [J], Academy of Management Journal, 1993, 36（4），844-863.
[28] Carmeli A, Schaubroeck J. Top management team behavioral integration, decision quality, and organizational decline [J], The Leadership Quarterly, 2006, 17（5），441-453.
[29] Smith K G, Smith K A, Olian J D et al. Top management team demography and process: The role of social integration and communication [J], Administrative Science Quarterly,

1994, 39（3）, 412-438.

[30] 陈伟民 . 高层管理团队特征与企业业绩关系理论述评 [M], 郑州航空工业管理学院学报 , 2006, 6, 97-100.

[31] Gupta A K and Sapienza H J. Determinants of venture capital firms' preferences regarding the industry diversity and geographic scope of their investments [J]. Journal of Business Venturing, 1992, 7（5）: 347-362.

[32] Dwyer S, Richard O C, Chadwick K. Gender diversity in management and fimr performance: the influence of growth orientation and organizational culture [J], Journal of Business Research, 2003, 56（12）, 1009-1019.

[33] 陈伟民 . 高管团队人口特征、社会资本和企业绩效 [J]. 郑州航空工业管理学院学报 , 2007, 25（2）.

[34] 马彩凤 . 高层管理团队是组织绩效提升的关键 [J]. 管理科学文摘 , 2006, 2.

[35] 张平 . 高层管理团队异质性研究的综述 [J]. 科技管理研究 , 2006, 8, 143-147.

[36] Sitkin S B, Sutcliffe K M, Schroeder R G. Distinguishing control from learning in total quality management: A contingency perspective [J], Academy of Management, 1994, 19（3）, 537-564.

[37] Boeker W. Strategic change: The influence of managerial characteristics and organizational growth [J], Academy of Management Journal, 40（1）, 152-170.

[38] Murray G. A synthesis of six exploratory, European case studies of successfully exited, venture capital-financed, new technology-based firms [J], Entrepreneurship Theory and Practice, 1996, 20（4）, 41-60.

[39] 魏立群，王智慧 . 我国上市公司高管特征与企业绩效的实证研究 [J], 南开管理评论 , 2002, 4,16-22.

[40] Tihany L, Ellstrand A E, Daily C M, Dalton D R. Composition of the top management team and firm international diversification [J], Journal of Management, 2000, 26（6）, 1157-1177.

[41] Zarutskie R. The role of top management team human capital in venture capital markets: Evidence from first-time funds [J]. Journal of Business Venturing, 2010, 25（1）: 155-172.

[42] Lerner J. Venture capitalists and the decision to go public [J], Journal of Financial Economics, 1994, 35（3）: 293-316.

[43] Baum J A C, Silverman B S. Picking winners or building them? Alliance, intellectual, and human capital as selection criteria in venture financing and performance of biotechnology startups [J], Journal of Business Venturing, 2004, 19（3）, 411-436.

[44] Cumming D J, MacIntosh J G. A cross-country comparison of full and partial venture capital exits [J], Journal of Banking & Finance, 2003, 27（3）, 511-548.

[45] Williamson OE. The economic institutions of capitalism: Firms markets, relational contracting [M], The Free Press: New York, 1985.

[46] Dimov, D P, Shepherd, D A. Human capital and venture capital firms: exploring "home runs" and "strike outs" [J]. Journal of business venture, 2005, 20（1）: 1-21.

[47] Hochberg Y V, Ljungqvist A, Lu Y. Whom you know matters: Venture capital networks and investment performance [J], The Journal of Finance, 2007, 62（1）: 251-301.

[48] Sahlman W A. The structure and governance of venture-capital organizations [J], Journal of Financial Economics, 1990, 27（2）: 473-521.

[49] Anders I. Venture capital exit behavior in Sweden [C]. 10th Nortic Conference on Small Business Research, Sweden，2000: 1-16.

[50] Cochrane J H. The risk and return of venture capital [J], Journal of Financial Economics, 2005, 75（1）, 3-52.

[51] 李文丽 . 我国创业投资退出方式的选择研究 [D]. 武汉理工大学 , 2010: 46-48.

[52] Jackson S E, Dutton J E. Discerning threats and opportunities [J], Administrative Science Quarterly, 1988, 33（3）, 370-387.

[53] Cohen W M, Levinthal D A. Absorptive capacity: a new perspective on learning and innovation [J], Administrative Science Quarterly, 1990, 35（1）, 128-152.

[54] Gimeno J, Folta T B, Cooper A C, Woo, C Y. Survival of the fittest? Entrepreneurial human capital and the persistence of underperforming firms [J], Administrative Science Quarterly, 1997, 42（4）, 750-783.

[55] Becker G S. Human capital, effort, and the sexual division of labor [J], Journal of Labor Economics, 1985, 3（1）, 33-58.

[56] Gibbons R, Waldman M. Task-specific human capital [J]. The American Economic Review, 2004, 94（2）: 203-207.

[57] Lazear E P. A job-based analysis of labor markets [J], American Economic Review Papers and Proceedings, 1995, 85（2）, 260-265.

[58] Klezer L. Returns to seniority after permanent job loss [J], American Economic Review, 1989, 79（3）, 536-543.

[59] Neal D. Industry-specific human capital: evidence from displaced workers [J], Journal of Labor Economics, 1995,13（4）, 653-677.

[60] Gorman M, Sahlman W A. What do venture capitalists do? [J], Journal of Business Venturing, 1989, 4（4）: 231-248.

[61] Hellmann T, Puri M. The interaction between product market and financing strategy: The role of venture capital [J], Review of Financial Studies, 2000, 13（4）: 959-984.

[62] Bottazzi L, Rin M D, Hellmann T. Who are the active investors? Evidence from venture capital [J], Journal of Financial Economics, 2008, 89（3）, 488-512.

[63] Gompers P, Kovner A, Lerner J, Scharfstein D. Venture capital investment cycles: The impact of public markets [J], Journal of Financial Economics, 2008, 87（1）, 1-23.

[64] Lee H U, Park J H. Top team diversity, internationalization and the mediating effect of international alliances [J]. British Journal of Management, 2006, 17（3）, 195-213.

[65] Feldman D C. The food's no good and they don't give us enough: reflections on Mintzberg' s critique of MBA education [J]. Academy of Management Learning & Education, 2006, 4 (2) , 229-234.

[66] Tajfel H, Tumer I C. The social identity theory of intergroup behavior [M]. Worchel, S., Austin, W.G. (Eds.) : Nelson-Hall, Chicago, 1985. 218-227.

[67] Gupta A K and Sapienza H J. Determinants of venture capital firms' preferences regarding the industry diversity and geographic scope of their investments [J]. Journal of Business Venturing, 1992, 7 (5) : 347-362.

[68] Hayward M L A, Shepherd D A, Grif?n D. A hubris theory of entrepreneurship [J]. Management Science, 2006, 52 (2) , 160-172.

[69] McMullen J S, Shepherd D A. Entrepreneurial action and the role of uncertainty in the theory of the entrepreneur [J]. Academy of Management Review, 2006, 31 (1) , 132-152.

[70] Baron R A. Cognition and affect invaluable tools for answering "why," how," and "what" questions about entrepreneurs and the entrepreneurial process [M]. London: Praeger Perspectives, 2007. 159-177.

[71] Elango B, Fried V H, Hisrich R D, Polonchek A. How venture capital firms differ [J], Journal of Business Venture, 1995, 10 (2) , 157-179.

[72] Sapienza H J. When do venture capitalists add value? [J], Journal of Business Venturing, 1992, 7 (1) , 9-27.

[73] Sapienza H J, Amason A C, Manigart S. The level and nature of venture capitalist involvement in their portfolio companies: A study of three Eropean countries [J], Managerial Finance, 1994, 20 (1) , 3-17.

[74] Ruhnka J C, Feldman H D, Dean T J. The 'living dead' phenomenon in venture capital investments [J], Journal of Business Venturing, 1992, 7 (2) , 137-155.

[75] Gifford S. Limited attention and the role of the venture capitalist [J], Journal of Business Venturing, 1997, 12 (6) , 459-482.

[76] Norton E and Tenenbaum B H. Specialization versus diversification as a venture capital investment strategy [J]. Journal of Business Venturing, 1993, 8 (5) : 431-442.

[77] De Clercq D G P K, Kumpulainen M, Makela M. Porfolio investment strategies in the Finnish venture capital industry: A longitudinal study [J], Venture Capital, 2001, 3 (1) , 41-62.

[78] Argote L. Organizational learning curves: Persistence, transfer and turnover [J], International Journal of Technology Management, 1996, 11 (7-8) , 759-769.

[79] Brander J A, Amit R, Antweiler W. Venture capital syndication: Improved venture selection versus the value-added hypothesis [J], Journal of Economics and Management Strategy, 2002, 11 (3) , 423-452.

[80] Birmingham C, Busentiz L W, Arthus J D. The escalation of commitment by venture capitalists in reinvestment decision [J], 2003, 5 (3) , 218-230.

[81] Mynatt C, Sherman S J. Responsibility attribution in groups and individuals: A direct test of the diffusion of responsibility hypothesis [J], Journal of Personality and Social Psychology, 1975, 32（6）, 1111-1118.

[82] Harkins S G, Petty R E. The effects of task difficulty and task unique on social loafing [J], 1982, 43（6）, 1214-1229.

[83] Kaplan S N, Str?mberg?P. Financial contracting theory meets the real world: An empirical analysis of venture capital contracts [J], Review of Economic Studies, 2003, 70（2）: 281-315.

[84] Lerner J. Venture capitalists and the oversight of private firms [J]. The Journal of Finance, 1995, 50（1）: 301-318.

[85] Kaplan S N, Str?mberg?P. Venture capitalists as principals: Contracting, Screening and Monitoring [J], American Economic Review, 2001, 91: 426-430.

[86] Jaaskelainen M, Maula M, Seppa T. Allocation of attention to portfolio companies and the performance of venture capital firms [J], Entrepreneurship Theory and Practice, 2006, 30（2）, 185-206.

[87] Patzelt H, Knyphausen-Aufse? D Z, Fischer H T. Upper echelons and portfolio strategies of venture capital firms [J], Journal of Business Venturing, 2009, 24（6）: 558-572.

[88] Clercq D D, Dimov D. Internal knowledge development and external knowledge access in venture capital investment performance [J]. Journal of Management Studies, 2008, 45（3）: 585-612.

[89] Clercq et al. Portfolio investment strategies in the Finnish venture capital industry: a longitudinal study [J]. Venture Capital: An International Journal of Entrepreneurial Finance, 2001, 3（1）: 41-62.

[90] Dimov D et al. Requisite expertise, firm reputation, and status in venture capital investment allocation decisions [J]. Journal of Business Venturing, 2007, 22（4）: 481-502.

[91] Tian X., 2010, "The causes and consequences of venture capital stage financing" , Journal of Financial Economics, 101（1）, pp. 132-159.

[92] Hege U, Palomino F, Schwienbacher A. Venture capital performance: the disparity between Europe and the United States [J]. Finance, 2009, 30（1）: 7-50.

[93] Pennings, J M, Lee K, Witteloostuijin A V. Human capital, social capital, and firm dissolution [J]. Academy of Management, 1998, 41（4）:425-440.

[94] West C T, Schwenk C R. Top management team strategic consensus, demographic homogeneity and firm performance: a report of resounding non-findings [J]. Strategic Management Journal, 1996, 17（7）, 571-576.

[95] Merton R. A simple model of capital market equilibrium with incomplete information [J], Journal of Finance, 1987, 42（3）, 483-510.

[96] Shepherd D A. Educating entrepreneurship students about emotion and learning from failure [J]. Academy of Management Learning and Education, 2004, 3（3）, 274-287.

[97] Dimov D and Clercq D D. Venture capital investment strategy and portfolio failure rate: a longitudinal study [J]. Entrepreneurship: Theory and Practice, 2006, 30（2）: 207-223.

[98] Ehrlich S B, De Noble A F, Moore T, Weaver R R. After the cash arrives: A comparative study of venture capital and private investor involvement in entrepreneurial firms [J], Journal of Business Venturing, 1994, 9（1）: 67-82.